21世纪法学系列教材

通选课系列

卫生法学

主　编　丁朝刚
副主编　龚学德　黄洪强　刘　璐
撰稿人　（以姓氏笔画为序）
　　　　丁朝刚　龙　珏　冯　斌
　　　　刘　璐　李晓辉　林志嵩
　　　　杨　菲　陈真真　龚学德
　　　　黄洪强　彭媛媛　薛　鸿

图书在版编目(CIP)数据

卫生法学/丁朝刚主编. —北京:北京大学出版社,2015.8
(21世纪法学系列教材)
ISBN 978-7-301-26157-6

Ⅰ.①卫… Ⅱ.①丁… Ⅲ.①卫生法—法的理论—中国—医学院校—教材 Ⅳ.①D922.161

中国版本图书馆 CIP 数据核字(2015)第 181014 号

书　　　名	卫生法学
著作责任者	丁朝刚　主编　龚学德　黄洪强　刘　璐　副主编
责 任 编 辑	毕苗苗
标 准 书 号	ISBN 978-7-301-26157-6
出 版 发 行	北京大学出版社
地　　　址	北京市海淀区成府路 205 号　100871
网　　　址	http://www.pup.cn
电 子 信 箱	law@pup.pku.edu.cn
新 浪 微 博	@北京大学出版社　@北大出版社法律图书
电　　　话	邮购部 62752015　发行部 62750672　编辑部 62752027
印 刷 者	北京大学印刷厂
经 销 者	新华书店
	730 毫米 × 980 毫米　16 开本　31.5 印张　367 千字
	2015 年 8 月第 1 版　2018 年 8 月第 5 次印刷
定　　　价	56.00 元

未经许可,不得以任何方式复制或抄袭本书之部分或全部内容。
版权所有,侵权必究
举报电话:010-62752024　电子信箱:fd@pup.pku.edu.cn
图书如有印装质量问题,请与出版部联系,电话:010-62756370

前　言

卫生法是以人的生命健康权益保护为其调整对象，涉及诸多学科领域的法律。随着医药卫生相关的科学技术发展迅猛，有关新医疗技术、新药临床应用、医疗卫生管理、卫生防疫以及国家卫生管理、调控等需要法律加以规范，我国制定了相应的法律、行政法规、规章以及政策。中国共产党第十八届四中全会提出，全面推进依法治国，建设社会主义法治国家。医药卫生事业的参与者，需要学习了解我国的卫生法律制度，我国把卫生法纳入了执业医师的考试范围，高等医药院校开设了相应的卫生法学课程。

本书以我国现行卫生法律、卫生法规、卫生规章为基础，以执业医师考试的范围为基本内容。以卫生法概述、公共卫生法、医疗保健法和药事管理为结构体系，系统地阐述了执业医师考试相关领域的法律制度和一些卫生法的理论问题。本书针对执业医师应试教学而编写，是医学院校开设卫生法公共课程的理想教材，也是广大医务人员、卫生管理和执法人员及相关领域法律工作者得益的参考资料。

本书由贵州医科大学和赣南医学院共同编写，其中各章节编写分工如下：

贵州医科大学丁朝刚、李晓辉编写第一编第一、二、四章，彭媛媛编写第二编第一、二、三、四、五章，林志嵩编写第二编第六、七、八章，龙珏编写第二编第九章，杨菲编写第三编第一、二、三、四章，陈真真编写第三编第五、六、七、八章，丁朝刚编写第三编第九、十章，龚学德编写第三编第十一章，薛鸿编写第四编第一、二、三、四章，冯斌编写第四编第五、

六、七、八、九章;赣南医学院黄洪强、刘璐编写第一编第三章。

本书在编写过程中得到了贵州医科大学相关领导的支持与关心。在编写过程中对于卫生法学领域新的变化在文中予以了及时的反应,在反复修改与校对后,在2015年春定稿。同时,在北京大学出版社法律事业部的编辑精心组织、认真审校下,本书在2015年9月顺利出版。

由于卫生法学领域涉及面广,而且,由于编写时间所限,不妥之处,恐不可免。诚望专家、学者、同仁与广大读者不吝赐教,使之日臻完善!

丁朝刚

2015年3月18日于贵阳

目 录

第一编 卫生法概述

第一章 卫生法的概念和特征 …………………………………… (3)
第一节 卫生法的概念 ………………………………………… (3)
第二节 卫生法的特征 ………………………………………… (5)

第二章 卫生法的调整对象和基本原则 ………………………… (7)
第一节 卫生法的调整对象 …………………………………… (7)
第二节 卫生法的基本原则 …………………………………… (8)

第三章 卫生立法与实施 ………………………………………… (12)
第一节 卫生立法概述 ………………………………………… (12)
第二节 卫生法的实施 ………………………………………… (17)
第三节 卫生行政执法 ………………………………………… (20)
第四节 卫生行政复议 ………………………………………… (25)
第五节 卫生行政诉讼 ………………………………………… (29)

第四章 卫生违法及法律责任 …………………………………… (32)
第一节 卫生违法的概念及构成 ……………………………… (32)
第二节 卫生法律责任 ………………………………………… (33)

第二编 公共卫生法

第一章 公共卫生法律制度概述 …………………………………… (39)
 第一节 公共卫生法律制度的概念 ………………………………… (39)
 第二节 公共卫生法律制度体系 …………………………………… (40)

第二章 传染病防治法律制度 ……………………………………… (43)
 第一节 传染病防治法律制度概述 ………………………………… (43)
 第二节 传染病的预防 ……………………………………………… (49)
 第三节 传染病疫情报告、通报和公布 …………………………… (58)
 第四节 传染病疫情控制 …………………………………………… (62)
 第五节 传染病医疗救治 …………………………………………… (67)
 第六节 传染病监督管理 …………………………………………… (71)
 第七节 传染病防治的法律责任 …………………………………… (75)

第三章 特殊种类传染病防治管理制度 …………………………… (84)
 第一节 艾滋病防治管理制度 ……………………………………… (84)
 第二节 血吸虫病防治管理制度 …………………………………… (89)

第四章 病原微生物实验室生物安全法律制度 …………………… (93)
 第一节 病原微生物和实验活动概述 ……………………………… (93)
 第二节 病原微生物实验室管理与监督 …………………………… (96)

第五章 医疗废物管理法律制度 …………………………………… (98)
 第一节 医疗废物概述 ……………………………………………… (98)
 第二节 医疗废物管理的一般规定 ………………………………… (99)
 第三节 医疗卫生机构对医疗废物的管理 ………………………… (101)

第四节　监督管理 …………………………………… (102)

第六章　职业病防治法律制度 …………………………… (103)
　　第一节　职业病概述 ………………………………… (103)
　　第二节　前期预防 …………………………………… (106)
　　第三节　职业病诊断 ………………………………… (108)
　　第四节　监督检查与法律责任 ……………………… (111)

第七章　食品安全法律制度 ……………………………… (116)
　　第一节　食品安全的概念 …………………………… (116)
　　第二节　食品安全制度 ……………………………… (118)
　　第三节　食品安全标准 ……………………………… (120)
　　第四节　食品生产经营 ……………………………… (121)
　　第五节　食品召回制度 ……………………………… (132)
　　第六节　食品安全事故处置 ………………………… (135)
　　第七节　食品安全的管理与监督 …………………… (138)
　　第八节　法律责任 …………………………………… (140)

第八章　消毒产品卫生法律制度 ………………………… (147)

第九章　突发公共卫生事件应急管理法律制度 ………… (151)
　　第一节　突发公共卫生事件概述 …………………… (151)
　　第二节　突发公共卫生事件的预防与应急准备 …… (157)
　　第三节　突发公共卫生事件的报告与信息发布 …… (163)
　　第四节　突发公共卫生事件应急处理 ……………… (167)
　　第五节　法律责任 …………………………………… (174)

第三编　医疗保健法

第一章　医疗保健法概述 ……………………………………（181）
 第一节　医疗保健法的概念与特征 ……………………（181）
 第二节　医疗保健法的组成 ……………………………（182）

第二章　医疗机构管理法律制度 ……………………………（185）
 第一节　医疗机构管理法律制度概述 …………………（185）
 第二节　医院管理法律制度 ……………………………（202）
 第三节　社会民办医疗机构管理法律制度 ……………（210）
 第四节　院前急救管理法律制度 ………………………（211）
 第五节　社区卫生服务机构管理法律制度 ……………（216）
 第六节　中外合资、合作医疗机构管理法律制度 ……（220）
 第七节　中医医疗机构管理法律制度 …………………（224）

第三章　执业医师管理法律制度 ……………………………（226）
 第一节　执业医师的概念 ………………………………（226）
 第二节　医师资格考试和执业注册 ……………………（228）
 第三节　医师执业规则 …………………………………（234）
 第四节　中医从业人员的管理规定 ……………………（237）
 第五节　执业医师的考核和培训 ………………………（238）
 第六节　法律责任 ………………………………………（240）

第四章　乡村医生管理法律制度 ……………………………（244）
 第一节　乡村医生管理法律制度概述 …………………（244）
 第二节　乡村医生的执业注册 …………………………（245）

第三节　乡村医生的培训与考核 …………………………（250）
　　第四节　法律责任 …………………………………………（252）
第五章　母婴保健法律制度 ……………………………………（254）
　　第一节　母婴保健法概述 …………………………………（254）
　　第二节　婚前保健 …………………………………………（256）
　　第三节　孕产期保健 ………………………………………（259）
　　第四节　技术鉴定 …………………………………………（263）
　　第五节　行政管理 …………………………………………（266）
　　第六节　法律责任 …………………………………………（269）
第六章　计划生育技术服务法律制度 …………………………（271）
　　第一节　计划生育技术服务概述 …………………………（271）
　　第二节　计划生育技术服务的内容 ………………………（274）
　　第三节　计划生育技术服务机构和人员 …………………（277）
　　第四节　法律责任 …………………………………………（279）
第七章　人体器官移植法律制度 ………………………………（281）
　　第一节　人体器官移植概述 ………………………………（281）
　　第二节　人体器官的捐献 …………………………………（285）
　　第三节　人体器官的移植 …………………………………（289）
　　第四节　法律责任 …………………………………………（292）
第八章　血液管理法律制度 ……………………………………（296）
　　第一节　血液管理概述 ……………………………………（296）
　　第二节　血站管理 …………………………………………（301）
　　第三节　采血管理 …………………………………………（305）

第四节　用血管理 …………………………………………（307）
　　　第五节　法律责任 …………………………………………（309）

第九章　处方管理法律制度 …………………………………（312）
　　　第一节　处方及处方权的概念 ……………………………（312）
　　　第二节　医师处方权 ………………………………………（313）
　　　第三节　药师调剂权 ………………………………………（318）
　　　第四节　法律责任 …………………………………………（320）

第十章　医疗纠纷处理 …………………………………………（323）
　　　第一节　医患关系 …………………………………………（323）
　　　第二节　医疗法律关系 ……………………………………（324）
　　　第三节　医疗纠纷 …………………………………………（330）
　　　第四节　医疗事故 …………………………………………（334）
　　　第五节　医疗损害责任 ……………………………………（345）

第十一章　现代医学新技术的法律问题 ………………………（355）
　　　第一节　脑死亡法律问题 …………………………………（355）
　　　第二节　安乐死法律问题 …………………………………（360）
　　　第三节　基因工程法律问题 ………………………………（367）

第四编　药事管理法

第一章　药事管理法概述 ………………………………………（375）
　　　第一节　药事法的概念和特征 ……………………………（375）
　　　第二节　药事法律体系 ……………………………………（376）

第二章 药品管理法律制度 ……………………………………… (379)
第一节 药品管理概述 ………………………………………… (379)
第二节 药品生产和经营的法律监管 ………………………… (381)
第三节 医疗机构的药剂管理 ………………………………… (389)
第四节 药品注册管理 ………………………………………… (394)
第五节 与药品管理有关的其他规定 ………………………… (404)

第三章 特殊管理药品管理法律制度 …………………………… (412)
第一节 麻醉药品和精神药品管理 …………………………… (412)
第二节 医疗用毒性药品管理 ………………………………… (418)
第三节 放射性药品管理 ……………………………………… (419)

第四章 血液制品管理法律制度 ………………………………… (421)
第一节 血液制品管理概述 …………………………………… (421)
第二节 血液制品管理 ………………………………………… (422)

第五章 疫苗法律制度 …………………………………………… (426)
第一节 疫苗概述 ……………………………………………… (426)
第二节 免疫规划 ……………………………………………… (427)
第三节 疫苗流通 ……………………………………………… (429)
第四节 疫苗的监督管理 ……………………………………… (432)

第六章 药品不良反应报告制度 ………………………………… (434)
第一节 药品不良反应概述 …………………………………… (434)
第二节 药品不良反应报告和监测 …………………………… (436)
第三节 药品严重不良反应的处理 …………………………… (442)

第七章 中药品种保护法律制度 ······ (446)
    第一节 中药品种保护制度概述 ······ (446)
    第二节 中药保护品种范围和保护期限 ······ (448)

第八章 医疗器械法律制度 ······ (453)
    第一节 医疗器械法律制度概述 ······ (453)
    第二节 医疗器械的管理 ······ (455)
    第三节 医疗器械生产、经营和使用管理 ······ (460)
    第四节 医疗器械的监督管理 ······ (464)
    第五节 法律责任 ······ (465)

第九章 中医药法律制度 ······ (472)
    第一节 中医药法律制度概述 ······ (472)
    第二节 中医医疗机构 ······ (479)
    第三节 中医从业人员 ······ (481)
    第四节 中医药教育与科研 ······ (482)
    第五节 民族医药 ······ (485)
    第六节 法律责任 ······ (486)

参考文献 ······ (489)

第一编

卫生法概述

第一章 卫生法的概念和特征

第一节 卫生法的概念

一、卫生

研究卫生法首先要明确"卫生"的概念。在中文里,从词的构成上来说,"卫"即"保卫","生"即"生命"或"身体","卫""生"合在一起,本意即为"维护生命"或"保护身体"。据考证,"卫生"一词最早出现在《庄子·庚桑楚》"南荣曰:殊愿闻卫生之经而已矣"的论述中。晋代李颐在《庄子集解》中就把"卫生"理解为"防卫其生,令合其道也"。而在西方,卫生一词对应的英语主要有 hygienism,hygiene,health,这些词被认为来自希腊神话中的健康女神"hygeian"的名字。英语中的"health law"就对应翻译为中文的"卫生法"。

"卫生"一词在日常生活和医学中都经常被使用,其含义也有广义和狭义之分。狭义的卫生概念,通常是指日常生活中所说的"清洁""干净";而广义的卫生概念,正如《辞海》对卫生所下的定义,是指为增进人体健康,预防疾病,改善和创造合乎生理要求的生态环境、生活条件所采取的个人和社会的措施,如卫生防疫措施、卫生保健服务、环境保护、生产安全和社会医疗保障等。由于现代社会经济迅猛发展,影响人体健康的因素和条件不断变化,特别是随着健康权益观念的演变,卫生所涉及的范围一直处于逐渐扩大的状态中。我国卫生法律规范中所使用的就是广义上的卫生概念。

二、卫生法

法律是指由社会物质条件所决定的,反映掌握国家政权的社会阶层的共同意志和根本利益,由国家制定或认可并由国家强制力保障实施的,通过规定权利、义务,设定权力、职责来维护社会秩序的行为规范的总和。在现代法治社会中,法律在社会生活中发挥着举足轻重的作用,它是调整人的行为以及人与人之间关系的最主要的行为规范。这其中自然包括人们由于从事与卫生相关的活动而形成的人与人之间的关系。因此,所谓卫生法,是指由国家制定或认可,并以国家强制力保障实施的,调整卫生关系的法律规范的总和。

1851年,在巴黎举行的第一次国际卫生会议上,11个国家签署了第一个地区性的《国际卫生公约》。1905年,美洲24个国家签订了泛美卫生法规。1948年,世界卫生组织(WHO)成立,为了实现其"使全世界人民获得可能的最高水平的健康"的宗旨,将提出国际卫生公约、规则和协定,制定食品、生物制品、药品的国际标准以及制定诊断方法的国际规范和标准作为自己的任务之一。而且,联合国制定了多项与卫生有关的国际条约,而国际性非政府组织(主要是一些涉及医药卫生领域的国际学会和协会)也制定了多项与保护人体健康有关的宣言和决议。此外,在世界贸易组织(WTO)的若干个协定中,也涉及与医疗卫生相关的内容。这些都极大地推进了国际卫生立法的发展。

在我国,第一届全国人民代表大会常务委员会1957年12月通过的《中华人民共和国国境卫生检疫条例》,是新中国历史上第一部真正意义上的卫生法律。自此以后,我国相继制定了大量的卫生法规以促进卫生事业的发展和保障公民的身体健康。不过,我国至今并没有制定卫生法典,卫生法主要由卫生法律、卫生行政法规和部门规章组成,另外还包括地方性规章。

第二节 卫生法的特征

卫生法是中国特色社会主义法律体系中的一个重要组成部分,除具有一般法律规范的特征之外,还有一些特有的特征。这也是卫生法区别于其他法律部门、具有独立存在价值的基础。

一、卫生法以行政法律规范为主,并与民事法律规范共存

行政法律规范是调整行政管理关系的各种法律规范,民事法律规范是调整平等主体之间的人身关系和财产关系的法律规范。卫生关系包含纵向的卫生行政管理关系和横向的卫生服务关系。卫生是关系到人的生命健康和人类的生存发展的大事,具有较强的公益性,国家必须成为管理的义务主体,因此,规范卫生行政管理的法律规范在卫生法中较多,卫生法大多都属于行政法律规范的范畴。卫生关系的当事人较为广泛,有国家行政机关、事业单位(如公立医疗机构)、社会团体(如医学会、卫生法学会)、企业(如医药公司、民营医疗机构)、自然人(如患者、医生)等,除了国家行政机关与其他当事人之间的关系外,其他当事人之间的卫生法律关系属于民事法律规范的调整范畴。需要指出的是,我国在卫生法立法中往往存在如下情况,即一部卫生法律或卫生法规中既有行政法律规范条文,也有民事法律规范条文,两种性质的法律条文共存。

二、卫生法调节手段的多样性

卫生法调整对象的多样性、综合性,决定了其调整的法律关系的多样性,不同的法律关系其调整的手段是不相同的。卫生法涉及大量的行政法律关系,需要通过行政法律手段来调整;卫生法中的民事法律关系需要通过民事法律手段调整;涉及卫生犯罪方面的问题则需要通过刑法手段调整。卫生法关系到人的生命、健康权,单一的调整手段不足以达到卫生法保护人的生命健康、促进卫生事业健康发展这一基本目的。

三、卫生法与自然科学尤其是与卫生科学的发展紧密联系

卫生法是卫生科学与法学有机结合产生的新学科。卫生法律规范中包括大量自然规范,是自然规范的法律化,是自然规范与社会规范的有机结合。卫生科学发展带来的新的社会问题,促进了卫生法的发展,卫生法的发展又进一步推动卫生科学的进步。

四、卫生法具有一定的国际一致性

卫生法的立法宗旨和根本任务是保护人的生命、健康。人的生命、健康权是人的基本权利,这一权利是无国界的。虽然卫生法同其他法律一样,会受社会意识形态的影响,反映某一阶级的利益和意志。但是,防病治病、卫生健康是全人类所面临的共同问题,也是全人类的共同利益所在,因此,具有一定的国际一致性。

第二章　卫生法的调整对象和基本原则

第一节　卫生法的调整对象

卫生法的调整对象,就是各种卫生法律规范所调整的卫生关系。而所谓卫生关系,是指在保护人的生命、健康等相关卫生活动中所形成的各种社会关系。具体而言,包括以下几个方面:

一、卫生组织关系

卫生组织关系是指各级各类医疗卫生组织的法律地位、组织形式、隶属关系、职权范围等方面的关系,包括卫生行政机关、医疗机构、卫生社会团体的组织关系等。卫生法明确规定了卫生组织的地位和权限,卫生组织之间的关系,卫生组织设立的条件和开展活动的形式。

二、卫生管理关系

卫生管理关系是指卫生行政机关及其他机关,在对卫生工作进行组织、领导、监督、评估等活动中与企事业单位、社会团体及公民间形成的权力职责、权利义务关系,如医疗卫生行政机关对医院的管理。

三、卫生服务关系

卫生服务关系是指医疗卫生保健组织在向社会提供卫生咨询

指导、医疗预防保健服务过程中,与接受服务者之间形成的平等主体性质的社会关系。

四、国际卫生关系

国际卫生关系是指我国各级卫生行政机关、医疗卫生保健组织及其他机关、企事业组织、社会团体和个人,在共同遵守我国缔结或参加的国际条约或国际公约时,与其他相关的国际组织或个人之间形成的权利义务关系。我国已经参加了多个国际卫生方面的条约,在参与国际卫生活动中就会形成相应的国际卫生关系,从而成为我国卫生法调整的对象。

第二节 卫生法的基本原则

卫生法的基本原则,是指对卫生立法、司法和执法具有普遍指导意义和约束功能,贯穿于整个卫生法体系,对卫生活动实行法律调整的基本准则,是卫生法基本精神的体现。具体而言,包括以下几个基本原则:

一、保护人的生命、健康原则

这一原则是指卫生法的制定和实施都要以人的生命、健康利益为出发点,把保护人的生命、健康作为卫生法的最高宗旨,使每个人的生命、健康都能通过依法享有改善卫生条件、获得基本医疗保健的权利,得到全面的保护。人的生命、健康可能会受到来自他人的侵害或自然的威胁。一方面,保护人的生命、健康是要求防止他人侵害行为的发生,另一方面,则是要保护自然环境,掌握生命、健康的自然规范,尊重规律,降低、减少自然的威胁。因此,卫生法对人的生命、健康的保护，不仅仅是疾病治疗方面的保护，而且还涉及人的侵害、环境的保护、社会医疗保障、人的生活方式等。对人的生命、健康的保护中的"人"是生物体意义的人，在享有保护权上没有民族、性别、年龄、户籍、职业、出生地等分别，国家有义务通过卫生资源的调配，包括资金和人才的调配，使人人同等享有生命、健康的保护。

二、预防为主的原则

不受到生命、健康的威胁，不患上疾病是人人所追求的目标，因此，对人的生命、健康的保护首先是预防。传染性非典型性肺炎（SARS）、甲型H1N1流感等传染性、流行性疾病发生的历史教训告诉我们：必须重视预防。尤其是有些疾病患上后，现在的医疗技术是无法治愈的，只能预防。预防为主应当是我国卫生工作的根本方针，也是卫生立法及执法必须遵循的一条重要原则。预防工作涉及的范围是非常广泛的，包括生活环境、食品安全、个人卫生、卫生防疫等方面。中华人民共和国成立后，最早制定了《中华人民共和国国境卫生检疫法》和《中华人民共和国传染病防治法》就是对这一原则的体现。

三、卫生公平性原则

2007年，世界卫生组织对成员国卫生筹资与分配公平事项进行了综合性评估排名，中国位居第188位，在191个成员国中排倒数第4位。主要问题体现在农村与城市在医疗资源分配上的差距较大，卫生公平问题成为党和政府关心的重大问题。世界卫生组织和瑞典国际发展合作署（Swedish International Development Cooperation Agency，简称为SIDA）在1996年的一份倡议书《健康与社会服务的公平性》中强调,人的生存机会分配应当以需要为导向,不应有社会的特权;卫生服务的公平性要求努力降低社会人群在卫生服务方面的差别和不公平性,争取每个成员都达到基本的生存标准;同时还强调,公平不等同于平等。卫生公平是社会追求的目标,国家之间、社会群体之间、社会个体之间的差别是必然存在的,但是,这种差别不应当是社会特权所决定的,而应当是由需要所决定的,因此,社会要根据需要来分配卫生资源。卫生公平首先应当是国家的卫生政策、卫生法律体现公平,没有公平的卫生政策、卫生法律就不可能有卫生的公平。其次是卫生行为的公平。公平的卫生政策、卫生法律需要执行者在具体实施中把握公平,就是按政策办事,公平、公正执法。

四、个体卫生权益和社会卫生权益协调发展原则

卫生涉及个体卫生权益和社会卫生权益两个方面的问题,二者之间是辩证统一的。

个体卫生权益,是指个体在社会中所享有的卫生权利和因此而获得的利益,包括有权享有生活自然环境的卫生安全和食品卫生的安全、医疗保障、医疗救济、医疗知情权、医疗自主权等;社会卫生权益,是指社会全体成员的共同卫生需求,包括社会卫生环境的治理、卫生资源的分配、传染病防控的措施、食品卫生监督制度、生物技术应用的控制等。

个体卫生权益需要保障,但社会卫生权益也需要保护,没有个体卫生权益的实现,社会卫生权益就不可能存在;没有社会卫生权益的保护,个体卫生权益就难以实现。因此,二者之间需要协调发展。

社会卫生权益的实现往往需要对个体卫生权益进行适度的限

制，个体卫生权益的过度实现会阻碍社会卫生权益发展。例如，传染病防控就需要对传染病患者的个体行为进行控制；卫生资源分配要考虑社会的整体需要，体现卫生的公平性，不能完全满足某一个体或群体的需要；不能过多地考虑个体患者权益的实现从而限制医生探索性的医疗措施，阻碍医学科学的发展。

社会卫生权益发展的最终目的是为了实现个体卫生权益，社会卫生权益的发展对个体卫生权益的限制应当是有限的、合理的、协调的，是有利于个体卫生权益实现的。例如，不能为了医学科学的发展侵害患者的生命、健康权。

第三章 卫生立法与实施

第一节 卫生立法概述

一、卫生立法的概念与依据

(一) 卫生立法的概念

卫生立法,是指有权的国家机关依照法定权限和程序制定、认可、修改、补充或废止规范性卫生法律文件的活动,又称卫生立法活动,有广义和狭义之分。狭义上的卫生立法仅指全国人大及其常委会制定卫生法律这种特定规范性文件的活动。广义上的卫生立法,除了狭义上的卫生立法之外还包括国务院及其所属部委以及地方权力机关和地方政府依法制定卫生法规、规章及其他规范性文件的活动。

因此卫生立法具有以下基本特征:

1. 卫生立法只能由享有立法权的特定国家机关来进行,除此之外,其他任何单位和个人均无权制定卫生法律规范。

2. 卫生立法活动,必须依照法定的权限和程序来进行,否则其立法行为也是无效的。

3. 卫生立法的结果是颁布具有普遍约束力,并以国家强制力保证实施的行为规范。

4. 卫生立法不仅包括依法创制新法,还包括对已有的法律规范的修改和废除,以及对医药卫生行业技术规范上升到法律规范的认可。

(二) 卫生立法的依据

1. 卫生立法的法律依据

我国宪法中有关维护人民健康和发展医疗卫生事业的规定,是卫生立法的依据。如《宪法》第 21 条第 1 款明确规定:"国家发展医疗卫生事业,发展现代医药和我国传统医药,鼓励和支持农村集体经济组织、国家企业事业组织和街道组织举办各种医疗卫生设施,开展群众性的卫生活动,保护人民健康。"卫生立法必须以宪法为法律依据,卫生立法也是对宪法内容的具体化。

2. 卫生立法的客观现实依据

社会物质生活条件是卫生立法的客观现实基础。任何时代的法律都是由一定的客观社会物质生活条件所决定的,卫生立法也不例外,具体而言,主要受到自然条件即地理环境因素、人口因素、社会物质资料的生产方式等客观因素的制约。只有植根于客观物质生活条件基础上的卫生立法才能使卫生法所调整的卫生法律关系更加科学合理化。

3. 卫生立法的政策依据

在我国,党和国家为实现一定历史阶段的任务,依靠实行民主的科学的决策,制定和执行正确的路线、方针、政策,来推进社会主义建设事业不断前进。这些有关医疗卫生事业方面的方针、政策,在卫生法调整的卫生法律关系中具有重要的地位,是卫生立法的重要依据。反映社会发展趋势的党和国家的方针、政策也是卫生立法的重要依据。

二、卫生立法的原则

卫生立法原则是指卫生立法主体在制定卫生法的过程中必须

遵循的基本准则。这些准则是统治阶级意志和利益的集中体现，是其立法意图的概括。根据立法法规定卫生立法活动必须遵循以下原则：

（一）合宪原则

宪法是国家的根本大法，一切法律、法规的制定都必须以宪法为根本准则，更不得与宪法相抵触。合宪原则主要表现在三个方面：立法权的合宪性，立法内容的合宪性，立法程序的合宪性。

（二）法治原则

这一原则的基本要求和主要内容突出地体现为：一切卫生立法权的存在和行使都应当有法的根据，卫生立法活动的绝大多数环节都依法运行，社会组织或成员以立法主体的身份进行活动，其行为应当以法为规范，行使法定职权，履行法定职责。

（三）民主原则

在我国，卫生立法应当遵循民主原则：首先，在立法中遵循民主原则，用立法的形式充分反映和保障人民的民主权利，让人民群众成为立法的真实的主人。其次，要使所立的法正确反映客观规律，就要让最有社会实践经验的人民群众参与立法。最后，坚持卫生立法的民主原则，是对立法实行有效监督和制约、防止滥用立法职权所必需。

（四）科学原则

立法遵循科学原则，有助于提升立法质量和产生良法，有益于尊重立法规律、克服立法中的主观随意性和盲目性。卫生立法遵循科学原则，首先需要实现立法观念的科学化。其次，需要从制度上解决问题。最后，更具直接意义的，是要解决方法、策略和技术问题。另外，要注意借鉴外国有益的经验。

三、卫生立法的程序

卫生立法程序就是指具有卫生立法权限的国家机关制定、修改和废止规范性卫生法律文件所遵循的制度化的正当过程。目前，我国卫生法律、法规、规章的制定工作，主要依据宪法、全国人大组织法、国务院组织法、地方人大和政府组织法、立法法、国务院行政法规制定程序暂行条例、法规规章备案规定等。根据以上法律、法规，特别是立法法的规定，我国卫生法制定程序主要如下：

（一）卫生法律的制定程序

1. 提出草案

提出法卫生法律草案要由有提案权的主体实施。具体情况如下：

全国人民代表大会主席团，全国人民代表大会常务委员会，国务院，中央军事委员会，最高人民法院，最高人民检察院，可以向全国人民代表大会提出属于全国人民代表大会立法职权范围内的议案；全国人民代表大会各专门委员会，国务院，中央军事委员会，最高人民法院，最高人民检察院，可以向全国人民代表大会常务委员会提出属于全国人民代表大会常务委员会立法职权范围内的议案；一个代表团或者30名以上的人民代表联名，可以向全国人民代表大会提出属于全国人民代表大会立法职权范围内的议案。在我国卫生立法工作中，主要表现为全国人大教科文卫委员会和国务院向全国人大常委会提出。

2. 审议议案

卫生立法议案在提交审议前，可以将草案公布，广泛征求意见。各专门委员会审议立法议案涉及专门性问题时，可以邀请有关代表和专家列席会议，听取他们的意见。我国审议向全国人民代表大会提交的立法议案的具体程序是：立法议案先经过人大常委会讨论，决定是否列入全国人民代表大会的立法议程。如果决定了，则提交人大会议主席团，由主席团决定是否正式列入议程。人民代表大会审议立法议案时，先由提案人作该法律草案的说明，然后由各代表团进行讨论，由法律委员会进行综合和修改，并向主席团作审议报告。主席团通过后，再提交大会表决。主席团如果有不同意见，可提交大会审议。

3. 表决通过

卫生立法议案由全国人民代表或全国人大常委会委员采用无记名方式表决。卫生立法议案应由全体人民代表或常委会委员的过半数通过。议案在审议中如有重大问题需要进一步研究，可暂不交付表决，交法律委员会和有关委员会进一步审议；议案因存在较大意见分歧而搁置审议两年以上的，该议案即为废案。

4. 公布

卫生法律由全国人民代表大会或全国人大常委会通过后，由国家主席签署主席令予以公布。

(二) 卫生行政法规的制定程序

1. 立项

国务院有关部门如国家卫生与计划生育委员会、国家食品药品监督管理局等，根据经济社会发展需要，认为需要制定行政法规的，提出立法项目草案，由部（局）务会议审查是否上报国务院。

2. 起草

卫生行政法规由国务院组织起草。具体起草工作由相关卫生行政部门负责，起草内容涉及两个以上部门时，应以一个部（局）为主起草，必要时成立专门起草小组起草。

3．报送和审查

起草工作完成后，起草单位应将草案及法规说明等有关资料送国务院法制办进行审查。国务院法制办向国务院提出审查报告和草案修改稿，审查报告应对草案主要问题作出说明。

4．通过和公布

法规草案经国务院常务会议审议或者由国务院审批，由国务院总理签署国务院令公布实施。

5．备案

卫生行政法规在公布后的30日内由国务院办公厅报全国人民代表大会常务委员会备案。

第二节　卫生法的实施

一、卫生法实施的含义及形式

（一）卫生法实施的含义

卫生法的实施是指卫生法律规范在社会生活中的贯彻与实行，是国家机关及其工作人员、社会团体和公民实现卫生法律规范的活动。

（二）卫生法实施的形式

卫生法的实施包括卫生法的遵守、卫生法的执行、卫生法的适用和卫生法制监督。

1．卫生法的遵守

即卫生守法，是指公民和其他卫生社会关系的主体自觉遵守卫生法律，从而使卫生法律得以实现的活动。

2. 卫生法的执行

即卫生执法,是指国家卫生行政机关通过制定、实施卫生行政法规以及将卫生法律的一般规定作用于卫生行政相对人或卫生事务的活动。

3. 卫生法的适用

即卫生司法,是指国家司法机关依照法定职权和程序,运用卫生法律处理具体卫生案件的活动。

4. 卫生法律监督

这是指有关国家机关依据法定职权和程度对卫生立法、执法、司法等卫生法制定运行环节的合理性所进行的监察、控制和督导。

二、卫生法的效力

卫生法的效力,一般是指卫生法适用的范围,包括卫生法在时间上的效力、在空间上的效力以及对人的效力三个方面。

1. 卫生法的时间效力

这是指卫生法律规范从何时开始生效与何时终止生效,以及对其颁布前的事项和行为有无溯及力的问题。

(1) 卫生法的生效。我国现行的卫生法律、法规、规章主要有以下几种生效情况:

第一种,在法律、法规、规章明确颁布之日生效;

第二种,在法律、法规、规章中具体规定自其颁布后的某一具体时间生效;

第三种,法律、法规、规章中没有明确规定具体生效时间,一般应视为颁布之日起生效。

(2) 卫生法的失效。我国卫生法效力终止主要有以下几种情况:

第一种,新法规废除旧法规;

第二种,卫生法规本身明文规定该法于何时生效;

第三种,有的卫生法规因规定的社会事实已消灭或效果已完成而失效等。

(3)卫生法的溯及力。即卫生法溯及既往的效力,是指新的卫生法律、法规、规章对它生效前的事件和行为是否适用的问题。我国法律对待溯及力问题上,一般采取"从旧兼从轻"的原则,卫生法的溯及力问题同样遵循该项原则。

2. 卫生法的空间效力

卫生法的空间效力是指卫生法律规范适用的地域范围,主要由立法机关所管辖的行政区域范围所决定。具体有以下两种情况:

(1)在全国范围内生效。主要有由全国人大及其常委会、国务院、卫生行政部门等国务院部门发布的卫生法律、卫生规章,在全国生效。

(2)在一定区域内生效。主要有地方性法规和地方政府卫生规章,以及某些明文规定只能在一定范围内生效的卫生法规、卫生规章。

3. 卫生法的对象效力

卫生法的对象效力是指卫生法律规范对自然人或法人有效的问题。我国卫生法律规范的对象效力主要有三种情况:对卫生法空间效力范围内的所有自然人和法人均适用;对空间效力范围内某种具有特定职能的公民、法人和组织适用,如《执业医师法》《护士管理办法》等;对空间效力范围内某些自然人和法人不适用。

三、卫生法的遵守

卫生法的遵守,简称卫生守法,是指一切国家机关、社会组织和公民个人依照卫生法的规定,行使卫生权利和履行卫生义务的活动。卫生守法是卫生法实施的基本形式,包括卫生守法主体、守法内容、守法范围和守法状态等构成要素。

卫生守法主体,是指一个国家和社会中应该遵守卫生法律的人或组织。按照宪法的规定,我国卫生守法的主体应当包括一切国家机关、武装力量、政党、社会团体、企事业单位、中华人民共和国公民和在我国领域内的外国组织、外国人和无国籍人。

其中,医疗机构及其医务人员,卫生法律规范所指向的其他与人体健康有关的企事业部门和社会服务性行业及其从业人员,卫生行政及其从业人员,卫生行政机关及其工作人员,法律、法规授权的卫生执法组织及其工作人员等,是卫生守法的重要主体。

第三节 卫生行政执法

一、卫生行政执法的概念与特征

(一)卫生行政执法的概念

卫生行政执法又称卫生行政执法行为,是指国家卫生行政机关和法律法规授权组织,为实现国家卫生行政管理目的,依照卫生法律、法规和规章的规定,行使卫生行政职权和履行卫生行政职责来处理卫生行政事务的活动。卫生行政执法是卫生法实施的重要组成部分,完善卫生执法机制,规范卫生执法行为是当前卫生法制建设的重心。

(二)卫生行政执法的特征

卫生行政执法是国家行政执法的一个专业类别,是国家意志在卫生领域得以实现的具体形式,又表现出一些自身特点:

1. 特殊的目的性和科学性

卫生执法的科学基础是医学科学原理，技术支持是医学科技手段，卫生行政执法的根本目的正是通过运用法律手段以更好地保护公民的健康权，这是卫生行政执法区别于其他行政执法的主要标志。

2. 突出的专业性和技术性

卫生活动具有明显的专业性和技术性，因而卫生行政主体为保证合法而正确地执法，必须遵循卫生法律规范和卫生技术规范，并须具备一定的卫生技术能力，从而使卫生行政执法活动体现了较强的专业性和技术性。

3. 显著的社会性和协同性

卫生执法是一项系统工程，涉及复杂的社会人群和联动的社会关系，要在执法过程中，协调社会各方面的关系，采取联动反应的卫生措施，进行综合执法，任何孤立的、单纯的监督检查、许可、处罚等具体行政行为的实施均不会取得良好的实效。

二、卫生行政执法的原则

卫生执法的原则是在卫生执法活动中所应遵循的基本准则，卫生执法首先应当符合合法性原则、合理性原则、高效率原则。

1. 合法性原则

即依法行政原则，是现代法治原则在执法中的具体体现。合法性原则是指卫生执法主体的设立和执法活动要有法可依，行政执法职能必须由法律授权并依据法律规定。在卫生执法中，要求卫生执法主体合法，卫生执法内容合法，卫生执法程序合法。

2. 合理性原则

又称行政适当原则，是基于行政自由裁量权而言的，要求卫生执法主体的执法内容既体现法律的基本精神和目的,又符合公序良俗和社会生活常理,做到适当适度、合乎情理、恰到好处。

3. 效率原则

又称效益原则,要求卫生执法主体在依法行政的前提下,作必要的可行性分析和成本效益分析,以尽可能低的成本取得尽可能大的执法效益。

三、卫生行政执法的主体

(一) 卫生行政执法主体的概念

卫生执法主体,是指以自己的名义实施行政执法行为,并对行为后果独立承担法律责任的组织。卫生执法主体具有以下特征:

1. 卫生执法主体是一种组织,而不是个人。

尽管具体的卫生执法行为大多由个人来进行,但他们都是以组织而不是个人名义实施的。

2. 卫生执法主体拥有独立的卫生执法职权。

卫生执法主体履行执法职能,是依法行使卫生行政权的一种形式,因为具有单方性和独立性。

3. 卫生执法主体能够以自己的名义行使卫生执法权并承担相应的法律后果。

这是卫生执法主体独立行使国家公权力的结果形式,也是卫生执法主体区别于其他组织和内部行政人的重要法律标志。

(二) 卫生行政执法主体的分类

卫生执法主体的种类主要有下列各类卫生行政主体和法律、法规授权的组织:

1. 卫生行政机关

卫生行政机关作为各级政府的组成部分,是代表国家行使卫生行政权,管理社会公共卫生事务的机关。卫生行政机关包括国务院卫生行政主管部门,即卫生与计划生育委员会,以及省、自治区、直辖市、地(市)卫生局、县(县级市、区、旗)卫生与计划生育委员会。

2. 国境卫生检疫机关

国家质量监督检验检疫总局是我国卫生行政执法主体之一。《国境卫生检疫法》规定,在中华人民共和国国际通航的港口、机场以及陆地边境和国界江河的口岸,设立国境卫生检疫机关,依法实施传染病检疫、监测和卫生监督。

3. 食品药品监督管理机关

食品药品监督管理机关是一个独立的卫生执法机关。国家食品药品监督管理局以及地方食品药品监督管理机构是综合监督食品、保健品、化妆品安全管理和主管药品监督的机构,负责对药品,包括医疗器械、卫生材料、医药包装材料的研究、生产、流通、使用等进行行政监督和技术监督管理。

四、卫生行政处罚

(一) 卫生行政处罚的概念

卫生行政处罚,是指卫生行政机关和法律、法规授权组织在法定职权范围内,对违反卫生法律规范的公民、法人或其他组织所实施的一种行政制裁。通过对违法者的依法处罚,达到教育、惩戒违法者,警戒他人,制止已有违法行为的继续,预防新的违法行为发生的目的。所以卫生行政处罚是保障卫生法切实实施的必要手段。

(二) 卫生行政处罚的原则

1. 法定原则

即卫生行政处罚必须严格依法进行。该原则不仅适用于行政处罚的实施阶段，也适用于行政处罚权的设定阶段。包括处罚依据法定，处罚主体法定，处罚程序法定。

2. 公正原则

即卫生行政处罚必须公平、公正、不偏私，以事实为根据，以法律为准绳，实行回避制度。

3. 公开原则

该原则主要体现在两个方面：一是卫生行政处罚的规定应当事先通过公开程序向社会公布，未经公布不得作为行政处罚的依据。二是对违法行为的处罚决定、处罚程序要公开、执法人员的身份要公开。

4. 处罚与教育相结合原则

卫生行政处罚的目的是通过惩罚违法行为，使违法者引以为戒，使公民、法人或者其他组织自觉守法。因此，卫生行政处罚应当坚持处罚与教育相结合原则，并使教育贯穿整个处罚过程。

5. 权利救济原则

权利救济原则，是指相对人对行政处罚不服的，有权依法申请行政复议或者提起行政诉讼；对因卫生行政机关违法给予行政处罚受到损害的，有权依法提出赔偿要求，以维护自己的合法权益。

(三) 卫生行政处罚的种类

卫生行政处罚通常有以下几种形式：

1. 警告

这属于声誉罚，是指卫生行政机关对管理相对人违反卫生行政法律规范的行为予以谴责和训诫。其实质是给予相对人精神上的惩戒,以申明其有违法行为,并促使其以后不再违法,否则,就要受到更加严厉的制裁。

2. 罚款

这属于财产罚,是指卫生行政处罚主体强迫违法相对人缴纳一定数额的货币,使相对人的财产遭受一定损失或被剥夺的处罚形式。

3. 没收违法所得、没收非法财物

这属于财产罚,非法财物是指与违法行为有关的财物,如违禁品等;非法所得是指因违法行为而获得某种物质利益,主要指金钱收入,如违法经营而获得的非法利润等。

4. 责令停产停业

这属于能力罚,是指卫生行政主体责令相对人停止违法的生产经营活动,从而剥夺或者限制违法相对人从事某种生产经营活动权利的一种处罚形式。

5. 暂扣或者吊销许可证、执照

这属于能力罚,是指卫生行政机关依法暂时扣押或者收回违法行为人已经获得的从事某种活动的资格证书,以限制或者剥夺违法行为人从事某种活动的特许权利的处罚形式。

第四节 卫生行政复议

一、卫生行政复议的概念和特征

卫生行政复议是指卫生行政相对人认为卫生行政机关实施的卫生行政行为侵犯其合法权益,依法向作出该卫生行政行为的上一级卫生行政机关或同级人民政府提出申请,由受理申请的行政机关对卫生行政行为依法进行审查并作出处理决定的活动。它具有以下特征：

1. 卫生行政复议的内容是解决行政争议。

行政争议是指卫生行政主体在实施行政行为的过程中，与卫生行政相对人之间发生的争议。在行政执法活动中，卫生行政主体与卫生行政相对人之间，对于具体行政行为的合法性与合理性，常常会产生认识上的分歧，并由此产生行政争议。

2. 卫生行政复议的程序是准司法程序。

所谓准司法，就是具有类似于普通司法的性质，但又不完全等同于普通司法，将其称为"行政司法行为"，其程序属于准司法性质。所以卫生行政复议的程序相对较严格，如申请、受理、审查和裁决等。

3. 卫生行政复议的性质是一种行政救济机制。

它通过纠正违法或不当的具体行政行为而为卫生行政相对人提供一种为保障其合法权益免受违法或不当行为侵犯的救济机制。同时，通过卫生行政复议，也可以对合法的具体行政行为予以维持，从而起到维护行政主体依法行使职权的作用。

4. 卫生行政复议是卫生行政主体内部的监督活动。

这是上级卫生行政机关对下级卫生行政主体进行层级监督的活动。如果行政复议申请人不服复议机关的复议决定，可以向人民法院提起诉讼，以取得司法救济。

二、行政复议的原则

卫生行政复议的目的是保障和监督行政机关依法行使行政职权，防止和纠正违法、不当的具体行政行为，保护公民、法人和其他组织的合法权益。卫生行政复议应遵循以下原则：

1. 依法独立行使复议权原则

卫生行政复议机关在审查卫生行政争议过程中,应当依法行使复议权,不受其他机关、社会团体和个人的非法干扰。坚持依法独立行使复议权的原则,对合法、公正地审查卫生行政争议具有十分重要的意义。

2. 实行一级复议制原则

一级复议制度意义在于既为行政系统内部纠正违法具体行为提供一个机会,但又不过分地依赖或迁就行政机关的自己纠错,同时也为行政相对人提供一个行政救济途径,减少不必要的司法代价。

3. 及时、便民原则

及时,是指复议机关在保证公正的前提下,应当保证行政效率,及时作出决定。便民,是指卫生行政复议机关在依法审理复议案件的过程中,尽可能为复议当事人提供各种便利条件,以确保复议当事人参加复议目的的实现。

4. 对具体卫生行政行为的合法性和适当性进行审查的原则

这一原则是指卫生行政复议机关在复议时,应对被申请人作出的具体卫生行政行为是否合法和合理进行全面审查,既审查该行为在权限、依据、内容等方面是否符合法律规定,也要审查被申请人运用裁量权是否客观适度。

三、卫生行政复议的程序

(一) 复议申请

《行政复议法》第9条规定,公民、法人或者其他组织认为具体卫生行政行为侵犯其合法权益的,应当自知道该具体行政行为之日起60日内提出行政复议申请,法律规定的申请期限超过60日的除外。因不可抗力或者其他正当理由耽误法定申请期限的,申请期限自障碍消除之日起继续计算。复议形式,包括书面申请和口头申请两种。

(二) 复议受理

行政复议机关收到行政复议申请后,应当在 5 日内进行审查,对符合条件的复议申请应当决定受理;对不符合条件的复议申请决定不予受理,并书面告知申请人;对符合行政复议法规定,但是不属于本机关受理的复议申请,应当告知申请人向有关的行政复议机关提出。

(三) 复议审理

1. 审理前的准备工作

主要包括:复议机关应当在受理之日起 7 日内,将行政复议申请书副本或行政复议申请笔录复印件发送被申请人;被申请人应当自收到之日起 10 日内,作出书面答复,并提交当初作出具体行政行为的证据、依据和其他有关材料;决定被复议的具体行政行为是否停止执行。

2. 审理的方式

行政复议原则上以书面形式审理案件,但是申请人提出要求或者行政复议机关负责法制工作的机构认为有必要时,可以向有关组织和人员调查情况,听取申请人、被申请人和第三人的意见。

3. 审理期限

复议机关应当自受理申请之日起 60 天内作出复议决定,法律规定行政复议期限少于 60 日的除外。我国有许多卫生法律、法规对复议决定的期限有特别的规定。

(四) 复议决定

复议机关应对被申请人作出具体行政行为进行审查,提出意见,经复议机关的负责人同意或者集体讨论通过后,按照不同情况作出以下行政复议决定:维持决定、履行决定、撤销决定、变更决定和确认决定。

第五节 卫生行政诉讼

一、卫生行政诉讼的概念和特征

卫生行政诉讼是指公民、法人或者其他组织,认为卫生行政主体及其工作人员的具体行政行为侵犯了其合法权益,依法向人民法院提起诉讼,由人民法院进行审理并作出裁判的活动,它具有以下特点:

1. 卫生行政诉讼的原告只能是卫生行政相对人。卫生行政相对人包括公民、法人或其他组织。

2. 卫生行政诉讼的被告只能是行使卫生管理职权的卫生行政主体。包括卫生行政机关和法律法规授权的组织。

3. 卫生行政诉讼的标的是审查具体卫生行政行为是否合法。这与卫生行政复议不同,卫生行政诉讼原则上只审查具体行政行为的合法性,一般不对具体卫生行政行为的合理性或适当性进行审查。

二、卫生行政诉讼的原则

卫生行政诉讼的基本原则,是贯穿于行政诉讼活动整个过程或主要过程中,调整行政诉讼关系,指导和规范行政诉讼行为的准则。主要有以下几项:

1. 卫生行政诉讼期间,具体行政行为不停止执行的原则。

卫生行政机关具体行政行为不能因原告的提起诉讼而停止执行。

2. 人民法院特定主管原则。

行政案件只有在法律特别规定的范围,人民法院才主管。另外,属于人民法院主管的行政案件,如果法律、法规规定,需先进行行政复议,不经过行政复议的,人民法院不予受理。

3. 卫生行政机关负有举证责任的原则。

要求作为被告的卫生行政机关负举证责任,必须提供作出具体行政行为的事实依据和法律依据,否则就要承担败诉的后果。

4. 不适用调解和反诉的原则。

人民法院在审理卫生行政诉讼案件时,只能根据事实和法律审查卫生行政主体作出的具体卫生行为是否合法,并作出判决或裁定,而不能适用调解。作为被告的卫生行政主体也无权提起反诉。

5. 司法变更权有限原则。

在卫生行政诉讼中,人民法院一般不能直接变更具体卫生行政行为的内容,而只能作出维持或撤销的判决或裁定。只有在行政处罚显失公正时,才可以判决变更。

三、卫生行政诉讼的程序

(一) 起诉

起诉是指公民、法人或其他组织,认为卫生行政主体的具体行政行为侵犯其合法权益,依法向人民法院提出诉讼请求,要求人民法院予以法律保护的诉讼行为。

(二) 受理

受理是指人民法院对原告的起诉经过审查,确认符合法定条件,决定立案审理的行为。起诉和受理是行政诉讼的启动程序。

《行政诉讼法》规定,人民法院应当在接到起诉状7日内经审查决定立案或者裁定不予受理。

(三) 审理

审理是指人民法院受理卫生行政案件后,对案件进行实质性审查至终审判决前所进行的各项行政诉讼行为的总和。

(四) 判决

判决是指人民法院根据事实和法律,对审理终结的卫生行政案件作出的处理决定。人民法院经过审理,根据不同情况,分别作出以下判决:

1. 维持判决

认为具体卫生行政行为证据确凿,适用法律、法规正确,符合法定程序的,判决维持。

2. 撤销判决

具体行政行为的主要证据不足,或者适用法律、法规错误,或者违反法定程序,或者超越职权,或者滥用职权的,判决撤销或者部分撤销卫生行政主体作出的具体的行政行为,并可以判决被告重新作出具体行政行为。

3. 履行判决

认为被告不履行或者拖延履行法定职责的,判决其在一定期限内履行。

4. 变更判决

认为卫生行政处罚显失公正的,可以判决变更。

第四章 卫生违法及法律责任

第一节 卫生违法的概念及构成

卫生违法,是指卫生法律关系主体实施的违反卫生法律的规定,引起相应的损害事实,因而获得法律否定性评价的行为。卫生违法必须符合以下四个条件:

1. 在主体上,卫生违法的行为人必须是具有法定责任能力的公民、法人和其他组织。

判断自然人是否具备法定责任能力,一是看他是否达到法定责任年龄,二是看他是否具备正常的智力或精神状态;其他违法主体只要存在就具备相应的法定责任能力。

2. 在客观上,行为人实施了违反卫生法律的行为。

具体而言,可以分为两种基本表现形式:一是不作为,即消极地不实施卫生法要求的行为;二是作为,即积极地实施卫生法所禁止的行为。

3. 在客体上,卫生违法行为侵犯了法律所保护的社会关系,具有一定的社会危害性。

这种危害性包括两种情况:一是卫生违法行为已经给法律保护的社会关系和社会秩序造成了实际的损害结果;二是虽然尚未造成实际的损害,但已经使卫生法所保护的社会关系和社会秩序处于某种危险之中,即可能使其受到损害。这些损害既包括物质上的损害,也包括非物质上的损害。

4. 在主观上,违法行为主体必须有过错。

过错,是指违法行为实施者的某种主观心理状态,包括故意和过失两种形式。如果卫生违法行为是因不可抗力造成或者是由无行为能力者造成的,则不能构成卫生违法。

第二节　卫生法律责任

卫生法律责任,是指卫生法律关系主体由于违反卫生法律规定的义务,而应承担的对其不利的法律后果。根据卫生违法所侵犯的法律关系的不同,卫生违法可以分为行政卫生违法、民事卫生违法和刑事卫生违法,相应地,卫生法律责任的形式也就分为行政责任、民事责任和刑事责任。

一、卫生违法的行政责任

卫生违法的行政责任是指卫生法律关系主体违反行政法律规范或不履行行政法律义务,依法应当承担的法律后果。

1. 卫生违法的行政责任具有以下特征:

(1) 主体是卫生行政法律关系主体,包括行政主体和行政相对人;公务员是内部行政法律关系的相对人;

(2) 是基于行政法律关系而发生的;

(3) 具有强制性,由有权的国家机关来追究。

2. 卫生违法的行政责任的构成要件包括:

(1) 存在违反行政法律义务的行为;

(2) 存在承担责任的法律依据;

(3) 主观上有过错。

3. 卫生违法的行政责任主体包括卫生行政执法主体、卫生行政执法人员和卫生行政相对人。

卫生行政执法主体承担行政违法责任的方式包括纠正行政违法和进行行政赔偿。具体而言,有以下形式:撤销违法行政行为;履行行政执法义务;行政赔偿。其法律依据主要是《中华人民共和国行政复议条例》《中华人民共和国行政诉讼法》《中华人民共和国国家赔偿法》等。

卫生行政执法人员承担行政违法责任的方式是受行政处分,具体的处分形式主要包括:警告、记过、记大过、降级、降职、撤职、留用察看、开除。其法律依据主要是《中华人民共和国公务员法》。

卫生行政相对人承担行政违法责任的方式是接受行政处罚。我国行政处罚的主要法律依据是《中华人民共和国行政处罚法》及其他有关的法律法规规定。具体处罚形式有通报批评、警告、罚款、没收、责令停产或停业整顿、暂扣或吊销执业许可等。

二、卫生违法的民事责任

卫生违法的民事责任,是指卫生法律关系主体因违反卫生法律的规定或合同约定的民事义务,从而侵害他人的财产或人身权利时,依法应当承担的法律后果。

1. 卫生民事责任可分为违约责任和侵权责任,其特征表现为:

(1) 卫生民事责任是卫生民事法律关系主体违反卫生民事义务而承担的不利后果;

(2) 卫生民事责任以恢复受害人的被侵害的权益为目的;

(3) 卫生民事责任以侵权责任为主。

2. 承担卫生民事责任的主要方式包括:停止侵害,排除妨碍,消除危险,返还财产,恢复原状、修理、重作、更换,赔偿损失,支付违约金,消除影响、恢复名誉,赔礼道歉等。

三、卫生违法的刑事责任

卫生违法的刑事责任,是指卫生法律关系的主体违反卫生法律规定,侵害了刑法所保护的社会关系并构成犯罪,依法应当承担的法律后果。刑事责任是因犯罪而引起的责任承担,而犯罪具有严重的社会危害性,因此,和其他责任形式相比,刑事责任也就具有最严厉的惩罚性。

1997年《刑法》加强了对卫生犯罪的规制力度,增加了较多的卫生犯罪的罪名。其中,涉及药品、医疗器械方面的犯罪如生产、销售假药罪,生产、销售劣药罪,生产、销售不符合标准的医用器材罪,非法提供麻醉药品、精神药品罪;涉及卫生防疫方面的犯罪如生产、销售有毒、有害食品,生产、销售不符合安全标准的食品罪,生产、销售不符合安全标准的化妆品罪,妨害传染病防治罪,传染病菌种、毒种扩散罪,妨害国境卫生检疫罪,逃避动植物防疫、检疫罪,动植物检疫失职罪,传染病防治失职罪;涉及血液方面的犯罪如非法组织卖血罪,非法采集、供应血液、制作、供应血液制品罪,强迫卖血罪,采集、供应血液、制作、供应血液制品事故罪;涉及医疗方面的犯罪如非法行医罪,非法进行节育手术罪,医疗事故罪。

根据我国《刑法》的规定,实现刑事责任的方式是刑罚。我国刑罚分为主刑和附加刑,主刑有管制、拘役、有期徒刑、无期徒刑和死刑;附加刑有罚金、剥夺政治权利、没收财产和驱逐出境。在卫生违法的刑事责任承担中,包括了所有的主刑和附加刑。对于犯罪的外国人,可以独立或附加适用驱逐出境。

第二编

公共卫生法

第一章 公共卫生法律制度概述

第一节 公共卫生法律制度的概念

一、公共卫生的概念

公共卫生,又称公众卫生,泛指社会公众的共同卫生,它是以生物心理社会医学模式为导向,面向社会群体,综合应用法律、行政、预防医学技术、宣传教育等手段,动员社会共同参与,消除和控制威胁人类生存环境和生命质量的危险因素,改善卫生状况,提高全民健康水平的社会卫生活动。从广义上说,公共卫生范围涉及人们的生活、生产、学习、工作以及休闲娱乐等相关环境条件的一切卫生问题,包括环境卫生、食品卫生、职业卫生、学校卫生、放射卫生以及传染病、慢性病、地方病的预防和控制等多个领域。

二、公共卫生法的概念

公共卫生法是指由国家制定或认可,并由国家强制力保障实施的,用以调整人们在公共卫生活动中形成的各种社会关系的行为规范的总和。

公共卫生法有广义和狭义之分。广义的公共卫生法包括基本医疗服务,狭义的公共卫生法,又称传统的公共卫生法,主要包括食品卫生(安全)法,职业卫生防治法,环境卫生、学校卫生工作防治法,放射致害污染卫生防治法和传染病防治法,地方性疾病及其病源、宿主治理法等基本法和单行法律法规。

公共卫生法是卫生法的重要组成部分。公共卫生法的主要目的是以公众健康为中心,以预防为主要途径或方法,实现政府保障公民健康的职责。

三、公共卫生法的特征

(一) 调整对象的范围具有特定性

公共卫生法的调整对象是保护公众生命健康权益,并规范与人体健康相关活动和行为中形成的各种社会关系。

(二) 内容具有广泛性、复杂性

公共卫生法针对的是涉及公共领域的一切卫生健康利益,强调的是公共卫生权益的保护,因此,其内容具有广泛性、复杂性。

(三) 调整社会关系的方式具有多样性

由于公共卫生法的内容比较广泛和复杂,因此调整方式具有多样性,除采取传统的刑事、民事、行政的法规范调整方式之外,还采取鼓励性和倡导性法律规范的调整方式。

第二节 公共卫生法律制度体系

一、以传染病防治法为核心的传染病防治法律制度

目前,以传染病防治法为核心的传染病防治法律制度已经具备规模,比较完整,涉及的主要法律、行政法规包括:《中华人民共和国传染病防治法》《国境卫生检疫法实施细则》《传染病防治法实施办法》《疫苗流通和预防接种管理条例》《国内交通卫生检疫条例》《突发公共卫生事件应急条例》《医疗废物管理条例》《病原微

生物实验室生物安全管理条例》《艾滋病防治条例》《血吸虫病防治管理条例》《重大动物疫情应急条例》等。特别是1989年全国人大常委会制定、通过的《传染病防治法》，经过2004年8月28日第一次修订，并于2013年6月29日再次进行了修订，逐渐完善了传染病病种和防控措施调整制度，有助于更好地配置防治资源。

二、职业卫生方面的卫生法律、行政法规

我国对职业病立法极为重视，比较完整的法律、行政法规包括：

（1）2001年10月27日全国人大常委制定、通过的《中华人民共和国职业病防治法》，这是我国第一部全面规范职业病防治活动的法律，确立了职业病防治法律制度。

（2）1987年国务院颁布的《尘肺病防治条例》，这是新中国成立以来我国政府有关劳动卫生权威性较高的行政法规。

（3）2002年国务院颁布的《使用有毒物品作业场所劳动保护条例》以及2005年国务院颁布的《放射性同位素与射线装置安全和防护条例》。

三、食品卫生方面的主要法律、行政法规

新中国成立以来，我国出台了一系列的法律、行政法规，对食品卫生进行监管，主要体现为：

（1）1995年10月30日，全国人民代表大会常务委员会通过了《中华人民共和国食品卫生法》以及配套实施的《食品卫生行政处罚办法》。

（2）2006年4月29日，全国人民代表大会常务委员会通过了《中华人民共和国农产品质量安全法》。

（3）2009年2月28日，全国人大常委会通过了《中华人民共和国食品安全法》,同时废止《中华人民共和国食品卫生法》。

(4) 2009年7月,国务院颁布了《食品安全法实施条例》,以及2008年10月,国务院颁布了《乳品质量安全监督管理条例》。以上也是我国食品卫生方面的主要法律、行政法规。

2013年,国务院进行机构改革后,对食品安全监管机制有重大调整,从多部门各管一段,到生产、流通、餐饮环节的监管权责整合。因此,修订《食品安全法》变得非常紧迫。2015年4月24日,第十二届全国人大常委会第14次会议通过了修订后的《食品安全法》,自2015年10月1日起施行。

四、环境和学校卫生方面的法律、行政法规

我国有关环境保护方面的法律,主要包括:《中华人民共和国环境保护法》(1989年颁布、施行,2014年修订)、《中华人民共和国大气污染防治法》(1987年颁布,1995年和2000年两次修订)、《中华人民共和国水污染防治法》(1984年颁布,1996年和2008年两次修订)、《中华人民共和国环境噪声污染防治法》(1996年颁布)、《中华人民共和国固体废物污染环境防治法》(1995年颁布,2004年和2013年两次修订)、《中华人民共和国海洋环境保护法》(1992年颁布,1999年和2013年两次修订)等。

另外,环境保护方面和学校卫生方面的行政法规、部门规章和环境标准主要包括:《全国环境监测管理条例》《全国污染源普查条例》《海洋倾废管理条例》《危险化学品安全管理条例》《公共场所卫生管理条例》《学校卫生工作条例》以及《化妆品卫生监督条例》等。

第二章 传染病防治法律制度

第一节 传染病防治法律制度概述

一、传染病防治法的概念

(一) 传染病的概念和特征

传染病,是指由于具有传染性的致病性微生物,如细菌、病毒、立克次体、寄生虫等侵入人体,发生使人体健康受到某种损害以致危及不特定的多数人生命健康甚至整个社会的疾病。

传染病具有传染性、流行性和反复性等特征,因而发病率较高、传染快,对人体健康和生命威胁巨大。自13世纪中叶在欧洲爆发的"黑死病"即鼠疫流行以后,在三次大的鼠疫流行中,有1亿多人失去生命,其中,欧洲有约四分之一的人口死于鼠疫。在我国历史上,在死亡率最高的疾病中,传染病占据首位。传染病种类很多,可通过不同方式,直接或者间接地传播,造成人群中传染病的发生或者流行。自新中国成立以后,由于国家卫生行政部门高度重视,采取快速、高效的手段,实行群体防御治疗,传染病得到了有力的控制。

(二) 传染病防治法的概念

传染病防治法,是指调整预防、控制和消除传染病的发生与流行,保障人体健康活动中产生的各种社会关系的法律规范的总和。

《中华人民共和国传染病防治法》(以下简称《传染病防治

法》)是1989年2月21日第七届全国人大常委会第六次会议通过的,之后历经2004年和2013年两次修订。2004年修订后的《传染病防治法》的文字篇幅是修订前的两倍,法律条文由修订前的41条增加到80条,这大大增强了传染病防治的工作力度,加强了传染病的预防、控制和消除法律保障。2013年6月29日,全国人民代表大会常务委员再次修订《传染病防治法》。本次修订内容仅两个条款:(1)将第3条第4款修改为:"国务院卫生行政部门根据传染病暴发、流行情况和危害程度,可以决定增加、减少或者调整乙类、丙类传染病病种并予以公布。"(2)第4条增加1款,作为第2款:"需要解除依照前款规定采取的甲类传染病预防、控制措施的,由国务院卫生行政部门报经国务院批准后予以公布。"

除此之外,围绕《传染病防治法》的实施,我国还相应出台了许多行政法规和规章。例如,《国境卫生检疫法实施细则》《传染病防治法实施办法》《疫苗流通和预防接种管理条例》《国内交通卫生检疫条例》《突发公共卫生事件应急条例》《医疗废物管理条例》《病原微生物实验室生物安全管理条例》《艾滋病防治条例》《血吸虫病防治管理条例》,由此形成了我国传染病防治法律体系。

二、传染病防治法的适用范围

《传染病防治法》规定:在中华人民共和国领域内的一切单位和个人,必须接受疾病预防控制机构、医疗结构有关的传染病的调查、检验、采集样本、隔离治疗等预防、控制措施,如实提供有关情况。一切单位是指我国的所有机关、企事业单位、社会团体,也包括我国领域内的外资、中外合资、合作企业等;一切个人是指我国领域内的所有自然人,包括中国人、外国人和无国籍人。

三、传染病防治的方针和原则

国家对传染病防治实行预防为主的方针,防治结合、分类管理、依靠科学、依靠群众的原则。

(一) 预防为主

预防为主,是指传染病防治要把预防工作放在首位,从预防传染病发生,通过采取各种防治措施,使传染病不发生、不流行。预防为主并不是不要重视医疗,而是要求无病防病,有病治病,立足于防。

(二) 防治结合

防治结合,是指在贯彻预防为主方针的前提下,实行传染病的预防措施和治疗措施相结合。这既符合管理传染源、切断传播途径、保护易感人群等传染病防治要求,又适应了由过去单纯的生物医学模式向生物、心理、社会医学模式的转变过程。

(三) 分类管理

分类管理,是指根据传染病的不同病种的传播方式、传播速度、流行强度以及对人体健康和危害程度的不同所确定的一种科学管理原则,以便有计划地采取不同的措施,更好地降低防控成本,提高防控水平和效果。

(四) 依靠科学

依靠科学,是指在传染病防治工作中,要发扬科学精神,坚持科学决策;普及科学知识,加强科学引导;做好科学预防,实行科学治疗;依靠科学技术,组织科学攻关。

(五) 依靠群众

依靠群众,是指传染病防治工作的依靠力量是群众,工作对象也是群众。所以传染病的防治工作离不开群众的支持和配合,必须以群众自觉参与和积极配合为条件。

四、传染病的分类

根据传染病病种的传播方式、传播速度、流行强度以及对人类健康危害程度的不同,参照国际统一分类标准,《传染病防治法》将全国发病率较高、流行面较大、危害严重的急性和慢性传染病,列为法定管理的传染病,并分为甲、乙、丙三类。这既有利于国家掌握、控制疫情,又利于卫生资源的合理配置、有效投入,争取取得最佳的社会效益和经济效益。

（一）甲类传染病

甲类传染病属于传染性强、传播途径容易实现、传播速度快、人群普遍易感的烈性传染病。世界卫生组织将鼠疫、霍乱和黄热病三种烈性传染病,列为国际检疫传染病,一经发现,必须及时向世界卫生组织通报。我国境内没有发生过黄热病,因此只将鼠疫、霍乱列为甲类传染病。

（二）乙类传染病

乙类传染病是指传染性非典型肺炎、艾滋病、病毒性肝炎、脊髓灰质炎、人感染高致病性禽流感、麻疹、流行性出血热、狂犬病、流行性乙型脑炎、登革热、炭疽、细菌性和阿米巴性痢疾、肺结核、伤寒和副伤寒、流行性脑脊髓膜炎、百日咳、白喉、新生儿破伤风、猩红热、布氏菌病、淋病、梅毒、钩端螺旋体病、血吸虫病、疟疾。根据2013年10月28日《国家卫生和计划生育委员会关于调整部分法定传染病病种管理工作通知》的规定,将人感染H7N9禽流感纳入法定乙类传染病。

《传染病防治法》中所称的乙类传染病是与甲类传染病比较,其传染性、传播途径、速度、易感人群较次之的一类传染病,国际上一般统称为监测传染病。在乙类传染病防治过程中,我国取得了很大成绩,根据2013年8月28日《国务院关于传染病防治工作和传染病防治法实施情况的报告》的内容,我国自2004年以来,一直保持无脊髓灰质炎发生的状态,2012年成功消除新生儿破伤风。

但是,为什么没有将艾滋病列入甲类传染病进行管理?艾滋病在世界范围内的迅速传播,已成为世界各国普遍关注的全球性公共卫生问题。艾滋病病毒1983年通过血液制品首次传入我国,在我国部分省区已发现艾滋病病人和病原携带者。但是鉴于艾滋病潜伏期长(一般为7年),传播条件较为特殊,因此传播速度相对缓慢。考虑到目前国际上对艾滋病管理的做法和有关条例规定,《传染病防治法》未将艾滋病列入甲类传染病,而列为乙类传染病,但并不表示我国降低了对艾滋病的警惕性。同时,考虑到艾滋病对人的危害严重,《传染病防治法》对其管理作了一些特殊规定。例如,若发现艾滋病病人,要按照甲类传染病病人予以强制隔离治疗。

(三) 丙类传染病

丙类传染病是指流行性感冒、流行性腮腺炎、风疹、急性出血性结膜炎、麻风病、流行性和地方性斑疹伤寒、黑热病、包虫病、丝虫病,除霍乱、细菌性和阿米巴性痢疾、伤寒和副伤寒以外的感染性腹泻病。

2008年5月2日,卫生部决定将手足口病列入《传染病防治法》规定的丙类传染病进行管理。根据2013年10月28日《国家卫生和计划生育委员会关于调整部分法定传染病病种管理工作的通知》的规定,将甲型H1N1(原称人感染猪流感)流感从乙类调整为丙类。

《传染病防治法》所称的丙类传染病,是根据其可能发生和流行的范围,通过确定疾病监测区和实验室进行监测管理的传染病。在丙类传染病防治过程中,根据2013年8月28日《国务院关于传染病防治工作和传染病防治法实施情况的报告》的内容,我国于2007年率先在全球消除了丝虫病。

对以上传染病病种的管理,2013年修订后的《传染病防治法》规定:根据传染病暴发、流行情况和危害程度,国务院卫生行政部门可以决定增加、减少或者调整乙类、丙类传染病病种并予以公布。省、自治区、直辖市人民政府对本行政区域内常见、多发的其他地方性传染病,可以根据情况决定按照乙类或者丙类传染病管理并予以公布,报国务院卫生行政部门备案。

五、甲类传染病预防控制措施的适用范围

除甲类传染病外,《传染病防治法》还规定,对乙类传染病中传染性非典型肺炎、炭疽中肺炭疽和人感染高致病性禽流感,采取《传染病防治法》所称甲类传染病的预防、控制措施。需要解除依照前款规定采取的甲类传染病预防、控制措施的,由国务院卫生行政部门报经国务院批准后予以公布。其他乙类传染病和突发原因不明的传染病需要采取《传染病防治法》所称甲类传染病的预防、控制措施的,由国务院卫生行政部门及时报经国务院批准后予以公布、实施。

根据2013年10月28日《国家卫生和计划生育委员会关于调整部分法定传染病病种管理工作的通知》的规定,将甲型H1N1流感纳入丙类传染病,并纳入现有流行性感冒传染病进行管理;解除对人感染高致病性禽流感采取的《传染病防治法》规定的甲类传染病预防、控制措施。

六、疾病预防控制机构、医疗机构在传染病防治工作中的职责

（一）疾病预防控制机构在传染病防治工作中的职责

各级疾病预防控制机构承担传染病监测、预测、流行病学调查、疫情报告以及其他预防、控制工作。

（二）医疗机构在传染病防治工作中的职责

医疗机构承担与医疗救治有关的传染病防治工作和责任区域内的传染病预防工作。城市社区和农村基层医疗机构在疾病预防控制机构的指导下，承担城市社区、农村基层相应的传染病防治工作。

疾病预防控制机构和医疗机构应当定期对其工作人员进行传染病防治知识、技能的培训。

第二节 传染病的预防

一、卫生行政部门的预防工作

（一）实行有计划的预防接种制度

预防接种是控制和消除某些传染病的有放手段之一，是国家贯彻预防为主方针、保护易感人群的重要措施。为有效预防和控制传染病的传播，根据《传染病防治法》《传染病防治实施办法》和国务院颁布的《疫苗流通和预防接种管理条例》的规定，国家实行有计划的预防接种制度，国务院卫生行政部门和省、自治区、直辖市人民政府卫生行政部门，根据传染病预防、控制的需要，制定传染病预防接种规划并组织实施，并根据经济发展情况逐步扩大计划免疫的范围。

1. 预防接种的管理

各级疾病预防控制机构依照各自职责,根据国家免疫规划或者接种方案,开展与预防接种相关的宣传、培训、技术指导、监测、评价、流行病学调查、应急处置等工作,并依照国务院卫生主管部门的规定做好记录。

(1) 群体性预防接种的管理。县级以上地方人民政府卫生主管部门根据传染病监测和预警信息,为了预防、控制传染病的暴发、流行,需要在本行政区域内部分地区进行群体性预防接种的,应当报经本级人民政府决定,并向省、自治区、直辖市人民政府卫生主管部门备案;需要在省、自治区、直辖市行政区域全部范围内进行群体性预防和接种的,应当向省、自治区、直辖市人民政府卫生主管部门报经本级人民政府决定,并向国务院卫生主管部门备案。需要在全国范围内或者跨省、自治区、直辖市范围内进行群体性预防接种的,应当由国务院卫生主管部门决定。任何单位或个人不得擅自进行群体性预防接种。

(2) 儿童预防接种的管理。国家对儿童实行预防接种证制度。医疗机构、疾病预防控制机构与儿童的监护人应当相互配合,保证儿童及时接受预防接种。儿童出生后 1 个月内,其监护人应到儿童居住地承担预防接种工作的接种单位为其办理预防接种证。接种单位对儿童实施接种时,应当查验预防接种证并做好记录。儿童入托、入学时,托幼机构、学校应当查验预防接种证,发现未依照国家免疫规划受种的儿童,应向所在地的县级疾病预防控制机构或者儿童居住地承担预防接种工作的接种单位报告,并配合疾病预防控制机构或者接种单位督促其监护人在儿童入托、入学后及时到接种单位补种。

2. 预防接种的病种

当前,国家实行有计划预防接种的病种包括脊髓灰质炎、麻疹、白喉、百日咳、破伤风和结核。《传染病防治实施办法》第11条第3款规定:"各省、自治区、直辖市政府卫生行政部门可以根据当地传染病流行情况,增加预防接种项目。"一些省份已把乙型肝炎、流行性乙型脑炎、流行性脑脊髓膜炎、炭疽、布鲁氏菌病、鼠疫、森林脑炎、钩端螺旋体病等列入预防接种的病种。狂犬病疫苗普遍被列为被可疑感染狂犬病毒动物咬(抓)伤后要求立即接种的疫苗。为保障出国人员的健康,对进入黄热病流行国家或地区的人员要求必须接种黄热病疫苗。随着更多、更新疫苗的问世,计划预防接种的内容还会相应增加,如接种甲型肝炎、流行性出血热疫苗等。

3. 预防接种单位的条件

接种单位应当具备下列条件:

(1) 具有医疗机构执业许可证件;

(2) 具有经过县级人民政府卫生主管部门组织的预防接种专业培训并考核合格的执业医师、执业助理医师、护士或者乡村医生;

(3) 具有符合疫苗储存、运输管理规范的冷藏设施、设备和冷藏保管制度。

承担预防接种工作的城镇医疗卫生机构,应当设立预防接种门诊。

4. 遵守预防接种工作规范

接种单位接种疫苗,应当遵守预防接种工作规范、免疫程序、疫苗的使用指导原则和接种方案,并在其接种场所的显著位置公示第一类疫苗的品种和接种方法。医疗卫生人员在实施接种前,应当告知受种者或者其监护人所接种疫苗的品种、作用、禁忌、不良反应以及注意事项,询问受种者的健康状况以及是否有接种禁忌等情况,并如实记录告知和询问情况。受种者或者其监护人应当了解预防接种的相关知识,并如实提供受种者的健康状况和接种禁忌等情况。医疗卫生人员应当对符合接种条件的受种者实施接种,并依照国务院卫生主管部门的规定,填写并保存接种记录;对于因有接种禁忌而不能接种的受种者,医疗卫生人员应当对受种者或其监护人提出医疗建议。

5. 预防接种异常反应

预防接种异常反应是指合格的疫苗在实施规范接种过程中或者实施规范接种后造成受种者机体组织器官、功能损害,相关各方均无过错的药品不良反应。

(1) 不属于预防接种异常反应的情形。具体包括:

① 因疫苗本身特性引起的接种后一般反应;

② 因疫苗质量不合格给受种者造成的损害;

③ 因接种单位违反预防接种工作规范、免疫程序、疫苗使用指导原则、接种方案给受种者造成的损害;

④ 受种者在接种时正处于某种疾病的潜伏期或者前驱期,接种后偶合发病;

⑤ 受种者有疫苗说明书规定的接种禁忌,在接种前受种者或者其监护人未如实提供受种者的健康状况和接种禁忌等情况,接种后受种者原有疾病急性复发或者病情加重;

⑥ 因心理因素发生的个体或者群体的心因性反应。

(2) 预防接种异常反应的报告。疾病预防控制机构和接种单位及其医疗卫生人员发现了预防接种异常反应、疑似预防接种异常反应或者接到相关报告的,应当依照预防接种工作规范及时处理,并立即报告所在地的县级人民政府卫生主管部门、药品监督管理部门。接到报告的卫生主管部门、药品监督管理部门应当立即组织调查处理。

（3）预防接种异常反应争议的处理。预防接种异常反应争议发生后，接种单位或者受种方可以请求接种单位所在地的县级人民政府卫生主管部门处理。因预防接种导致受种者死亡、严重残疾或者群体性疑似预防接种异常反应，接种单位或者受种方请求县级人民政府卫生主管部门处理的，接到处理请求的卫生主管部门应当采取必要的应急处置措施，及时向本级人民政府报告，并移送上一级人民政府卫生主管部门处理。

（4）预防接种异常反应的鉴定与赔偿。预防接种异常反应的鉴定参照《医疗事故处理条例》执行。因预防接种异常反应造成受种者死亡、严重残疾或者器官组织损伤的，应当给予一次性补偿。因接种第一类疫苗引起预防接种异常反应需要对受种者予以补偿的，补偿费用由省、自治区、直辖市人民政府财政部门在预防接种工作经费中安排。因接种第二类疫苗引起预防接种异常反应需要对受种者予以补偿的，补偿费用由相关的疫苗生产企业承担。

因疫苗质量不合格给受种者造成损害的，依照《药品管理法》的有关规定处理；因接种单位违反预防接种工作规范、免疫程序、疫苗使用指导原则、接种方案给受种者造成损害的，依照《医疗事故处理条例》的有关规定处理。

（二）传染病监测预警

1. 国家建立传染病监测制度

传染病监测是指持续地、系统地收集、分析、解释同传染病预防控制有关的资料，并将解释结果分送给负责疾病预防控制工作的部门、机构或人员。《传染病防治法》规定：国家建立传染病监测制度。国务院卫生行政部门制定国家传染病监测规划和方案。省、自治区、直辖市人民政府卫生行政部门制定本行政区域的传染病监测计划和工作方案。

2. 国家建立传染病预警制度

国务院卫生行政部门和省、自治区、直辖市人民政府根据传染病发生、流行趋势的预测,及时发出传染病预警,根据情况予以公布。传染病预警信息应当及时、科学、准确。

传染病预防、控制预案包括以下主要内容:

(1) 传染病预防控制指挥部的组成和相关部门的职责;

(2) 传染病的监测、信息收集、分析、报告、通报制度;

(3) 疾病预防控制机构、医疗机构在发生传染病疫情时的任务与职责;

(4) 传染病暴发、流行情况的分级以及相应的应急工作方案;

(5) 传染病预防、疫点疫区现场控制,应急设施、设备、救治药品和医疗器械以及其他物资和技术的储备与调用。

地方人民政府和疾病预防控制机构接到国务院卫生行政部门或者省、自治区、直辖市人民政府发出的传染病预警后,应当按照传染病预防、控制预案,采取相应的预防、控制措施。

(三) 国家建立传染病菌种、毒种管理

传染病菌种、毒种是指可能引起传染病防治法规定的传染病发生的细菌菌种、病毒毒种。

根据《传染病防治法》的规定,国家建立传染病菌种、毒种库。《传染病防治法实施办法》将传染病的菌(毒)种分为下列三类:

一类:鼠疫耶尔森氏菌、霍乱弧菌;天花病毒、艾滋病病毒。

二类:布氏菌、炭疽菌、麻风杆菌、肝炎病毒、狂犬病毒、出血热病毒、登革热病毒;斑疹伤寒立克次体。

三类:脑膜炎双球菌、链球菌、淋病双球菌、结核杆菌、百日咳嗜血杆菌、白喉棒状杆菌、沙门氏菌、志贺氏菌、破伤风梭状杆菌；钩端螺旋体、梅毒螺旋体；乙型脑炎病毒、脊髓灰质炎病毒、流感病毒、流行性腮腺炎病毒、麻疹病毒、风疹病毒。

国务院卫生行政部门可以根据情况增加或者减少菌(毒)种的种类。

对传染病菌种、毒种和传染病检测样本的采集、保藏、携带、运输和使用实行分类管理,建立健全严格的管理制度。对可能导致甲类传染病传播的以及国务院卫生行政部门规定的菌种、毒种和传染病检测样本,确需采集、保藏、携带、运输和使用的,必须经省级以上人民政府卫生行政部门批准。

二、疾病预防控制机构的预防工作

（一）各级疾病预防控制机构在传染病预防控制中的职责

各级疾病预防控制机构在传染病预防控制中的职责包括：

（1）实施传染病预防控制规划、计划和方案；

（2）收集、分析和报告传染病监测信息,预测传染病的发生、流行趋势；

（3）开展对传染病疫情和突发公共卫生事件的流行病学调查、现场处理及其效果评价；

（4）开展传染病实验室检测、诊断、病原学鉴定；

（5）实施免疫规划,负责预防性生物制品的使用管理；

（6）开展健康教育、咨询、普及传染病防治知识；

（7）指导、培训下级疾病预防控制机构及其工作人员开展传染病监测工作；

（8）开展传染病防治应用性研究和卫生评价,提供技术咨询。

(二) 传染病发生、流行监测和预测

国家、省级疾病预防控制机构负责对传染病发生、流行以及分布进行监测，对重大传染病流行趋势进行预测，提出预防控制对策，参与并指导对暴发的疫情进行调查处理，开展传染病病原学鉴定，建立检测质量控制体系，开展应用性研究和卫生评价。

设区的市和县级疾病预防控制机构负责传染病预防控制规则、方案的落实，组织实施免疫、消毒、控制病媒生物的危害，普及传染病防治知识，负责本地区疫情和突发公共卫生事件监测、报告，开展流行病学调查和常见病原微生物检测。

(三) 传染病疫情信息的调查和核实

疾病预防控制机构应当主动收集、分析、调查、核实传染病疫情信息；应当设立或者指定专门的部门、人员负责传染病疫情信息管理工作，及时对疫情报告进行核实、分析。接到甲类、乙类传染病疫情报告或者发现传染病暴发、流行时，应当立即报告当地卫生行政部门，由当地卫生行政部门立即报告当地人民政府，同时报告上级卫生行政部门和国务院卫生行政部门。

(四) 自然疫源地施工环境的卫生调查

省级以上疾病预防控制机构对在国家确认的自然疫源地，即某些可引起人类传染病的病原体在自然界的野生动物中长期存在和循环的地区，计划兴建水利、交通、旅游、能源等大型建设项目的施工环境，应当事先进行卫生调查，建设单位应当根据疾病预防控制机构的意见，采取必要的传染病预防、控制措施；施工期间，建设单位应当设专人负责工地上的卫生防疫工作；工程竣工后，疾病预防控制机构应当对可能发生的传染病进行检测。

三、医疗机构的预防工作

医疗机构承担与医疗救治有关的传染病防治工作和责任区域内的传染病预防工作。

（一）防止传染病的医源性感染和医院感染

医疗机构必须严格执行国务院卫生行政部门规定的管理制度、操作规范，防止传染病的医源性感染和医院感染。

医源性感染是指在医学服务中，造成病原体传播引起的感染。医院感染是指住院病人在医院内获得的感染，包括在住院期间发生的感染和在医院内获得出院后发生的感染，但不包括入院前已开始或者入院时已处于潜伏期的感染。医院工作人员在医院内获得的感染也属医院感染。

（二）承担责任区域内传染病预防工作

医疗机构应当确定专门的部门或者人员，承担传染病疫情报告、本单位的传染病预防、控制以及责任区域内的传染病预防工作；承担医疗活动中与医院感染有关的危险因素监测、安全防护、消毒、隔离和医疗废物处置工作。

疾病预防控制机构应当指定专门人员负责对医疗机构内传染病预防工作进行指导、考核，开展流行病学调查。城市社区和农村基层医疗机构在疾病预防控制机制的指导下，承担城市社区、农村基层相应的传染病防治工作。

四、保护传染病病人、病原携带者和疑似传染病病人合法权益

传染病病人、疑似传染病病人，是指根据国务院卫生行政部门发布的《法定传染病诊断标准及处理原则》中的规定，符合传染病病人和疑似传染病病人诊断标准的人。

病原携带者,是指感染传染病病原体无临床症状但能排出病原体的人。国家和社会关心、帮助传染病病人、病原携带者和疑似传染病病人,使其得到及时救治。任何单位和个人不得歧视传染病病人、病原携带者和疑似传染病病人。疾病预防控制机构、医疗机构不得泄露涉及个人隐私的有关信息、资料。

第三节 传染病疫情报告、通报和公布

一、传染病疫情的报告

(一) 疫情报告人

《传染病防治法》第 30 条规定:疾病预防控制机构、医疗机构和采供血机构及其执行职务的人员发现本法规定的传染病疫情或者发现其他传染病暴发、流行以及突发原因不明的传染病时,应当遵循疫情报告属地管理原则,按照国务院规定的或者国务院卫生行政部门规定的内容、程序、方式和时限报告。第 31 条规定:任何单位和个人发现传染病病人或者疑似传染病病人时,应当及时向附近的疾病预防控制机构或者医疗机构报告。传染病疫情报告人分为:

1. 责任疫情报告人

责任疫情报告人是指疾病预防控制机构、医疗机构和采供血机构及执行职务的医护人员和检疫人员、疾病预防控制人员、乡村医生、个体开业医生。

2. 义务疫情报告人

义务疫情报告人是指任何单位和个人发现传染病病人或者疑似传染病病人时,都有义务及时向附近的疾病预防控制机构或者

医疗机构报告。

(二) 疫情报告的管理

疫情报告遵循属地管理原则。任何单位和个人发现传染病病人后,按照行政管理区域,及时报告所在地县级疾病预防控制机构,再由县级疾病预防控制机构逐级上报或者进行直报。

军队医疗机构向社会公众提供医疗服务,发现传染病疫情时,应当按照国务院卫生行政部门的规定报告。

港口、机场、铁路疾病预防控制机构以及国境卫生检疫机关发现甲类传染病病人、病原携带者、疑似传染病病人时应当按照国家有关规定立即向国境口岸所在地的疾病预防控制机构或者所在地县级以上地方人民政府卫生行政部门报告并互相通报。

(三) 疫情报告的要求

依法负有传染病疫情报告职责的人民政府有关部门、疾病预防控制机构、医疗机构、采供血机构及其工作人员,不得隐瞒、谎报、缓报传染病疫情。

(四) 疫情报告的内容

内容主要包括:传染病防治法规定的传染病疫情,其他传染病暴发、流行情况,突发原因不明的传染病以及传染病菌种、毒种丢失情况。

(五) 疫情报告的程序、方式及时限

根据卫生部2006年5月19日发布的《传染病信息报告管理规范》的规定,传染病信息报告管理主要有以下内容:

1. 疫情报告程序与方式

传染病报告卡由首诊医生或其他执行职务的人员负责填写。现场调查时发现的传染病病例,由属地疾病预防控制机构的现场调查人员填写报告卡;采供血机构发现艾滋病病毒(HIV)两次初筛阳性检测结果也应填写报告卡。传染病疫情信息实行网络直报，没有条件实行网络直报的医疗机构，在规定的时限内将传染病报告卡，报告属地县级疾病预防控制机构。

乡镇卫生院、城市社区卫生服务中心负责收集和报告责任范围内的传染病信息。军队医疗卫生机构向社会公众提供医疗服务时，发现传染病疫情，应当按照规定向属地的县级疾病预防控制机构报告。

2. 疫情报告时限

责任报告单位和责任疫情报告人发现甲类传染病和乙类传染病中的肺炭疽、传染性非典型性肺炎、脊髓灰质炎、人感染高致病性禽流感的病人或疑似病人时、或发现其他传染病和不明原因疾病暴发时，应于2小时内将传染病报告卡通过网络报告；未实行网络直接报告的责任报告单位应于2小时内以最快的通讯方式（电话、传真等）向当地县级疾病预防控制机构报告，并于2小时内寄送出传染病报告卡。对其他乙、丙类传染病病人、疑似病人和规定报告的传染病病原携带者在诊断后，实行网络直报的责任报告单位应于24小时内进行网络报告；未实行网络直报的责任报告单位应于24小时内寄送出传染病报告卡。县级疾病预防控制机构收到无网络直报条件责任报告单位报送的传染病报告卡后，应于2小时内通过网络直报。

2013年10月28日《国家卫生和计划生育委员会关于调整部分法定传染病病种管理工作的通知》规定，因解除对人感染高致病性禽流感采取的传染病防治法规定的甲类传染病预防、控制措施，对于人感染高致病性禽流感的病人或疑似病人的报告时限，按照乙类传染病疫情报告时限规定。

其他符合突发公共卫生事件报告标准的传染病暴发疫情，按

《突发公共卫生事件信息报告管理规范》的规定报告。

二、传染病疫情的通报

国务院卫生行政部门应当及时向国务院其他有关部门和各省、自治区、直辖市人民政府卫生行政部门通报全国传染病疫情以及监测、预警的相关信息。

毗邻的以及相关的地方人民政府卫生行政部门，应当及时互相通报本行政区域的传染病疫情以及监测、预警的相关信息。县级以上人民政府有关部门发现传染病疫情时，应当及时向同级人民政府卫生行政部门通报。

县级以上地方人民政府卫生行政部门应当及时向本行政区域内的疾病预防控制机构和医疗机构通报传染病疫情以及监测、预警的相关信息。接到通报的疾病预防控制机构和医疗机构应当及时告知本单位的有关人员。

动物防疫机构和疾病预防控制机构，应当及时互相通报动物间和人间发生的人畜共患传染病疫情以及相关信息。

三、传染病疫情信息的公布

国家建立传染病疫情信息公布制度。公布传染病疫情信息应当及时、准确。国务院卫生行政部门定期公布全国传染病疫情信息。省、自治区、直辖市人民政府卫生行政部门定期公布本行政区域的传染病疫情信息。

传染病暴发、流行时，国务院卫生行政部门负责向社会公布传染病疫情信息，并可以授权省、自治区、直辖市人民政府卫生行政部门向社会公布本行政区域的传染病疫情信息。

第四节 传染病疫情控制

一、医疗机构的疫情控制措施

(一) 医疗机构发现甲类传染病时采取的措施

1. 对病人、病原携带者,予以隔离治疗,隔离期限根据医学检查结果确定。

2. 对疑似病人,确诊前在指定场所单独隔离治疗。

3. 对医疗机构内的病人、病原携带者、疑似病人的密切接触者,在指定场所进行医学观察和采取其他必要的预防措施。对于拒绝隔离治疗或者隔离期未满擅自脱离隔离治疗的,可以由公安机关协助医疗机构采取强制隔离治疗措施。

(二) 医疗机构发现乙类或者丙类传染病病人时采取的措施

医疗机构发现乙类或者丙类传染病病人时,应当根据病情采取必要的治疗和控制传播措施。医疗机构对本单位内被传染病病原体污染的场所、物品以及医疗废物,必须依照法律、法规的规定实施消毒和无害化处置。

二、疾病预防控制机构的疫情控制措施

疾病预防控制机构发现传染病疫情或者接到传染病疫情报告时,应当及时采取下列措施:

1. 对传染病疫情进行流行病学调查,根据调查情况提出划定疫点、疫区的建议。

对被污染的场所进行卫生处理,对密切接触者,在指定场所进行医学观察和采取其他必要的预防措施,并向卫生行政部门提出疫情控制方案。

2. 传染病暴发、流行时,对疫点(即病原体从传染源向周围播散的范围较小或者单个疫源地)、疫区(即传染病在人群中暴发、流行,其病原体向周围播散时所能波及的地区)进行卫生处理,向卫生行政部门提出疫情控制方案,并按照卫生行政部门的要求采取措施。

3. 指导下级疾病、预防控制机构实施传染病预防、控制措施,组织、指导有关单位对传染病疫情的处理。

三、政府的疫情控制措施

对已经发生甲类传染病病例的场所或者该场所内的特定区域的人员,所在地的县级以上地方人民政府可以实施隔离措施,并同时向上一级人民政府报告;接到报告的上级人民政府应当即时作出是否批准的决定。上级人民政府作出不予批准决定的,实施隔离措施的人民政府应当立即解除隔离措施。

在隔离期间,实施隔离措施的人民政府应当对被隔离人员提供生活保障;被隔离人员有工作单位的,所在单位不得停止支付其隔离期间的工作报酬。隔离措施的解除,由原决定机关决定并宣布。

四、传染病暴发、流行时的措施规定

(一) 紧急措施

传染病暴发是指在局部地区短期内突然发生多例同一种传染病病人,传染病流行是指一个地区某种传染病发病率显著超过该病历年的一般发病率水平。传染病暴发、流行时,县级以上地方人民政府应当立即组织力量,按照预防、控制预案进行防治,切断传染病的传播途径,必要时报经上一级人民政府决定,可以采取下列

紧急措施并予以公告：

（1）限制或停止集市、影剧院演出或者其他人群聚集的活动；

（2）停工、停业、停课；

（3）封闭或在封存被传染病病原体污染的公共饮用水源、食品以及相关物品；

（4）控制或者扑杀染疫野生动物、家畜家禽；

（5）封闭可能造成传染病扩散的场所。

上级人民政府接到下级人民政府关于采取上述紧急措施的报告时，应当即时作出决定。当疫情得到控制，需要解除紧急措施的，由原决定机关决定并宣布。

（二）疫区的宣布及封锁

甲类、乙类传染病暴发、流行时，县级以上地方人民政府报经上一级人民政府决定，可以宣布本行政区域部分或者全部为疫区；国务院可以决定并宣布跨省、自治区、直辖市的疫区。县级以上地方人民政府可以以在疫区内采取相应的紧急措施，并可以对出入疫区的人员、物资和交通工具实施卫生检疫。

省、自治区、直辖市人民政府可以决定对本行政区域内的甲类传染病疫区实施封锁，但是，封锁大、中城市的疫区或者封锁跨省、自治区、直辖市的疫区，以及封锁疫区导致中断干线交通或者封锁国境的，由国务院决定。疫区封锁的解除，由原决定机关决定并宣布。

（三）国内交通卫生检疫

交通卫生检疫是指列车、船舶、航空器和其他车辆等交通工具出入检疫传染病疫区和在非检疫传染病疫区的交通工具上发现检疫传染病疫情时，依法对交通工具及其乘运的人员、物资实施的卫生检疫活动。

1. 检疫传染病疫区交通卫生检疫措施

对出入检疫传染病疫区的交通工具及其乘运的人员、物资,县级以上地方人民政府卫生行政部门或者铁路、交通、民用航空行政主管部门的卫生主管机构根据各自的职责,有权采取下列相应的交通卫生检疫措施:

(1)对出入检疫传染病疫区的人员、交通工具及其承运的物资进行查验;

(2)对检疫传染病病人、病原携带者、疑似检疫传染病病人和与其密切接触者,实施临时隔离、医学检查及其他应急医学措施;

(3)对被检疫传染病病原体污染或者可能被污染的物品,实施控制和卫生处理;

(4)对通过该疫区的交通工具及其临时停靠场所,实施紧急卫生处;

(5)需要采取的其他卫生检疫措施。采取上述所列交通卫生检疫措施,期间自决定实施时起至决定解除时止。

2. 非检疫传染病疫区的交通卫生检疫措施

非检疫传染病疫区的交通工具上发现下列情形之一时,县级以上地方人民政府卫生行政部门或者铁路、交通、民用航空行政主管部门的卫生主管机构根据各自的职责,有权对交通工具及其乘运的人员、物资实施交通卫生检疫:

(1)发现有感染鼠疫的啮齿类动物或啮齿类动物反常死亡,并且死因不明;

(2)发现鼠疫、霍乱病人、病原携带者和疑似鼠疫、霍乱病人;

(3)发现国务院确定并公布的需要实施国内交通卫生检疫的其他传染病。

3．临时措施

在非检疫传染病疫区的交通工具上,发现检疫传染病病人、病原携带者、疑似检疫传染病病人时,交通工具负责人应当组织有关人员采取下列临时措施:

(1)以最快的方式通知前方停靠点,并向交通工具营运单位的主管部门报告;

(2)对检疫传染病病人、病原携带者、疑似检疫传染病病人和与其密切接触者实施隔离;

(3)封锁已经污染或者可能污染的区域,采取禁止向外排放污物等卫生处理措施;

(4)在指定的停靠点将检疫传染病病人、病原携带者、疑似检疫传染病病人和与其密切接触者以及其他需要跟踪观察的旅客名单移交当地县级以上地方人民政府的卫生行政部门;

(5)对承运过检疫传染病病人、病原携带者、疑似检疫传染病病人的交通工具和可能被污染的环境实施卫生处理。

4．检疫合格证明

经交通卫生检疫合格的签发检疫合格证明,交通工具及其乘运的人、物资凭检疫合格证明方可通行。

(四)相关配套物资优先保障

传染病暴发、流行时,药品和医疗器械生产、供应单位应当及时生产、供应防治传染病的药品和医疗器械。

铁路、交通、民用航空经营单位必须优先运送处理传染病疫情的人员以及防治传染病的药品和医疗器械。

五、尸体卫生处理

患甲类传染病、炭疽死亡的,应当将尸体立即进行卫生处理,就近火化。患其他传染病死亡的,必要时,应当将尸体进行卫生处理后火化或者按照规定深埋。为了查找传染病病因,医疗机构在必要时可以按照国务院卫生行政部门的规定,对传染病病人尸体或者疑似传染病病人尸体进行解剖查验,并应当通知死者家属。

第五节 传染病医疗救治

一、医疗救治机构的设置

(一)医疗救治机构的现状

2003年,在非典型性肺炎暴发、流行期间,医疗救治出现了许多棘手的问题,主要就是医疗救治的机构设置少,特别是传染医院的建设投入较少,病床不足,急救设施严重缺乏,医疗系统高效指挥和调度能力不强,因此预防、抗击非典型性肺炎处于被动的事实,引起政府高度重视。为此,政府着手加强医疗机构的投入建设,特别是传染病医院的建设。在我国《卫生事业发展十一五规划》中,有关医疗制度改革及规划的目标之一是:到2010年在全国普遍建立比较规范的新型农村合作医疗制度和县、乡、村三级医疗卫生服务体系,初步解决农村公共卫生和农民看病就医问题。

时至2012年,我国《卫生事业十二五规划》对《卫生事业十一五规划》期间医疗卫生改革发展取得的成绩高度肯定,医疗卫生服务体系建设步伐明显加快,中央累计安排专项资金603.7亿元支持近5万个医疗卫生机构项目建设,基层医疗卫生机构服务能力全面提升。国家基本公共卫生服务项目和重大公共卫生服务专项全面实施,基本公共卫生服务均等化水平进一步提高。《卫生事业发展十二五规划》在第三大内容——"加快医药卫生体系的建设"重点强调关于公共卫生服务体系建设的规划中提出:加强公共卫生服务体系重点工程建设和医疗机构服务体系的建设。

在公共卫生服务体系中,对于重大疾病防控体系建设要做到:一是针对严重威胁群众健康的传染病、地方病等重大疾病,加强防控能力建设,支持承担重大疾病防控任务的各级公共卫生机构建设;二是重点加强国家级鼠疫菌毒种保藏中心建设。

对于卫生监督体系建设要做到:支持基层卫生监督机构业务用房建设和基本设备购置,完善饮用水卫生监测网络。

对于农村急救体系建设要做到:改扩建县级急救机构业务用房,配置必要的急救设备和救护车,进一步完善突发公共卫生事件应急救治网络。

加强医疗服务体系建设需要重点关注以下几方面:

(1) 优化资源配置。坚持非营利性医疗机构为主体、营利性医疗机构为补充,公立医疗机构为主导、非公立医疗机构共同发展,以群众实际需求为导向编制区域卫生规划和医疗机构设置规划,按人口分布和流动趋势调整医疗资源布局与结构,合理确定公立医院功能、数量、规模、结构和布局。遏制公立医院盲目扩张,每千人口常住人口医疗卫生机构床位数达到4张的,原则上不再扩大公立医院规模。

(2) 大力发展非公立医疗机构。在区域卫生规划和医疗机构设置规划中,为非公立医疗机构留出足够空间。需要调整和新增医疗卫生资源时,在符合准入标准的条件下,优先考虑社会资本。到2015年,非公立医疗机构床位数和服务量均达到医疗机构总数的20%左右。

(3) 加强农村三级卫生服务网络建设。优先建设发展县级医院,提高服务能力和水平,使90%的常见病、多发病、危急重症和部分疑难复杂疾病的诊治、康复能够在县域内基本解决。继续加强乡镇卫生院和村卫生室建设。积极推进乡镇卫生院和村卫生室一体化管理。到2015年,基本实现每个乡镇有1所政府举办的卫生院,每个行政村有村卫生室,提高乡、村卫生机构设备配备水平。

(4)完善以社区卫生服务为基础的城市医疗卫生服务体系。进一步健全社区卫生服务体系,充分利用社区综合服务设施,继续加强社区卫生服务中心(站)能力建设,完善社区卫生服务功能,逐步建立社区首诊、分级诊疗和双向转诊制度。到2015年,努力建成机构设置合理、服务功能健全、人员素质较高、运行机制科学、监督管理规范的社区卫生服务体系,原则上每个街道办事处或3—10万居民设置1所社区卫生服务中心;建立起社区卫生服务机构与大医院、专业公共卫生服务机构上下联动、分工明确、协作密切的城市医疗卫生服务体系。

(5)加强区域医学中心和临床重点专科能力建设。充分利用现有资源,在中央和省级可以设置少量承担医学科研、教学功能的医学中心或区域医疗中心。加强业务用房短缺、基础设施较差的地市级综合医院建设。加强临床重点专科建设,支持薄弱和急需医学学科发展,提升医疗技术水平和临床服务辐射能力。

(6)加强城乡医院对口支援。继续实施以"万名医师支援农村卫生工程"为主要形式的城乡医院对口支援。组织协调东西部地区医院省际对口支援。巩固完善城市三级医院与县级医院间的对口支援和协作关系。开展二级以上医疗机构对口支援乡镇卫生院工作,建立城市医院支农的长效机制。落实城市医院医生晋升中、高级职称前到农村服务1年以上的政策。加强对口支援的管理和考核评估,调动支援医院和受援医院双方的积极性,建立合作双赢的运行机制。

（二）医疗救治机构的特殊性要求

具备传染病救治条件和能力的医疗机构不是随处都有。法律规定，县级以上人民政府指定具备传染病救治条件和能力的医疗机构承担传染病救治任务，或者根据传染病救治需要设置传染病医院，实施对传染病病人的日常诊治以及在传染病暴发、流行时的集中收治。

（三）传染病医院的设置

传染病医院应根据需要设置，目的是集中收治传染病病人，满足传染病医疗救治工作的需要。医院设置应根据当地实际情况，可以对原有综合性医院或专科医院进行改造，可以新建，但是要防止重复建设、盲目改造，导致医疗卫生资源浪费。

二、医疗机构开展医疗救治的管理性规定

（一）医疗救治的方式

医疗机构应对传染病病人或者疑似传染病病人提供医疗救护、现场救援和预防治疗。书写病历记录以及其他有关资料，并妥善保管。传染病人的病历记录及其相关资料关系到病人本身的医疗，更关系到传染病疫情控制、流行病学调查等重大问题，应当详细书写，保证病历资料的客观、真实、准确、完整、不被损坏或丢失，这是对医疗机构及其医务人员的基本要求。

2000年8月，卫生部和国家中医药管理局联合发布《医疗机构病历管理规定》《病历书写基本规范》，并于2013年11月进行修订，形成《医疗机构病历管理规定》（2013年版），这是各医疗机构应当认真执行的规范性文件。

（二）实行传染病预检、分诊制度

医疗机构实行传染病预检、分诊制度。传染病预检、分诊是指

医疗机构安排有一定临床经验的、经过传染病尤其是甲类传染病和经国务院批准采取甲类传染病控制措施的其他传染病知识培训的高年资内科(尽可能是传染科)医师,在相对隔离的诊室对传染病病人或者疑似传染病病人进行初诊,根据检查结果、引导其至相应的诊室做进一步诊断的就医程序。也就是说,接诊传染病人,通过测量体温、询问病情等措施,对来院就诊的病人进行初步的分类和筛查。没有传染病迹象的病人,归入正常的就医程序。对传染病病人、疑似传染病病人,实行隔离诊治。

(三)转院

医疗机构不具备相应救治能力的,应当将患者及其病历记录复印件一并转至具备相应救治能力的医疗机构。

第六节 传染病监督管理

一、卫生行政部门的监督管理职责

县级以上人民政府卫生行政部门对传染病防治工作履行下列监督检查职责:

(1)对下级人民政府卫生行政部门履行《传染病防治法》规定的传染病防治职责进行监督检查;

(2)对疾病预防控制机构、医疗机构的传染病防治工作进行监督检查;

(3)对采供血机构的采供血活动进行监督检查;

(4)对用于传染病防治的消毒产品及其生产单位进行监督检查,并对饮用水供水单位从事生产或者供应活动以及涉及饮用水卫生安全的产品进行监督检查;

(5)对传染病菌种、毒种和传染病检测样本的采集、保藏、携带、运输、使用进行监督检查；

(6)对公共场所和有关单位的卫生条件和传染病预防、控制措施进行监督检查。

省级以上人民政府卫生行政部门负责组织对传染病防治重大事项的处理。

二、卫生部门及其监督管理管理人员的职责

传染病预防工作要求,卫生行政部门监督管理人员深入现场或疫情发生的第一线了解情况、调查取证、查阅或复制相关的资料和采集样本。上述人员在在履行职责时,有关单位、医疗机构、机关、学校、餐饮行业、企事业单位、施工工地人员应当积极配合,提供方便,以便监督检查人员在现场检查时取证、查阅或复制有关资料以及采集样品。

三、卫生行政执法采取的控制措施

《传染病防治法》第55条规定："县级以上地方人民政府卫生行政部门在履行监督检查职责时,发现被传染病病原体污染的公共饮用水源、食品以及相关物品,如不及时采取控制措施可能导致传染病传播、流行的,可以采取封闭公共饮用水源、封存食品以及相关物品或者暂停销售的临时控制措施,并予以检验或者进行消毒。经检验,属于被污染的食品,应当予以销毁;对未被污染的食品或者经消毒后可以使用的物品,应当解除控制措施。"具体而言：

1. 采取临时控制措施的前提条件：

(1)公共饮用水源、食品以及相关物品,已经被传染病病原体污染；

（2）可能导致传染病传播、流行。

2. 临时控制措施的手段和方式：

（1）封闭公共饮用水源；

（2）封存食品以及相关物品；

（3）暂停销售有关物品；

（4）对被污染的水源、食品及相关物品予以检验或者进行消毒。

3. 临时控制措施的解。经检验，属于被污染的食品，应当予以销毁；对未被污染的食品或者经消毒后可以使用的物品，应当解除控制措施。

四、卫生行政部门内部监督制度

（一）卫生监督执法应有的规范行为

1. 卫生行政部门工作人员执行职务时，应出示执法证件，包括工作证、国务院卫生行政部门颁发的卫生监督执法证、各种监督文书等。

2. 执行职务应当不少于两人。

3. 填写卫生执法文书，写清执法内容、处理意见，作出说明并记录在案。

4. 卫生执法文书经核对无误后，由卫生执法人员和当事人签名。签名表明：一是认可，二是合法，三是有效。当事人拒绝签名的，卫生执法人员应当注明情况。

（二）卫生行政部门建立健全内部监督制度

卫生行政部门应当依法建立健全内部监督制度，对其工作人员依据法定职权和程序履行职责的情况进行监督。上级卫生行政部门发现下级卫生行政部门不及时处理职责范围内的事项或者不履行职责的,应当责令纠正或者直接予以处理。卫生行政部门及其工作人员履行职责,应当自觉接受社会和公民的监督。单位和个人有权向上级人民政府及其卫生行政部门举报违反《传染病防治法》的行为。接到举报的有关人民政府或者其卫生行政部门,应当及时调查处理。

五、保障措施的法律规定

《传染病防治法》明确规定,国家将传染病防治工作纳入国民经济和社会发展计划,县级以上地方人民政府将传染病防治工作纳入本行政区域的国民经济和社会发展计划。

(一) 经费保障

1. 县级以上地方人民政府按照本级政府职责负责本行政区域内传染病预防、控制、监督工作的日常经费。

2. 保障项目开支的经费。国务院卫生行政部门会同国务院有关部门,根据传染病流行趋势,确定全国传染病防治方面的项目。各级政府对该项目的完成予以经费保障;中央财政对困难地区实施重大传染病防治项目给予补助。省级人民政府根据本行政区域内传染病流行趋势,在国务院卫生行政部门确定的项目范围内,确定传染病预防、控制、监督等项目,并保障项目的实施经费。

(二) 扶持基层、贫困地区

国家加强基层传染病防治体系建设,扶持贫困地区和少数民族地区的传染病防治工作。地方各级人民政府应当保障城市社区、农村基层传染病预防工作的经费。

(三) 实行医疗救助,减免医疗费用

国家对患有特定传染病的困难人群实行医疗救助,减免医疗费用。国家民政部、卫生部、财政部2003年11月发布《关于实施农村医疗救助的意见》,这是实施医疗救助的政策性依据,有关的具体办法,法律授权国务院卫生行政部门会同财政部制定。

(四)明确药品医疗器械和其他物资储备责任

县级以上人民政府负责储备防治传染病的药品、医疗器械和其他物资,以备调用。

(五)做好防护,给以津贴

对从事传染病预防、医疗、科研、教学、现场处理疫情的人员,以及在生产、工作中接触传染病病原体的其他人员,有关单位应当按照国家规定,采取有效的卫生防护措施和医疗保健措施,并给予适当的津贴。

第七节　传染病防治的法律责任

传染病防治的法律责任包括行政责任、刑事责任和民事责任。

一、行政责任

(一)地方各级人民政府的责任

1. 责任主体

《传染病防治法》明确了政府负首要责任,责任主体包括:地方各级人民政府以及负责任的主管人员。

2. 具备下列违法行为之一,承担责任:

(1)未履行规定的报告职责。报告职责是指发生传染病疫情或者可能发生传染病疫情时,人民政府及其有关人员负有报告和通报的义务,明知疫情真实情况,故意隐瞒不按照规定报告疫情,或者上报时故意夸大或缩小疫情的谎报行为;不按照规定时限及时报告疫情的真实情况,故意迟延报告,则为缓报。

（2）在传染病暴发、流行时，未及时组织救治、采取控制措施。

3．承担责任的方式

包括责令改正、通报批评、行政处分；构成犯罪的，依法承担刑事责任。

（二）县级以上人民政府卫生行政部门的责任

1．责任主体

包括县级以上卫生行政部门以及负有责任的主管人员和其他直接责任人员。

2．具备下列违法行为之一，则承担责任：

（1）未依法履行传染病疫情通报、报告或者公布职责，或者隐瞒、谎报、缓报传染病疫情的；

（2）发生或者可能发生传染病传播时未及时采取预防、控制措施的；

（3）未依法履行监督检查职责，或者发现违法行为不及时查处的；

（4）未及时调查、处理单位和个人对下级卫生行政部门不履行传染病防治职责的举报的；

（5）违反本法的其他失职、渎职行为。

3．承担责任的方式

包括责令改正、通报批评、行政处分；构成犯罪的，依法承担刑事责任。

（三）县级以上人民政府有关部门责任

传染病防治是一项涉及社会生活各方面的系统工程，政府的其他有关职能部门都有自己应承担的相应责任，《传染病防治法》强化了有关部门不履行相应职责的法律责任。

1. 责任主体

包括县级以上人民政府有关部门(农业、水利、林业等)以及负有责任的主管人员和直接责任人员。

2. 承担责任的方式

包括责令改正、通报批评、行政处分；构成犯罪的，依法承担刑事责任。

(四) 疾病预防控制机构的责任

1. 责任主体

包括疾病预防控制机构、疾病预防控制机构的主管人员以及疾病预防控制机构中其他直接责任人。

2. 具备下列违法行为之一，承担责任：

(1) 未依法履行传染病监测职责的；

(2) 未依法履行传染病疫情报告、通报职责，或者隐瞒、谎报、缓报传染病疫情的；

(3) 未主动收集传染病疫情信息，或者对传染病疫情信息和疫情报告未及时进行分析、调查、核实的；

(4) 发现传染病疫情时，未依据职责及时采取法律规定五大措施的；

(5) 故意泄露传染病病人、病原携带者、疑似传染病病人、密切接触者涉及个人隐私的有关信息、资料的。

3. 承担责任的方式

包括责令限期改正、通报批评、行政处分(降级、撤职、开除)、行政处罚(吊销执业证书)；构成犯罪的，依法承担刑事责任。

(五) 医疗机构的责任

1. 责任主体

包括医疗机构以及医疗机构主管人员或其他责任人员。

2. 具备下列违法行为之一,承担责任:

(1) 未按照规定承担本单位的传染病预防、控制工作、医院感染控制任务和责任区域内的传染病预防工作的;

(2) 未按照规定报告传染病疫情,或者隐瞒、谎报、缓报传染病疫情的;

(3) 发现传染病疫情时,未按照规定对传染病病人、疑似传染病病人提供医疗救护、现场救援、接诊、转诊的,或者拒绝接受转诊的;

(4) 未按照规定对本单位内被传染病病原体污染的场所、物品以及医疗废物实施消毒或者无害化处置的;

(5) 未按照规定对医疗器械进行消毒,或者对按照规定一次使用的医疗器具未予销毁,再次使用的;

(6) 在医疗救治过程中未按照规定保管医学记录资料的;

(7) 故意泄露传染病病人、病原携带者、疑似传染病病人、密切接触者涉及个人隐私的有关信息、资料的。

3. 承担责任的方式

包括责令限期改正、通报批评、行政处分(降级、撤职、开除)、行政处罚(吊销执业证书);构成犯罪的,依法承担刑事责任。

(六) 其他机构的责任

1. 采供血机构的责任

采供血机构及其负有责任的主管人员或其他责任人员,未依法报告传染病疫情,或者隐瞒、谎报、缓报传染病疫情,或者未执行国家有关规定,导致因输入血液引起经血液传播疾病发生的;未按《献血法》对采供血过程中有关操作规范等的严格规定,因而导致因输血引起经血液传播的疾病发生的,由县级以上人民政府责令

限期改正、通报批评、行政处分(降级、撤职、开除)、行政处罚(吊销执业证书);构成犯罪的,依法承担刑事责任

2. 国境卫生检疫机关、动物防疫机构的责任

国境卫生检疫机关、动物防疫机构未依法履行传染病疫情通报职责的,由有关部门在各自职责范围内责令改正,通报批评;造成传染病传播、流行或者其他严重后果的,对负有责任的主管人员和其他直接责任人员,依法给予降级、撤职、开除的处分;构成犯罪的,依法承担刑事责任。

3. 铁路、交通、民用航空经营单位的责任

铁路、交通、民用航空经营单位责任未依照规定优先运送处理传染病疫情的人员以及防治传染病的药品和医疗器械的,由有关部门责令限期改正,给予警告;造成严重后果的,对负有责任的主管人员和其他直接责任人员,依法给予降级、撤职、开除的处分。

4. 饮用水供应单位、生物制品生产单位,出售家禽家畜、兴建大型建设项目的责任

《传染病防治法》第73条规定,有下列情形之一,导致或者可能导致传染病传播、流行的,由县级以上人民政府卫生行政部门责令限期改正,没收违法所得,可以并处5万元以下的罚款;已取得许可证的,原发证部门可以依法暂扣或者吊销许可证;构成犯罪的,依法追究刑事责任:

(1) 饮用水供水单位供应的饮用水不符合国家卫生标准和卫生规范的;

(2) 涉及饮用水卫生安全的产品不符合国家卫生标准和卫生规范的;

(3) 用于传染病防治的消毒产品不符合国家卫生

规范的;

（4）出售、运输疫区中被传染病病原体污染或者可能被传染病病原体污染的物品,未进行消毒处理的;

（5）生物制品生产单位生产的血液制品不符合国家质量标准的。

《传染病防治法》第75条规定,未经检疫出售、运输与人畜共患传染病有关的野生动物、家畜家禽的,由县级以上地方人民政府畜牧兽医行政部门责令停止违法行为,并依法给予行政处罚。

《传染病防治法》第76条规定,在国家确认的自然疫源地兴建水利、交通、旅游、能源等大型建设项目,未经卫生调查进行施工的,或者未按照疾病预防控制机构的意见采取必要的传染病预防、控制措施的,由县级以上人民政府卫生行政部门责令限期改正,给予警告,处5000元以上3万元以下的罚款;逾期不改正的,处3万元以上10万元以下的罚款,并可以提请有关人民政府依据职责权限,责令停建、关闭。

（七）相关人员的责任

《传染病防治法》第74条规定,有下列情形之一的,由县级以上地方人民政府卫生行政部门责令改正,通报批评,给予警告;已取得许可证的,可以依法暂扣或者吊销许可证;造成传染病传播、流行以及其他严重后果的,对负有责任的主管人员和其他直接责任人员,依法给予降级、撤职、开除的处分,并可以依法吊销有关责任人员的执业证书;构成犯罪的,依法追究刑事责任:

（1）疾病预防控制机构、医疗机构和从事病原微生物实验的单位,不符合国家规定的条件和技术标准,对传染病病原体样本未按照规定进行严格管理,造成实验室感染和病原微生物扩散的;

（2）违反国家有关规定，采集、保藏、携带、运输和使用传染病菌种、毒种和传染病检测样本的；

（3）疾病预防控制机构、医疗机构未执行国家有关规定，导致因输入血液、使用血液制品引起经血液传播疾病发生的。

二、刑事责任

在《刑法》中，违反传染病防治的相关规定，依法应承担刑事责任的情况主要有以下几种：

（一）妨害传染病防治罪

有下列行为之一，引起甲类传染病传播或者有传播严重危险的，处3年以下有期徒刑或者拘役，可以并处或者单处罚金：

（1）供水单位供应的饮用水不符合国家规定的卫生标准的；

（2）拒绝按照卫生防疫机构提出的卫生要求，对传染病病原体污染的污水、污物、粪便进行消毒处理的；

（3）准许或者纵容传染病病人、病原携带者和疑似传染病病人从事国务院卫生行政部门规定禁止从事的易使该传染病扩散的工作的；

（4）拒绝执行卫生防疫机构依照传染病防治法提出的预防、控制措施的。

（二）传染病菌种、毒种扩散罪

从事实验、保藏、携带、运输传染病菌种、毒种的人员，违反国务院卫生行政部门的有关规定，造成传染病菌种、毒种扩散，后果严重的，处3年以下有期徒刑或者拘役；后果特别严重的，处3年以上7年以下有期徒刑。

（三）传染病防治失职罪

从事传染病防治的政府卫生行政部门的工作人员严重不负责

任,导致传染病传播或者流行,情节严重的,处 3 年以下有期徒刑或者拘役。

（四）妨害国境卫生检疫罪

违反国境卫生检疫规定,引起检疫传染病传播,或者引起检疫传染病传播的严重危险的,处 3 年以下有期徒刑或者拘役,并处或单处罚金。单位犯前述罪的,对单位判处罚金,并对直接负责的主管人员和其他责任人员,处 3 年以下有期徒刑或者拘役,并处罚金或单处罚金。

（五）玩忽职守罪

国家机关工作人员滥用职权或者玩忽职守,致使公共财产、国家和人民利益遭受重大损失的,处 3 年以下有期徒刑或者拘役;情节特别严重的,处 3 年以上 7 年以下有期徒刑。

（六）重大环境污染事故罪

违反国家规定,向土地、水体、大气排放、倾倒或者处置有放射性的废物、含传染病病原体的废物、有毒物质或者其他危险废物,造成重大环境污染事故,致使公私财产遭受重大损失或者人身伤亡的严重后果的,处 3 年以下有期徒刑或者拘役,并处或者单处罚金;后果特别严重的,处 3 年以上 7 年以下有期徒刑,并处罚金。

（七）以危险方法危害公共安全罪

故意传播突发传染病病原体,以危险方法危害公共安全以此罪论处。根据《刑法》第 114、115 条的规定,尚未造成严重后果的,处 3 年以上 10 年以下有期徒刑,致人重伤、死亡或者使公共财产遭受重大损失的,处 10 年以上有期徒刑、无期徒刑或者死刑。

（八）过失以危险方法危害公共安全罪

患有突发传染病或者疑似突发传染病而拒绝接受检疫、强制隔离或治疗,过失造成传染病传播、情节严重,按过失以危险方法危害公共安全罪处罚。根据《刑法》第 115 条的规定,处 3 年以上 7 年以下有期徒刑;情节较轻的,处 3 年以下有期徒刑或者拘役。

三、民事责任

单位和个人导致传染病传播、流行,给他人人身、财产造成损害的,应当依法承担民事责任。

第三章 特殊种类传染病防治管理制度

第一节 艾滋病防治管理制度

一、艾滋病传染概况

艾滋病(AIDS),即获得性免疫缺陷综合征,列为法定乙类传染病管理。其致病病原是人类免疫缺陷病毒(HIV),潜伏5—10年后发展为艾滋病,是死亡率比较高的传染病,目前医学界还无法消除HIV病毒,只能稍加抑制。

自1981年美国发现第一个艾滋病病例以来,这种传染病就在世界各地蔓延,至今已波及194个国家和地区。2012年,联合国艾滋病规划署(UNAIDS)发布的《2012全球艾滋病疫情报告》显示,2011年,全球艾滋病毒感染者仍有3400万人,其中新增感染者为250万,另有170万人死于与艾滋病有关的疾病。此外,还有680万感染者无法及时得到医治,所以艾滋病防治形势依然严峻。2013年11月23日,UNAIDS公布的最新《2013年全球艾滋病疫情报告》称,2012年全球新增艾滋病病毒感染者230万,比2001年减少了33%。中国自1985年首次报告艾滋病病例以来,艾滋病病例数量以每年30%—40%的速度快速增长。据国家卫生和计划生育委员会的报告数据显示,截至2013年9月30日,全国31个省(自治区、直辖市)均有疫情报告,全国共报告现存活艾滋病病毒感染者和艾滋病病人约43.4万例,艾滋病疫情严重的地区分布在云南、广西、河南、四川、新疆和广东等地,这六个省份感染人数占全国的75.8%。与往年相比,艾滋病发病和死亡率有加速增长趋势,在法定传染病种死亡率排比中位列前位。

我国发现艾滋病后,预防和控制艾滋病病毒工作的引起国家的关注和重视。具体而言:

一是在全国各地建立监测点,开展对艾滋病病毒抗体的检查工作,摸清艾滋病病毒感染的是主要途径和分布情况。截至2013年9月30日,全国已建立艾滋病监测哨点1888个,艾滋病检测筛查实验室1.7万家和确证实验室377家。

二是成立国家预防和控制艾滋病专家委员会,建立健全组织管理体制。1998年国务院印发的《中国预防与控制艾滋病中长期规划(1998—2010)》提出,艾滋病防治工作总目标及近期和远期防治工作目标是:建立政府领导、多部门合作和全社会普及艾滋病、性病防治知识,控制艾滋病的流行与传播。2006年,国务院发布了《中国遏制与预防艾滋病行动计划(2006—2010)》。

三是开展健康教育宣传和科研工作,建立性病、艾滋病防治服务体系。2008年7月18日,卫生部发布了《关于进一步做好防艾滋病母婴传播工作的通知》。

四是广泛开展国际合作,在世界卫生组织协助下,共同制定中国预防和控制艾滋病中长期规划。

五是将艾滋病管理工作纳入法制轨道。1987年12月26日,经国务院批准,1988年1月14日由卫生部、外交部、公安部、原国家教育委员会、国家旅游局、原中国民用航空局、国家外国专家局发布《艾滋病监测管理的若干规定》(该规范性文件因2006年1月18日国务院通过的《艾滋病防治条例》而废止);1995年经国务院批准下发《关于加强预防和控制艾滋病工作的意见》,1999年卫生部颁布了《关于艾滋病病毒感染者和艾滋病病人的管理意见》。上述规范性文件为预防艾滋病从国外传入或者在我国发生和流行、保护艾滋病病毒感染者和病人的合法权益以及保护公众人体健康提供了法律保障。

二、艾滋病监测管理主体

国家建立健全的艾滋病监测网络,国务院卫生主管部门制定国家艾滋病监测规划和方案。省、自治区、直辖市人民政府卫生主管部门根据国家艾滋病监测规划和方案,制定本行政区域的艾滋病监测计划和工作方案,组织开展艾滋病监测和专题调查,掌握艾滋病疫情变化情况和流行趋势。

地方各级人民政府负责对艾滋病病毒感染者和艾滋病病人管理的统一领导,协调有关部门,落实各项管理措施,及时解决工作中存在的问题。

各级卫生行政部门负责辖区内艾滋病病毒感染者和艾滋病病人的治疗和疫情监测工作,公安、司法、民政、劳动和社会保障、人事等有关部门应按职责分工,密切配合。

出入境检验检疫机构负责对出入境人员进行艾滋病监测,并将监测结果及时向卫生主管部门报告。

三、艾滋病监测管理的对象

已确诊的艾滋病人、病毒感染者、疑似艾滋病病人或与艾滋病病人、艾滋病病毒感染者有密切接触者,以及被艾滋病病毒污染或可能造成艾滋病传播的血液和血液制品、生物组织、动物或其他物品,均是监测管理的对象。

四、艾滋病监测管理措施

(一)疫情的发现、报告与管理

艾滋病病毒抗体初筛实验室、采供血机构或其他进行艾滋病病毒检验的机构检测发现的艾滋病病毒抗体阳性结果的标本应尽快送确认实验室确认。在确认之前,不得通知受检者。经确认实验室确认的阳性报告,应依据传染病属地管理制度报告。确认报告属于个人隐私,不得泄漏。经确认的阳性结果原则上通知受检者本人及其配偶或亲属。卫生机构发现的疑似艾滋病病人,应做疑似病例报告并尽快确诊。确诊有困难的,请同级和上级"艾滋病专家委员会"协助诊断。

确诊病例和确诊病例死亡,均应按《传染病防治法》规定的程序进行疫情报告和订正报告。对艾滋病病毒感染者和艾滋病病人死亡后的尸体,由治疗病人的医疗单位或者当地卫生防疫机构消毒处理后火化。

各地卫生防疫部门负责组织对本地艾滋病病毒感染者和艾滋病病人进行流行病学调查,建立个人档案,并按计划定期随访;如有可能,应对其密切接触者进行随访。

(二)艾滋病病毒感染者和艾滋病病人的权益保护和责任

1. 艾滋病毒感染者和艾滋病病人及其家属不受歧视,他们享有公民依法享有的权利和社会福利。不能剥夺艾滋病病毒感染者工作、学习、享受医疗保健和参加社会活动的权利,也不能剥夺其子女入托、入学、就业等权利。

2. 艾滋病病人应暂缓结婚,艾滋病病毒感染者如申请结婚,双方应接受医学咨询。

3. 艾滋病病毒感染者和艾滋病病人经诊断治疗后,其姓名、住址等个人信息情况受法律保护,有关部门不得向社会公布或传播。

4. 属被拘留、劳改和羁押的艾滋病病毒感染者应在其关押收容场所内管理教育,对于已经出现临床症状的感染者,经当地卫生行政部门指定的医学专家确诊为艾滋病病人,而关押场所内又无条件隔离治疗的,可保外就医。

5. 艾滋病病毒感染者和艾滋病病人应认真听从医务人员的医学指导,服从卫生防疫部门管理。到医疗机构就诊时,应当主动向医务人员说明自身的感染情况,防止将病毒传播给他人。对艾滋病病毒感染者和艾滋病病人所从事的工作有传播艾滋病病毒危险的,其所在单位应负责安排其从事其他工作。

6. 对明知自己是艾滋病病毒感染者或艾滋病病人而故意感染他人者,应依法承担责任。

7. 艾滋病病毒感染者和艾滋病病人不得捐献血液、精液、器官、组织和细胞。

(三) 医疗照顾

1. 各级卫生行政部门应指定医疗机构为艾滋病病毒感染者和艾滋病病人提供医疗服务。

2. 被指定的医疗机构必须及时收治就诊的艾滋病病毒感染者和艾滋病病人,并应及时安排医务人员为其进行疾病的诊治,不得拒绝。

3. 艾滋病病人应实行住院隔离治疗。

4. 对于经济特别困难的艾滋病病毒感染者或艾滋病病人,在治疗费用方面,由接收医疗机构向当地政府报告,当地政府协调有关方面予以解决。

（四）流动人口、回国人员和来华境外人员艾滋病病毒感染者和艾滋病病人的管理

1. 流动人口中被确诊的艾滋病病毒感染者和艾滋病病人，原则上由常住地负责对其监护管理，其疫情由常住地的卫生防疫部门按规定报告和管理，并由省级卫生防疫部门向其户籍所在省的卫生防疫部门通报。没有正当理由，不得将艾滋病病毒感染者和艾滋病病人遣送回原籍。

2. 回国人员在入境口岸被确认为艾滋病病毒感染者，由国境卫生检疫部门按规定向当地卫生防疫部门和上级主管部门报告疫情，并通知其户籍所在省的卫生防疫部门。

3. 境外来华的艾滋病毒感染者和艾滋病病人的监护管理，按照国境卫生检疫有关规定。2010年4月19日，《国务院关于修改〈中华人民共和国国境卫生检疫法实施细则〉的决定》已经通过，将《中华人民共和国国境卫生检疫法实施细则》第99条修改为："卫生检疫机关应当阻止患有严重精神病、传染性肺结核病或者有可能对公共卫生造成重大危害的其他传染病的外国人入境。"其中，将患有艾滋病的外国人禁止入境规定做了修改，只有患有艾滋病的外国人的入境会对公共卫生造成重大危害的情况下才禁止入境，目的是不歧视艾滋病患者。

第二节 血吸虫病防治管理制度

一、血吸虫病概况

血吸虫病是血吸虫寄生于人体或者哺乳动物体内，导致其发病的一种寄生虫病。血吸虫病是严重危害人民身体健康和生命安

全,影响疫区经济发展的重大传染病。根据《传染病防治法》的规定,血吸虫病已经被列为法定乙类传染病。我国血吸虫病主要分布在浙江、江西、福建一带以及川西平原和金沙江流域。对于血吸虫病的防治工作,经过多年的努力,总结出"各级防治、综合措施、发动群众和科学技术相结合、防治工作和发展农业生产、兴修水利相结合"的策略,采取了灭螺、治病、防护、管粪管水等综合措施。

近年来,卫生行政部门先后修订、颁布了有关防治血吸虫病的灭螺、治疗、疾病监测、质量控制等实施细则。2006年3月22日,国务院通过了《血吸虫病防治条例》,为我国预防、控制、消灭血吸虫病以及保障人体健康、动物健康和公共卫生,提供了法律保障。

二、血吸虫病预防与控制

(一) 预防

血吸虫病防治地区根据血吸虫病预防控制标准,划分为重点防治地区和一般防治地区。处于同一水系或者同一相对独立地理环境的血吸虫病防治地区各地方人民政府应当开展血吸虫病联防联控,组织有关部门和机构同步实施下列血吸虫病防治措施:

(1) 在农业、兽医、水利、林业等工程项目中采取与血吸虫病防治有关的工程措施;

(2) 进行人和家畜的血吸虫病筛查、治疗和管理;

(3) 开展流行病学调查和疫情监测;

(4) 调查钉螺分布,实施药物杀灭钉螺;

(5) 防止未经无害化处理的粪便直接进入水体;

(6) 其他防治措施。

血吸虫病重点防治地区县级以上地方人民政府应当在渔船集中停靠地设点发放抗血吸虫基本预防药物;按照无害化要求和血

吸虫病防治技术规范修建公共厕所；推行在渔船和水上运输工具上安装和使用粪便收集容器，并采取措施，对所收集的粪便进行集中无害化处理。

医疗机构、疾病预防控制机构、动物防疫监督机构和植物检疫机构，应当在各自的职责范围内，开展血吸虫病的监测、筛查、预测、流行病学调查、疫情报告和处理工作，开展杀灭钉螺、血吸虫病防治技术指导以及其他防治工作。

血吸虫病防治地区的医疗机构、疾病预防控制机构、动物防疫监督机构和植物检疫机构，应当定期对其工作人员进行血吸虫病防治知识、技能的培训和考核。

（二）控制

血吸虫病防治地区县级以上地方人民政府应当根据有关法律、行政法规和国家有关规定，结合实际，制定血吸虫病应急预案。

1. 各级人民政府对急性血吸虫病暴发、流行时采取的紧急措施：

（1）组织医疗机构救治急性血吸虫病病人；

（2）组织疾病预防控制机构和动物防疫监督机构分别对接触疫水的人和家畜实施预防性服药；

（3）组织有关部门和单位杀灭钉螺和处理疫水；

（4）组织乡（镇）人民政府在有钉螺地带设置警示标志，禁止人和家畜接触疫水。

2. 疾病预防控制机构对急性血吸虫病疫情或者接到急性血吸虫病暴发、流行报告时，应当及时采取下列措施：

（1）进行现场流行病学调查；

（2）提出疫情控制方案，明确有钉螺地带范围、预防性服药的人和家畜范围，以及采取杀灭钉螺和处理疫水的措施；

(3) 指导医疗机构和下级疾病预防控制机构处理疫情;

(4) 卫生主管部门要求采取的其他措施。

三、监督管理

县级以上人民政府卫生主管部门负责血吸虫病的监测、预防、控制、治疗和疫情的管理工作,对杀灭钉螺药物的使用情况进行监督检查。

第四章 病原微生物实验室生物安全法律制度

第一节 病原微生物和实验活动概述

一、病原微生物和实验室的概念

病原微生物是指能够使人或者动物致病的微生物或称病原体。在病原体中,以细菌和病毒的危害性最大。病原微生物包括朊毒体、寄生虫(原虫、蠕虫、医学昆虫)、真菌、细菌、螺旋体、支原体、立克次体、衣原体、病毒等。实验活动是指实验室从事与病原微生物菌(毒)种、样本有关的研究、教学、检测、诊断等活动。

2004年11月5日,国务院通过并公布实施了《病原微生物实验室生物安全管理条例》,分为总则、病原微生物的分类和管理、实验室的设立与管理、实验室感染控制、监督管理、法律责任、附则7章72条,为加强病原微生物实验室生物安全、保护实验室工作人员和公众的健康提供了法律保障。

二、病原微生物的分类与管理

(一) 病原微生物的分类

根据《病原微生物实验室生物安全管理条例》的规定,从病原微生物的传染性、感染后对个体或者群体的危害程度看,将病原微生物分为四类：

第一类病原微生物，是指能够引起人类或动物非常严重疾病的微生物，以及我国尚未发现或者已经宣布消灭的微生物。

第二类病原微生物，是指能够引起人类或者动物严重疾病，比较容易直接或者间接在人与人、动物与人、动物与动物间传播的微生物。

第三类病原微生物，是指能够引起人类或者动物疾病，但一般情况下对人、动物或者环境不构成严重危害，传播风险有限，实验室感染后很少引起严重疾病，并且具备有效治疗和预防措施的微生物。

第四类病原微生物，是指在通常情况下不会引起人类或者动物疾病的微生物。

其中，第一类、第二类病原微生物统称为高致病性病原微生物。

(二) 采集病原微生物样本应当具备的条件

采集病原微生物样本应当具备符合生物安全要求的条件：

(1) 具有与采集病原微生物样本所需要的生物安全防护水平相适应的设备；

(2) 具有掌握相关专业知识和操作技能的工作人员；

(3) 具有有效防止病原微生物扩散和感染的措施；

(4) 具有保证病原微生物样本质量的技术、方法和手段。

(三) 高致病性病原微生物的运输

1. 运输高致病性病原微生物，应当具备下列条件：

(1) 运输目的、高致病性病原微生物的用途和接收单位符合国务院卫生主管部门或者兽医主管部门的规定；

(2) 高致病性病原微生物的容器应当密封，容器或者包装材料还应当符合防水、防破损、防外泄、耐高(低)温、耐高压的要求；

（3）容器或者包装材料上应当印有国务院卫生主管部门或者兽医主管部门规定的生物危险标识、警告用语和提示用语。

2. 运输高致病性病原微生物的审批

运输高致病性病原微生物，应当经省级以上人民政府卫生主管部门或者兽医主管部门批准。在省级行政区域内运输的，由省级人民政府卫生主管部门或者兽医主管部门批准；跨省级行政区域运输或者运往国外的，由出发地的省级人民政府卫生主管部门或者兽医主管部门进行初审后，分别报国务院卫生主管部门或者兽医主管部门批准。出入境检验检疫机构在检验检疫过程中需要运输病原微生物样本的，由国务院出入境检验检疫部门批准，并同时向国务院卫生主管部门或者兽医主管部门通报。通过民用航空运输高致病性病原微生物的，除了取得省级人民政府卫生或者兽医主管部门和出入境检验检疫机构批准外，还应当经国务院民用航空主管部门批准。

3. 运输高致病性病原微生物的方式

运输高致病性病原微生物，由2人以上的专人护送。运输高致病性病原微生物，应当通过陆路运输；没有陆路通道，必须经水路运输的，可以通过水路运输；紧急情况下或者需要将高致病性病原微生物菌（毒）种或者样本运往国外的，可以通过民用航空运输。

（四）保藏机构

保藏机构是指国务院卫生主管部门或者兽医主管部门指定的菌（毒）种保藏中心或者专业实验室，主要是承担集中储存病原微生物菌（毒）种和样本的任务。

保藏机构具备严格的安全保管制度，作好病原微生物菌（毒）种和样本进出和储存的记录，建立档案制度，并指定专人负责。对高致病性病原微生物菌（毒）种和样本应当设专库或者专柜单独储存。

保藏机构储存、提供病原微生物菌(毒)种和样本时,不得收取任何费用。

第二节 病原微生物实验室管理与监督

一、实验室的分级

国家根据实验室对病原微生物的生物安全防护水平,并依照实验室生物安全国家标准的规定,将实验室等级分为一级、二级、三级、四级。

一级、二级实验室不得从事高致病性病原微生物实验活动。三级、四级实验室从事高致病性病原微生物实验活动,应当具备下列条件:

(1) 实验目的和拟从事的实验活动符合国务院卫生主管部门或者兽医主管部门的规定;

(2) 通过实验室国家认可;

(3) 具有与拟从事的实验活动相适应的工作人员;

(4) 工程质量经建筑主管部门依法检测验收合格。

二、实验室感染控制

卫生主管部门接到关于实验室发生工作人员感染事故或者病原微生物泄漏事件的报告,或者发现实验室从事病原微生物相关实验活动造成实验室感染事故的,应当立即组织疾病预防控制机构和医疗机构以及其他有关机构依法采取下列预防、控制措施:

(1) 封闭被病原微生物污染的实验室或者可能造成病原微生

物扩散的场所；

（2）开展流行病学调查；

（3）对病人进行隔离治疗，对相关人员进行医学检查；

（4）对密切接触者进行医学观察；

（5）进行现场消毒；

（6）对染疫或者疑似染疫的动物采取隔离、扑杀等措施；

（7）其他需要采取的预防、控制措施。

三、监督管理

县级以上地方人民政府卫生主管部门履行下列职责：

（1）对病原微生物菌（毒）种、样本的采集、运输、储存进行监督检查；

（2）对从事高致病性病原微生物相关实验活动的实验室是否符合《病原微生物实验室生物安全管理条例》规定的条件进行监督检查；

（3）对实验室或者实验室的设立单位培训、考核其工作人员以及上岗人员的情况进行监督检查；

（4）对实验室是否按照有关国家标准、技术规范和操作规程从事病原微生物相关实验活动进行监督检查。

第五章 医疗废物管理法律制度

第一节 医疗废物概述

2003年6月4日,国务院通过、公布的《医疗废物管理条例》将"医疗废物"定义为:医疗卫生机构在医疗、预防、保健以及其他相关活动中产生的具有直接或者间接感染性、毒性以及其他危害性的废物。

根据《医疗废物管理条例》的规定,卫生部和国家环境保护总局制定了《医疗废物分类目录》。《医疗废物分类目录》将医疗废物分为五类:

1. 感染性废物

这是指携带病原微生物且具有引发感染性疾病传播危险的医疗废物,包括被病人血液、体液、排泄物污染的物品,传染病病人产生的垃圾等。

2. 病理性废物

这是指在诊疗过程中产生的人体废弃物和医学试验动物尸体,包括手术中产生的废弃人体组织、病理切片后废弃的人体组织、病理腊块等。

3. 损伤性废物

这是指能够刺伤或割伤人体的废弃的医用锐器,包括医用针、解剖刀、手术刀、玻璃试管等。

4. 药物性废物

这是指过期、淘汰、变质或被污染的废弃药品,包括废弃的一般性药品、废弃的细胞毒性药物和遗传毒性药物等。

5. 化学性废物

这是指具有毒性、腐蚀性、易燃易爆性的废弃化学物品,如废弃的化学试剂、化学消毒剂、汞血压计、汞温度计等。

由于医疗废物中可能含有大量病原微生物和有害化学物质,甚至会有放射性和损伤性物质,因此医疗废物是引起疾病传播或相关公共卫生问题的重要危险性因素。为了加强医疗废物的安全管理,防止疾病传播,保护环境,保障人体健康,国务院依据《中华人民共和国传染病防治法》《中华人民共和国固体废物污染环境防治法》制定了《医疗废物管理条例》《医疗废物管理行政处罚办法》等行政法规、部门规范性文件,构成我国对医疗废物安全管理的制度保障。

第二节 医疗废物管理的一般规定

一、建立、健全医疗废物管理责任制

医疗卫生机构和医疗废物集中处置单位,应当建立、健全医疗废物管理责任制,其法定代表人为第一责任人,切实履行职责,防止因医疗废物导致传染病传播和环境污染事故。

二、制定与医疗废物安全处置有关的规章制度和事故发生的应急方案

医疗卫生机构和医疗废物集中处置单位,应当制定与医疗废物安全处置有关的规章制度及在发生意外事故时的应急方案;设置监控部门或者专(兼)职人员,负责检查、督促、落实本单位医疗废物的管理工作,防止违法行为的产生。

三、对从事医疗废物处理的工作人员和管理人员,进行相应知识的培训

医疗卫生机构和医疗废物集中处置单位,应当对本单位从事医疗废物收集、运送、贮存、处置等工作的人员和管理人员,进行相关法律和专业技术、安全防护以及紧急处理等知识的培训;同时,采取有效的职业卫生防护措施,为从事医疗废物收集、运送、贮存、处置等工作的人员和管理人员,配备必要的防护用品,定期进行健康检查;必要时,对有关人员进行免疫接种,防止其受到健康损害。

四、执行危险废物转移联单和登记管理制度

医疗卫生机构和医疗废物集中处置单位,依法执行危险废物转移联单管理制度,并对医疗废物进行登记,采取有效措施,防止医疗废物流失、泄漏、扩散。发生医疗废物流失、泄漏、扩散时,医疗卫生机构和医疗废物集中处置单位应当采取减少危害的紧急处理措施,对致病人员提供医疗救护和现场救援;同时向所在地的县级人民政府卫生行政主管部门、环境保护行政主管部门报告,并向可能受到危害的单位和居民通报。

五、禁止事项

1. 禁止任何单位和个人转让、买卖医疗废物。

2. 禁止在运送过程中丢弃医疗废物,在非贮存地点倾倒、堆放医疗废物或将医疗废物混入其他废物和生活垃圾。

3. 禁止邮寄医疗废物。

4. 禁止通过铁路、航空运输医疗废物。有陆路通道的,禁止通过水路运输医疗废物;没有陆路通道必须经水路运输医疗废物的,应当经设区的市级以上人民政府环境保护行政主管部门批准,并采取严格的环境保护措施后,方可通过水路运输。

5. 禁止将医疗废物与旅客在同一运输工具上载运。

6. 禁止在饮用水源保护区的水体上运输医疗废物。

第三节　医疗卫生机构对医疗废物的管理

一、医疗卫生机构对医疗废物的收集

医疗卫生机构应当及时收集本单位产生的医疗废物,并按照类别分置于防渗漏、防锐器穿透的专用包装物或者密闭的容器内,并有明显的警示标识和警示说明。

二、医疗卫生机构对医疗废物的存放

医疗卫生机构应当建立医疗废物的暂时贮存设施、设备,不得露天存放医疗废物,在远离医疗区、食品加工区和人员活动区以及生活垃圾存放场所建立医疗废物的暂时贮存设施、设备,并设置明显的警示标识。

三、医疗机构对医疗废物的就近集中处置的原则

医疗卫生机构应当根据就近集中处置的原则,及时将医疗废物交由医疗废物集中处置单位处置。医疗废物中病原体的培养基、标本和菌种、毒种保存液等高危险废物,在交医疗废物集中处置单位处置前应当就地消毒。

四、医疗机构对医疗污水及病人排泄物的处置

医疗机构产生的污水、传染病病人或者疑似传染病病人的排泄物,应当按照国家规定严格消毒并达到国家规定的排放标准后,方可排入污水处理系统。

第四节 监督管理

县级以上地方人民政府卫生行政主管部门应当依照《医疗废物管理条例》的规定,对医疗卫生机构进行监督检查。卫生行政主管部门履行监督检查职责时,有权采取下列措施:

(1) 对有关单位进行实地检查,了解情况,现场监测,调查取证;

(2) 查阅或者复制医疗废物管理的有关资料,采集样品;

(3) 责令违反《医疗废物管理条例》规定的单位和个人停止违法行为;

(4) 查封或者暂扣涉嫌违反《医疗废物管理条例》规定的场所、设备、运输工具和物品;

(5) 对违反《医疗废物管理条例》规定的行为进行查处。

第六章 职业病防治法律制度

第一节 职业病概述

一、职业病的概念、特征及种类

生产劳动是人类生存发展、推动社会进步的基本活动。在生产劳动过程中,尤其是工业生产过程中,存在着各种有害身体健康的因素,有些还可引发职业病。职业病有广义、狭义之分,广义上的职业病是指人们通常认为的一切与职业有关的疾病,包括"工作有关疾病";狭义上的职业病仅指由政府主管部门规定的,具有一定法律意义的"法定职业病",现已规定了"职业中毒""尘肺""物理因素职业病""职业性传染病""职业性皮肤病""职业性耳鼻喉疾病""职业性眼病""职业性肿瘤""职业性放射病"及"其他职业病"。凡诊断为"法定"职业病的患者享受国家规定的工伤保险待遇。根据造成职业病的职业危害因素,即职业活动中存在的各种有害的化学、物理、生物因素以及在作业过程中产生的其他职业有害因素,国家将职业病定为尘肺、职业性放射性疾病、职业中毒、物理因素所致职业病、生物因素所致职业病、职业性眼病、职业性耳鼻喉口腔疾病、职业性肿瘤、其他职业病等十大类132种。

二、职业病防治法简述

（一）立法目的

2011年第十一届全国人大常委会第二十四次会议对《职业病防治法》进行了修订。第1条规定："为了预防、控制和消除职业病危害，防治职业病，保护劳动者健康及其相关权益，促进经济发展，根据宪法，制定本法。"在该立法目的中还提及"相关权益"，主要是指职业病患者享有工伤保险待遇和其他职业病待遇，获得赔偿权利及单位发生分立、合并、破产时应按国家有关规定予以妥善安置。与其他卫生法律规范的立法目的相比，该立法目的中还加有"促进经济发展"，这是因为《职业病防治法》主要保护的是劳动力人口的健康，尤其是工业企业职工的健康。

（二）劳动者的权利

《职业病防治法》第4条规定，"劳动者依法享有职业卫生保护的权利"，包括对职业病危害的知情权，接受职业卫生培训权，获得职业健康检查与职业病诊治康复权，要求用人单位提供防护设施和个人防护用品权，对没有防护措施的有关作业的拒绝操作权，对违反职业病防治法以及危害生命健康行为有批评、检举、控告权等。

（三）用人单位的责任

《职业病防治法》第4条规定："用人单位应当为劳动者创造符合国家职业卫生标准和卫生要求的工作环境和条件，并采取措施保障劳动者获得职业卫生保护。"为此，"用人单位应当建立、健全职业病防治责任制，加强对职业病防治的管理……"同时，"用人单位必须依法参加工伤社会保险"。

（四）政府和政府有关部门的职责

《职业病防治法》第 9 条规定："国家实行职业卫生监督制度。"承担卫生监督职责的主体包括：

1. 卫生行政部门。卫生部统一负责全国职业病防治的监督管理工作，地方各级卫生行政部门在本辖区内负责监督管理工作。

（1）卫生部负责制定国家职业卫生标准、职业危害项目申报办法、职业危害分类目录和管理办法、职业病诊断标准、职业病诊断与鉴定办法等；

（2）省级卫生行政部门审查批准职业病诊断医疗机构；

（3）县以上卫生行政部门负责职业病统计报告和职业健康教育。

2. 政府有关部门。国务院有关部门和县以上地方政府有关部门在各自的职责范围内负责职业病防治的有关监督管理工作；国务院和地方政府的劳动保障部门负责与职业病有密切关系的工伤社会保险的监督管理。

3. 各级人民政府。《职业病防治法》第 10 条规定："国务院和县级能上能下地方人民政府应当制定职业病防治规划，将其纳入国民经济和社会发展计划，并组织实施。""乡、民族乡、镇的人民政府应当认真执行本法，支持卫生行政部门依法履行职责。"对乡镇政府的规定的要求，主要基于乡镇企业的职业病危害现状，需要乡镇政府支持乡镇企业的职业病防治工作。

4. 工会组织。该项内容是在"劳动过程中的防护与管理"一章中出现，对工会组织的职责规定为：

（1）督促、协助用人单位开展职业健康教育与培训；

（2）对用人单位职业病防治工作提出意见和建议；

（3）与用人单位就有关问题进行协调；

(4) 要求用人单位纠正违法行为；

(5) 发生重大职业病危害时有权要求采取防护措施,或向政府建议采取强制性措施；

(6) 参与职业危害事故调查,有权建议劳动者立即撤离危险现场。

(五) 职业病防治工作的方针与原则

坚持预防为主,防治结合的方针,实行分类管理、综合治理。

第二节 前期预防

所谓前期预防,是指用人单位应当依照法律、法规要求,严格遵守国家职业卫生标准,落实职业病预防措施,从源头上控制和消除职业病危害。

为达到前期预防的目的,《职业病防治法》规定:国家建立"职业病危害项目申报制度";新建、扩建、改建项目和技术改造、技术引进项目(以下统称建设项目)有可能产生职业病危害的,在论证阶段应向卫生行政部门提出"职业病危害预评价报告"制度;建设项目中的职业病防护设施的所需经费应纳入整体项目预算,并与主体工程同时设计、同时施工、同时投产使用；对职业病危害严重的建设项目的防护设施的设计和竣工验收时的卫生防护控制效果的评价,都应经卫生行政部门审查和评价,符合国家职业卫生标准和要求的,方可施工或正式投产使用,此即常说的"三同时审查"制度。但本法中未明确强调施工过程中的审查。

一、工作场所的职业卫生要求

产生职业病危害的用人单位的设立应当符合法律、行政法规规

定的设立条件。所谓职业病危害,是指对从事职业活动的劳动者可能导致职业病的各种危害。其工作场所应当符合下列职业卫生要求:

(1) 职业病危害因素的强度或者浓度符合国家职业卫生标准;

(2) 有与职业病危害防护相适应的设施;

(3) 生产布局合理,符合有害与无害作业分开的原则;

(4) 有配套的更衣间、洗浴间、孕妇休息间等卫生设施;

(5) 设备、工具、用具等设施符合保护劳动者生理、心理健康的要求;

(6) 法律、行政法规和国务院卫生行政部门关于保护劳动者健康的其他要求。

二、职业病危害项目申报

职业病危害项目,是指存在或者产生职业病危害因素的项目。国家建立职业危害项目申报制度。《职业病防治法》规定,职业病危害因素分类目录由国务院卫生行政部门会同国务院安全生产监督管理部门制定、调整并公布。职业病危害项目申报的具体办法由国务院安全生产监督管理部门制定。

用人单位工作场所存在职业病目录所列职业病的危害因素的,应当及时、如实向所在地安全生产监督管理部门申报危害项目,接受监督。

三、职业病危害评价报告

《职业病防治法》规定,新建、扩建、改建建设项目和技术改造、技术引进项目(以下统称建设项目)可能产生职业病危害的,建设单位在可行性论证阶段应当向安全生产监督管理部门提交职业病危害预评价报告。职业病危害预评价报告应当对建设项目可能产生的职业病危害因素及其对工作场所和劳动者健康的影响作出评价,确定危害类别和职业病防护措施。

安全生产监督管理部门应当自收到职业病危害预评价报告之日起30日内,作出审核决定并书面通知建设单位。未提交预评价报告或者预评价报告未经安全生产监督管理部门审核同意的,有关部门不得批准该建设项目。

职业病危害预评价由依法设立的取得国务院安全生产监督管理部门或者设区的市级以上地方人民政府安全生产监督管理部门按照职责分工给予资质认可的职业卫生技术服务机构进行。职业卫生技术服务机构所作评价应当客观、真实。

第三节 职业病诊断

一、职业禁忌的含义

职业禁忌,是指劳动者从事特定职业或者接触特定职业病危害因素时,比一般职业人群更易于遭受职业病危害和罹患职业病或者可能导致原有自身疾病病情加重,或者在从事作业过程中诱发可能导致对他人生命健康构成危险的疾病的个人特殊生理或者病理状态。

用人单位不得安排未经上岗前职业健康检查的劳动者从事接触职业病危害的作业;不得安排有职业禁忌的劳动者从事其所禁忌的作业;对在职业健康检查中发现有与所从事的职业相关的健康损害的劳动者,应当调离原工作岗位,并妥善安置。

二、职业病诊断

（一）职业病诊断机构

职业病诊断应当由省级以上人民政府卫生行政部门批准的医疗卫生机构承担。劳动者可以在用人单位所在地或者本人居住地依法承担职业病诊断职责的医疗卫生机构进行职业病诊断。

（二）职业病诊断原则及程序

职业病诊断，应当综合分析下列因素：

（1）病人的职业史；

（2）职业病危害接触史和现场危害调查与评价；

（3）临床表现以及辅助检查结果等。没有证据否定职业病危害因素与病人临床表现之间的必然联系的，在排除其他致病因素后，应当诊断为职业病。

承担职业病诊断职责的医疗卫生机构在进行职业病诊断时，应当组织3名以上取得职业病诊断资格的执业医师集体诊断。职业病诊断证明书应当由参与诊断的医师共同签署，并经承担职业病诊断职责的医疗卫生机构审核盖章。

三、职业病报告

用人单位和医疗卫生机构发现职业病病人或者疑似职业病病人时，应当及时向所在地卫生行政部门报告。确诊为职业病的，用人单位还应当向所在地劳动保障行政部门报告。卫生行政部门和劳动保障行政部门接到报告后，应当依法作出处理。

四、职业病诊断异议的处理

(一) 职业病诊断鉴定的申请

当事人对职业病诊断有异议的,可以向作出诊断的医疗卫生机构所在地地方人民政府卫生行政部门申请鉴定。职业病诊断争议由设区的市级以上地方人民政府卫生行政部门根据当事人的申请,组织职业病诊断鉴定委员会进行鉴定。当事人对设区的市级职业病诊断鉴定委员会的鉴定结论不服的,可以向省、自治区、直辖市人民政府卫生行政部门申请再鉴定。

(二) 职业病诊断鉴定委员会

职业病诊断鉴定委员会由相关专业的专家组成。省、自治区、直辖市人民政府卫生行政部门应当设立相关的专家库,需要对职业病争议作出诊断鉴定时,由当事人或者当事人委托有关卫生行政部门从专家库中以随机抽取的方式确定参加诊断鉴定委员会的专家。职业病诊断鉴定费用由用人单位承担。

(三) 职业病诊断鉴定原则

职业病的诊断与鉴定工作应当遵循科学、公正、公开、公平、及时、便民的原则。职业病诊断鉴定委员会组成人员应当遵守职业道德,客观、公正地进行诊断鉴定,并承担相应的责任。不得私下接触当事人,不得收受当事人的财物或者其他好处,与当事人有利害关系的,应当回避。

(四) 职业病诊断鉴定书

职业病诊断鉴定委员会应当按照国务院卫生行政部门颁布的职业病诊断标准和职业病诊断、鉴定办法进行职业病诊断鉴定,向当事人出具职业病诊断鉴定书。

另外,《职业病防治法》规定用人单位在劳动者的职业病诊断

过程中和诊断为职业病以后,应当履行以下义务:

(1)职业病诊断、鉴定需要用人单位提供有关职业卫生和健康监护等材料时,用人单位应如实提供。劳动者和有关机构也应如实提供。

(2)及时安排疑似职业病病人进行诊断。在诊断或医学观察期间不得解除和终止劳动合同。诊断费用由用人单位承担。

(3)被诊断为职业病的病人依法享有国家规定的职业病待遇。用人单位应安排进行治疗、康复和定期检查。对不宜在原岗位工作的病人应予调离,妥善安排。

(4)职业病病人的诊断、康复费用,伤残及丧失劳动能力后社会保障,按国家工伤社会保险的规定执行。若用人单位没有参加工伤保险,则由最后的用人单位承担。若最后用人单位能证明该职业病是先前用人单位的职业病危害所致,则由先前用人单位承担。

(5)职业病病人工作单位变动,依法享有的职业病待遇不变。

《职业病防治法》规定,用人单位和医疗机构发现职业病病人或疑似职业病病人时,应及时向所在地卫生行政部门报告。诊断为职业病的,用人单位还应向劳动保障部门报告。医疗机构发现的疑似职业病病人,应告知本人和通知用人单位。

第四节 监督检查与法律责任

一、监督检查

县级以上人民政府卫生行政部门依照职业病防治法律、法规、国家职业卫生标准和卫生要求,依据职责划分,对职业病防治工作及职业病危害检测、评价活动进行监督检查。

二、法律责任

《职业病防治法》中有关法律责任的规定共有16条,其中对行政法律责任的规定比其他卫生法更加严厉和严格,例如:对行政管理相对人的行政罚款最多可达50万元;有22种情形,情节严重的可责令停业或关闭;对职业卫生服务机构的罚款可达5万元,且明确规定对违反本法规定,构成犯罪的,依法追究刑事责任。

(一)行政法律责任

1. 建设单位有下列违法行为之一的,给予警告,责令改正;逾期不改的,处10—50万元罚款;情节严重的,责令停止作业,或提请政府责令停建或关闭:

(1)未作职业病危害预评价,或未提交预评价报告,或虽提交但未经同意就擅自开工的;

(2)职业病防护设施未与主体工程同时投产、使用的;

(3)职业病危害严重的项目,其防护设施设计不符合国家职业卫生标准和要求就施工的;

(4)对防护设施的效果不评价,或未经验收,或验收不合格就擅自投入使用的;

2. 用人单位有下列违法行为之一的,责令限期治理,并处5—30万元罚款;情节严重的,责令停止作业,或提交政府责令关闭:

(1)隐瞒技术、工艺、材料所产生的职业病危害而使用的;

(2)隐瞒单位职业卫生实情的;

(3)可能发生急性职业损伤的有毒有害场所、放射工作场所,未有警报装置和未设置急救用品和设备的;或放射性同位素的运输、贮存不符合规定要求的;

(4) 使用国家明令禁止使用的有害材料和设备的；

(5) 将有害作业转嫁给没有防护条件的单位和个人,或没有防护条件就接受职业病危害作业的；

(6) 擅自拆除、停止使用防护设备或应急求援设施的；

(7) 安排未进行体检、有职业禁忌的劳动者,或安排未成年人、孕妇、哺乳女工从事职业病危害作业或禁忌作业的；

(8) 违章指挥和强令劳动者进行没有防护措施的作业的。

3. 因违法行为使劳动者生命健康造成严重损害的,责令停止作业,或提请政府责令关闭,并处10—30万元罚款。

4. 用人单位有下列违法行为之一的,给予警告,责令改正,逾期不改的,处5—20万元罚款；情节严重的,责令停止作业,或提交政府责令关闭：

(1) 作业场所职业病危害因素超过国家职业卫生标准的；

(2) 不提供防护设施和个人防护用品,或提供但不符合国家职业卫生标准和要求的；

(3) 对提供的防护设备、应急设施、个人防护用品,不进行维护、检修、检测、或不能正常运行、使用的；

(4) 不对作业场所进行检测、评价的；

(5) 对作业场所的职业病危害因素虽进行治理,但仍达不到国家职业卫生标准和要求时,应停止作业而不停止的；

(6) 未按照规定安排职业病病人、疑似职业病病人进行诊治的；

(7) 发生或可能发生急性职业病危害事故时,未立即采取求援控制措施或不及时报告的；

(8) 有严重职业病危害的岗位不设置警示标志和警示说明的；

(9) 拒绝卫生行政部门监督检查的。

5. 用人单位有下列违法行为之一的,予以警告,责令改正,并处 2—5 万元罚款。

(1) 不及时、如实申报产生职业病危害项目的;

(2) 无专人负责日常作业环境监测,或监测系统不能正常运行的;

(3) 订立或变更劳动合同时,不如实告知职业病危害实情的;

(4) 不组织健康检查,不建立健康监护档案,不告知劳动者健康检查结果的。

6. 用人单位有下列违法行为之一的,给予警告,责令改正,逾期不改的处 2 万元以下罚款:

(1) 作业环境检测评价结果不存档、不上报、不公示的;

(2) 不制定职业病防治管理计划措施的;

(3) 不公布有关规章制度、操作规程、事故应急措施的;

(4) 违反国内首次使用或首次进口有职业病危害材料规定的。

7. 向用人单位提供的有职业病危害的材料、设备时,违反有关规定的,予以警告,责令改正,并处 5—20 万元罚款。

8. 用人单位和医疗卫生机构不按规定报告职业病、疑似职业病的,予以警告,责令改正,可以并处 1 万元以下罚款;有弄虚作假的,并处 2—5 万元罚款。

9. 未取得资质认证批准就从事职业卫生技术服务、职业健康检查、职业病诊断的,责令停止违法行为,没收非法所得;违法所得在 5000 元以上的,并处 2—10 倍罚款;违法所得不足 5000 元的,并处 0.5—5 万元罚款。

10. 对超出资质认证批准范围而开展职业卫生技术服务、职业健康检查、职业病诊断的,或不履行法定职责的,或有出具虚假证明文件的医疗卫生机构,予以警告,责令停止违法行为,没收违法所得；违法所得在 5000 元以上的，并处 2—5 倍罚款；没有或非法所得不足 5000 元的，并处 0.5—2 万元罚款。情节严重的，取消其资格。

11. 职业病鉴定委员会成员收受当事人财物或其他好处的，予以警告，没收财物，可以并处 0.3—5 万元罚款，并取消其资格．

12. 卫生行政部门不按规定报告职业病和职业病事故的，上级部门责令改正、予以警告；有虚报、瞒报的，对单位负责人、直接主管人员和直接责任人，给予行政处分。对有上述第 9、10 项违法行为的职业卫生服务机构、医疗卫生机构，也有行政处分的规定。

(二) 民事法律责任

《职业病防治法》规定的民事法律责任，是在有关职业病病人保障的规定中出现，即："职业病病人除依法享有工伤社会保险外，依照有关民事法律，尚有获得赔偿权利的，有权向用人单位提出赔偿要求。"

第七章 食品安全法律制度

第一节 食品安全的概念

食品安全,是指食品无毒、无害,符合应当有的营养要求,对人体健康不造成任何急性、亚急性或者慢性危害。

食品,是指各种供人食用或者饮用的成品和原料以及按照传统既是食品又是药品的物品,但是不包括以治疗为目的的物品。食品是人类赖以生存和发展的物质基础,食品安全问题不仅关系到人体健康,而且关系到经济发展与社会的稳定。

据国家卫生和计生委统计,近年来全国食品卫生总合格率接近90%,同时每年上报卫生部的食物中毒有数百起。实际上各种食物中毒事故天天都发生,尤其家庭中的食物中毒随时都有,只不过一些症状较轻的中毒,特别是一些细菌性食物中毒发生时,自服药物治疗而不去医院,更不会上报卫生行政部门。食物中毒引起的呕吐与腹泻,不仅将食入的食物排出,同进也将体内的大量营养成分丢失,对于儿童、青少年不仅引起身体健康伤害,同时也影响其生长发育。因此从一定意义上讲,搞好食品卫生既能保护健康和生命安全,也能有效地节约粮食"能源"。

一、食品安全的范围

在中华人民共和国境内从事下列活动,应当遵守《食品安全法》的规定:

（1）食品生产和加工（以下称食品生产），食品流通和餐饮服务（以下称食品经营）；

（2）食品添加剂的生产经营；

（3）用于食品的包装材料、容器、洗涤剂、消毒剂和用于生产经营的工具、设备（以下称食品相关产品）的生产经营；

（4）食品生产经营者使用食品添加剂、食品相关产品；

（5）食品的贮存和运输；

（6）对食品、食品添加剂和食品相关产品的安全管理。

供食用的源于农业的初级产品（以下称食用农产品）的质量安全管理，应当遵守《中华人民共和国农产品质量安全法》的规定。但是，食用农产品的市场销售、有关质量安全标准的制定、有关安全信息的公布和本法对农业投入品作出规定的，应当遵守《食品安全法》的规定。

二、食品安全监管体制

国务院设立食品安全委员会。国务院食品药品监督管理部门依照本法和国务院规定的职责，负责对食品生产经营活动实施监督管理。国务院卫生行政部门依照本法和国务院规定的职责，组织开展食品安全风险监测与风险评估，制定并公布食品安全国家标准。国务院其他有关部门依照本法和国务院规定的职责，承担有关食品安全工作。

食品安全工作实行预防为主、风险管理、全程控制、社会共治，建立最严格的监督管理制度。强调食品生产经营者是食品安全第一责任人，对其生产经营活动承担管理责任，对其生产经营的食品承担安全责任，对其生产经营的食品造成的人身、财产或者其他损害承担赔偿责任，对社会造成严重危害的，依法承担其他法律责任。

第二节 食品安全制度

一、食品安全风险监测制度

国家建立食品安全风险监测制度，对食物性疾病、食品污染以及食品中的有害因素进行监测。食品安全风险监测，是指系统地搜集、整理和分析与食品安全相关危害因素的检验、监督和调查数据，对食源性疾病有害因素，做到早发现、早评估、早预防、早控制，减少食品污染和食源性疾病危害。

国务院食品药品监督管理部门和其他有关部门获知有关食品安全风险信息后，应当立即核实并向国务院卫生行政部门通报。对有关部门通报的食品安全风险信息以及医疗机构报告的食源性疾病等有关疾病信息，国务院卫生行政部门应当会同国务院有关部门分析研究，认为必要的，及时调整国家食品安全风险监测计划。

省、自治区、直辖市人民政府卫生行政部门会同同级食品药品监督管理、质量监督等部门，根据国家食品安全风险监测计划，结合本行政区域的具体情况，制定、调整本行政区域的食品安全风险监测方案，报国务院卫生行政部门备案并实施。

二、食品安全风险评估制度

国家建立食品安全风险评估制度，对食品、食品添加剂中生物性、化学性和物理性危害进行风险评估。食品安全风险评估，是指对食品、食品添加剂、食品相关产品中生物性、化学性和物理性危害对人体健康可能造成的不良影响所进行的科学评估,包括危害识别、危害特征描述、暴露评估、风险特征描述等。食品安全风险评估结果是制定、修订食品安全标准和对食品安全实施监督管理的科学依据。

食品安全风险评估不得向企业收取费用,采集样品应当按照市场价格支付费用,以减轻企业负担。同时明确有下列情形之一的,应当开展食品安全风险评估:

(1)通过食品安全风险监测或者接到举报发现食品、食品添加剂、食品相关产品可能存在安全隐患的;

(2)为制定或者修订食品安全国家标准提供科学依据需要进行风险评估的;

(3)为确定监督管理的重点领域、重点品种需要进行风险评估的;

(4)发现新的可能危害食品安全的因素的;

(5)需要判断某一因素是否构成食品安全隐患的;

(6)国务院卫生行政部门认为需要进行风险评估的其他情形。

国务院食品药品监督管理部门应当会同国务院有关部门,根据食品安全风险评估结果、食品安全监督管理信息,对食品安全状况进行综合分析。对经综合分析表明可能具有较高程度安全风险的食品,国务院食品药品监督管理部门应当及时提出食品安全风险警示,并向社会公布。

第三节 食品安全标准

一、食品安全标准制定宗旨

制定食品安全标准,应当以保障公众身体健康为宗旨,做到科学合理、安全可靠。食品安全标准是强制执行的标准;除食品安全标准外,不得制定其他的食品强制性标准。食品安全标准应当供公众免费下载、查阅,省级以上人民政府卫生行政部门应当在其网站上公布制定的食品安全标准。对食品安全标准执行过程中的问题,县级以上人民政府卫生行政部门应当会同有关部门及时予以指导、解答。

二、食品安全标准内容

食品安全标准应当包括下列内容:

(1) 食品,食品相关产品中的致病性微生物、农药残留、兽药残留、重金属、污染物质以及其他危害人体健康物质的限量规定;

(2) 食品添加剂的品种、使用范围、用量;

(3) 专供婴幼儿和其他特定人群的主辅食品的营养成分要求;

(4) 对与食品安全、营养有关的标签、标识、说明书的要求;

(5) 食品生产经营过程的卫生要求;

(6) 与食品安全有关的质量要求;

(7) 食品检验方法与规程;

(8) 其他需要制定为食品安全标准的内容。

食品中农药残留、兽药残留的限量规定及其检验方法与规程由国务院卫生行政部门、国务院农业行政部门会同国务院食品药品监督管理部门制定。屠宰畜、禽的检验规程由国务院农业行政部门会同国务院卫生行政部门制定。

三、食品安全地方和企业标准

对于地方特色食品,没有食品安全国家标准的,省、自治区、直辖市人民政府卫生行政部门可以组织制定食品安全地方标准,报国务院卫生行政部门备案。食品安全国家标准制定后,该地方标准即行废止。国家鼓励食品生产企业制定严于食品安全国家标准或者地方标准的企业标准。

省级以上人民政府卫生行政部门应当会同同级食品药品监督管理、质量监督、农业行政等部门,分别对食品安全国家标准和地方标准的执行情况进行跟踪评价,并根据评价结果及时修订食品安全标准。

第四节 食品生产经营

一、食品生产经营的要求

食品生产经营应当符合食品安全标准,并符合下列要求:

1. 具有与生产经营的食品品种、数量相适应的食品原料处理和食品加工、包装、贮存等场所,保持该场所环境整洁,并与有毒、有害场所以及其他污染源保持规定的距离。

2. 具有与生产经营的食品品种、数量相适应的生产经营设备或者设施,有相应的消毒、更衣、清洗、采光、照明、通风、防腐、防尘、防蝇、防鼠、防虫、洗涤以及处理废水、存放垃圾和废弃物的设备或者设施。

3. 具有食品安全专业技术人员、管理人员和保证食品安全的规章制度。

4. 具有合理的设备布局和工艺流程,防止待加工食品与直接入口食品、原料与成品交叉污染,避免食品接触有毒物、不洁物。

5. 餐具、饮具和盛放直接入口食品的容器,使用前应当洗净、消毒,炊具、用具用后应当洗净,保持清洁。

6. 贮存、运输和装卸食品的容器、工具和设备应当安全、无害、保持清洁,防止食品污染,并符合保证食品安全所需的温度等特殊要求,不得将食品与有毒、有害物品一同运输。

7. 直接入口的食品应当有小包装或者使用无毒、清洁的包装材料、餐具、饮具和容器。

8. 食品生产经营人员应当保持个人卫生,生产经营食品时,应当将手洗净,穿戴清洁的工作衣、帽等;销售无包装的直接入口食品时,应当使用无毒、清洁的售货工具和设备。

9. 用水应当符合国家规定的生活饮用水卫生标准。

10. 使用的洗涤剂、消毒剂应当对人体安全、无害。

11. 法律、法规规定的其他要求。

国务院食品药品监督管理部门应当根据经济社会发展水平、生产经营规模、技术条件等因素,制定相应的食品生产经营管理规范。

二、禁止生产经营的食品

1. 用非食品原料生产的食品或者添加食品添加剂以外的化学物质和其他可能危害人体健康物质的食品,或者用回收食品作为原料生产的食品。

2. 致病性微生物,农药残留、兽药残留、生物毒素、重金属等污染物质以及其他危害人体健康的物质含量超过食品安全标准限量的食品、食品添加剂、食品相关产品。

3．用超过保质期的食品原料、食品添加剂生产的食品、食品添加剂。

4．超范围、超限量使用食品添加剂的食品。

5．营养成分不符合食品安全标准的专供婴幼儿和其他特定人群的主辅食品。

6．腐败变质、油脂酸败、霉变生虫、污秽不洁、混有异物、掺假掺杂或者感官性状异常的食品、食品添加剂。

7．病死、毒死或者死因不明的禽、畜、兽、水产动物肉类及其制品。

8．未按规定进行检疫或者检疫不合格的肉类，或者未经检验或者检验不合格的肉类制品。

9．被包装材料、容器、运输工具等污染的食品、食品添加剂。

10．标注虚假生产日期、保质期或者超过保质期的食品、食品添加剂。

11．无标签的预包装食品、食品添加剂。

12．国家为防病等特殊需要明令禁止生产经营的食品。

13．其他不符合法律、法规或者食品安全标准的食品、食品添加剂、食品相关产品。

三、食品生产经营和食品添加剂生产许可制度

1．食品生产经营许可

国家对食品生产经营实行许可制度。从事食品生产、食品销售、餐饮服务，应当依法取得食品生产许可、食品销售许可、餐饮服务许可。取得食品生产许可的食品生产者在其生产场所销售其生

产的食品,不需要取得食品销售的许可;取得餐饮服务许可的餐饮服务提供者在其餐饮服务场所出售其制作加工的食品,不需要取得食品生产和销售的许可;农民个人销售其自产的食用农产品,不需要取得食品销售的许可。

2. 食品添加剂生产许可

食品添加剂,是指为改善食品品质和色、香、味以及为防腐、保鲜和加工工艺的需要而加入食品中的人工合成或者天然物质。国家对食品添加剂的生产实行许可制度。申请食品添加剂生产许可的条件、程序,按照国家有关工业产品生产许可证管理的规定执行。

四、食品安全生产、管理

食品生产经营企业应当建立健全本单位的食品安全管理制度,加强对职工食品安全知识的培训,配备专职或者兼职食品安全管理人员,做好对所生产经营食品的检验工作,依法从事食品生产经营活动。

1. 采用现代化管理方式

国家鼓励食品生产经营企业符合良好生产规范要求,实施危害分析与关键控制点体系,提高食品安全管理水平。

2. 从业人员健康管理

食品生产经营者应当建立并执行从业人员健康管理制度。患有痢疾、伤寒、病毒性肝炎等传染病的人员,以及患有活动性肺结核、化脓性或者渗出性皮肤病等有碍食品安全的疾病的人员,不得从事接触直接入口食品的工作。食品生产经营人员每年应当进行健康检查,取得健康证明后方可参加工作。

3. 记录制度

记录制度的内容主要包括：

（1）食品生产企业应当建立食品原料、食品添加剂、食品相关产品进货查验记录制度，记录保存期限不得少于2年；

（2）食品经营企业应当建立食品进货查验记录制度，记录保存期限不得少于2年；

（3）食品生产企业应当建立食品出厂检验记录制度，查验出厂食品的检验合格证和安全状况，记录保存期限不得少于2年。

食用农产品生产者应当依照食品安全标准和国家有关规定使用农药、肥料、生长调节剂、兽药、饲料和饲料添加剂等农业投入品。食用农产品的生产企业和农民专业合作经济组织应当建立食用农产品生产记录制度。县级以上农业行政部门应当加强农业投入品使用的管理和指导，建立健全农业投入品的安全使用制度。

4. 索证制度

食品生产者采购食品原料、食品添加剂、食品相关产品，应当查验供货者的许可证和产品合格证明文件；食品经营者采购食品，应当查验供货者的许可证和食品合格的证明文件。

5. 原料采购控制制度

餐饮服务提供者应当制定并实施原料采购控制制度，不得采购不符合食品安全标准的原料。

餐饮服务提供者在制作加工过程中应当检查待加工的食品及原料，发现有腐败变质或者其他感官性状异常的，不得加工或者使用；餐饮服务提供企业应当定期维护食品加工、贮存、陈列等设施、设备；定期清洗、校验保温设施及冷藏、冷冻设施。餐饮服务提供者应当按照要求对餐具、饮具进行清洗消毒，不得使用未经清洗消毒的餐具、饮具；餐饮服务提供者委托清洗消毒餐具、饮具的，应当委托符合《食品安全法》规定条件的提供餐具、饮具集中消毒服务的单位。

6. 国家对婴幼儿配方食品实行严格监督管理

婴幼儿配方食品生产企业应当依照《食品安全法》的规定建立生产质量管理体系,并实施从原料进厂到成品出厂的全过程质量控制,对出厂的婴幼儿配方食品实施逐批检验,保证婴幼儿配方食品安全。

生产婴幼儿配方食品使用的生鲜乳、辅料、食品添加剂等,应当符合法律、行政法规的规定和食品安全国家标准。生产婴幼儿配方食品应当保证婴幼儿生长发育所需的营养成分。婴幼儿配方食品生产企业应当将生产原料、产品配方及标签等向省、自治区、直辖市人民政府食品药品监督管理部门备案。不得以委托、贴牌、分装方式生产婴幼儿配方乳粉,不得用同一配方生产不同品牌的婴幼儿配方乳粉。

7. 集中用餐单位的食堂管理

学校、托幼机构、建筑工地等集中用餐单位设有食堂的,单位食堂应当严格遵守《食品安全法》和有关法律、法规、规章的规定,执行食品安全标准,确保食品安全。

学校、托幼机构、建筑工地等集中用餐单位从外单位订餐的,应当从取得食品生产经营许可的企业订购,并按照要求对供餐单位提供的食品进行查验。供餐单位应当按照食品安全法律、法规及食品安全标准的要求,当餐加工,确保食品安全并符合营养要求。学校、托幼机构、建筑工地等集中用餐单位的主管部门应当加强对集中用餐单位的食品安全知识教育和日常管理,降低食品安全风险,及时消除食品安全隐患。

8. 提供餐具、饮具集中消毒服务的单位管理

提供餐具、饮具集中消毒服务的单位应当具备相应的作业场所、清洗消毒设备或者设施,使用的洗涤剂、消毒剂、生产用水应当符合国家标准和卫生规范。提供餐具、饮具集中消毒服务的单位应当对消毒餐具、饮具进行逐批检验,检验合格后方可出厂,并应当随附消毒合格证明。消毒后餐具、饮具独立包装上应当标注单位名称、地址、联系方式、消毒日期以及使用期限等内容。

9. 网络食品交易第三方平台的管理

网络食品交易第三方平台提供者应当对入网食品经营者进行实名登记,明确入网食品经营者的食品安全管理责任;依法应当取得食品生产经营许可证的,还应当审查其许可证。

网络食品交易第三方平台提供者发现入网食品经营者有违反《食品安全法》规定的行为的,应当及时制止并立即报告网络食品交易第三方平台提供者所在地县级人民政府食品药品监督管理部门;发现严重违法行为的,应当立即停止提供网络交易平台服务。

消费者通过网络食品交易第三方平台购买食品,其合法权益受到损害的,可以向入网食品经营者或者食品生产者要求赔偿。网络食品交易第三方平台提供者不能提供入网食品经营者的真实名称、地址和有效联系方式的,由网络食品交易第三方平台提供者赔偿。网络食品交易第三方平台提供者赔偿后,有权向入网食品经营者或者食品生产者追偿。网络食品交易第三方平台提供者作出更有利于消费者的承诺的,应当履行承诺。网络食品交易第三方平台提供者未履行对入网食品经营者进行实名登记、审查许可证,或者未履行报告、停止提供网络交易平台服务等义务,使消费者的合法权益受到损害的,应当承担连带责任。

10. 食品安全自查制度

食品生产经营者应当建立食品安全自查制度,定期对本单位食品安全状况进行检查评价。生产经营条件发生变化,不符合食品生产经营要求的,食品生产经营者应当立即采取整改措施;有发生食品安全事故的潜在风险的,应当立即停止食品生产经营活动,并向所在地县级人民政府食品药品监督管理部门报告。

另外,国家建立食品全程追溯制度。国务院食品药品监督管理部门会同国务院农业行政等有关部门建立食品和食用农产品全程追溯协作机制。食品生产经营企业应当依照《食品安全法》的规定,建立食品追溯体系,保证食品可追溯。鼓励食品生产经营企业采用信息化手段建立食品追溯体系。国家鼓励食品生产经营企业参加食品安全责任保险。

五、预包装食品

预包装食品,是指预先包装或者制作在包装材料和容器中的食品。预包装食品的包装上应当有标签。标签应当标明下列事项:

(1) 名称、规格、净含量、生产日期;
(2) 成分或者配料表;
(3) 生产者的名称、地址、联系方式;
(4) 保质期;
(5) 产品标准代号;
(6) 贮存条件;
(7) 所使用的食品添加剂在国家标准中的通用名称;
(8) 生产许可证编号;
(9) 法律、法规或者食品安全标准规定必须标明的其他事项。

专供婴幼儿和其他特定人群的主辅食品,其标签还应当标明主要营养成分及其含量。食品经营者应当按照食品标签标示的警示标志、警示说明或者注意事项的要求,销售预包装食品。

六、保健食品

保健食品的研制、生产、销售都必须遵守《食品安全法》的有关规定。卫生部于 1996 年 3 月 15 日颁布了《保健食品管理办法》,此后又相继制定了《保健食品检验与评价技术规范》《保健食品良好生产规范》《食品企业通用卫生规范》等一系列行政规章。根据《保健食品管理办法》的规定,保健食品是指适宜于特定人群食用,具有调节机体功能,不以治疗疾病为目的的食品。可见保健食品虽有特定的保健作用,但与药品有本质区别。

《保健食品管理办法》第 5 条规定,保健食品、保健食品说明书都要实行审批制度。保健食品的研制应首先经过省级卫生行政部门初审后,报卫生部审批,审批合格者卫生部发给《保健食品批准证书》。《保健食品管理办法》第 11 条还规定,已由国家有关部门批准生产经营的药品不得再申请《保健食品批准证书》;第 14 条规定,已获得《保健食品批准证书》的生产企业应向省级卫生行政部门申请《食品卫生许可证》,并应在卫生许可证上加注"××保健食品"的许可项目后方可进行生产。此外,《保健食品管理办法》第 21—25 条规定了保健食品的标签、说明书及广告宣传中禁止有治疗疾病和封建迷信的内容;第 20 条规定凡保健食品经营者,必须向生产单位索取卫生部颁发的《保健食品批准证书》复印件及产品检验合格证;第 26 条各级卫生行政部门负责对保健食品进行重新审查,抽查管理,随时监督保健食品的质量。

从 1996 年开始,保健食品的审批文号不再与药品批号混在一起,而采用专用的"卫生健字"批号。国家对声称具有特定保健功能的食品实行严格监管。声称具有特定保健功能的食品不得对人体产生急性、亚急性或者慢性危害,其标签、说明书不得涉及疾病预防、治疗功能,内容必须真实,应当载明适宜人群、不适宜人群、功效成分或者标志性成分及其含量等;产品的功能和成分必须与标签、说明书相一致。从2003年底开始,保健食品的审批改由国家食品药品监督管理局负责。

七、食品添加剂的使用

食品添加剂是指食品生产、加工、调配、包装、运送、贮藏等过程中,用以着色、调味、防腐、乳化、增加香味、增加稠度、防止氧化等而添加或接触的可食用的物质。为保证食品卫生,我国对食品添加剂的卫生质量、使用范围及用量都有严格的规定,先后颁布了许多食品添加剂使用卫生标准,并于2002年3月28日,由卫生部颁布了《食品添加剂卫生管理办法》。该《办法》对新食品添加剂的开发、利用,对食品添加剂的进口、生产及使用都作出了明确规定。食品添加剂说明书,是指用以说明食品添加剂的名称、成分、使用方法、生产者或者销售者等相关信息,通常含有比标签更多的信息,置于食品添加剂的外包装内。

食品生产者应当依照食品安全标准关于食品添加剂的品种、使用范围、用量的规定使用食品添加剂;不得在食品生产中使用食品添加剂以外的化学物质和其他可能危害人体健康的物质。

另外,生产经营的食品中不得添加药品,但是可以添加按照传统既是食品又是中药材的物质。按照传统既是食品又是中药材的物质的目录由国务院卫生行政部门制定、公布。

八、食品和食品添加剂的标签、说明书

食品标签,是指在食品包装容器上或附于食品包装容器上的一切附签、吊牌、文字、图形、符号说明物。其基本功能是通过对被标识食品的名称、配料表、净含量、生产者名称、批号、生产日期等进行清晰、准确的描述,科学地向消费者传达该食品的质量特性、安全特性及食用、饮用说明等信息。

《食品安全法》规定,生产经营和使用食品添加剂,必须符合食品添加剂使用卫生标准和卫生管理办法的规定;不符合卫生标准和卫生管理办法的不得经营、使用。

食品和食品添加剂的标签、说明书,不得含有虚假、夸大的内容,不得涉及疾病预防、治疗功能。生产者以标签、说明书上所载明的内容负责。食品和食品添加剂的标签、说明书应当清楚、明显,容易辨识。食品和食品添加剂与其标签、说明书所载明的内容不符的,不得上市销售。

九、食品广告

食品广告的内容应当真实合法,不得含有虚假内容,不得涉及疾病预防、治疗功能。食品生产经营者对食品广告内容的真实性、合法性负责。县级以上人民政府食品药品监督管理部门和其他有关部门以及食品检验机构、食品行业协会不得以广告或者其他形式向消费者推荐食品。消费者组织不得以收取费用或者其他牟取利益的方式向消费者推荐食品。

广告经营者、发布者设计、制作、发布虚假食品广告,使消费者的合法权益受到损害的,应当与食品生产经营者承担连带责任。社会团体或者其他组织、个人在虚假广告或者其他虚假宣传中向

消费者推荐食品,使消费者的合法权益受到损害的,应当与食品生产经营者承担连带责任。

第五节 食品召回制度

《食品安全法》第63条规定:"国家建立食品召回制度。食品生产者发现其生产的食品不符合食品安全标准或者有证据证明可能危害人体健康的,应当立即停止生产,召回已经上市销售的食品,通知相关生产经营者和消费者,并记录召回和通知情况。"

一、食品召回的概念

1. 不安全食品的概念

不安全食品,是指有证据证明对人体健康已经或可能造成危害的食品,包括:已经诱发食品污染、食源性疾病或对人体健康造成危害甚至死亡的食品;可能引发食品污染、食源性疾病或对人体健康造成危害的食品;含有对特定人群可能引发健康危害的成分而在食品标签和说明书上未予以标识,或标识不全、不明确的食品;有关法律、法规规定的其他不安全食品。

2. 召回的概念

食品召回不是一个陌生的概念,它是国际通行的一种食品安全事后监管有效措施。国家质检总局于2007年8月27日正式颁布、实施《食品召回管理规定》,这是我国首次以国家的名义出台食品召回相关办法。《食品召回管理规定》第4条明确规定,食品召回"是指食品生产者按照规定程序,对由其生产原因造成的某一批次或类别的不安全食品,通过换货、退货、补充或修正消费说明等方式,及时消除或减少食品安全危害的活动"。

二、食品召回的实施

1. 食品召回级别

根据食品安全危害的严重程度,食品召回级别分为三级:

(1) 一级召回。已经或可能诱发食品污染、食源性疾病等对人体健康造成严重危害甚至死亡的,或者流通范围广、社会影响大的不安全食品的召回。

(2) 二级召回。已经或可能引发食品污染、食源性疾病等对人体健康造成危害,危害程度一般或流通范围较小、社会影响较小的不安全食品的召回。

(3) 三级召回。已经或可能引发食品污染、食源性疾病等对人体健康造成危害,危害程度轻微的,或者属于《食品召回管理规定》第3条第(3)项规定的不安全食品的召回。

2. 主动召回从轻处罚

按照《食品召回管理规定》的要求,一旦确认食品属于应当召回的不安全食品范畴,食品生产者应当立即停止生产和销售不安全食品,并向社会发布召回有关信息——这是主动召回。

食品生产者必须提交相关食品召回计划,主要内容包括:

(1) 停止生产不安全食品的情况;

(2) 通知销售者停止销售不安全食品的情况;

(3) 通知消费者停止消费不安全食品的情况;

(4) 食品安全危害的种类、产生的原因、可能受影响的人群、严重和紧急程度;

(5) 召回措施的内容,包括实施组织、联系方式以及召回的具体措施、范围和时限等;

(6) 召回的预期效果;

(7) 召回食品后的处理措施。

除此之外,在以下三种情况下,质检总局应当责令食品生产者召回不安全食品:一是食品生产者故意隐瞒食品危害,或者食品生产者应当主动召回而不采取行动的;二是由于食品生产者的过错造成食品安全危害扩大或再度发生的;三是国家监督抽查中发现食品生产者生产的食品存在安全隐患,可能对人体健康和生命安全造成损害的。

食品生产者在接到责令召回通知书后,应当立即停止生产和销售不安全食品。不同的食品召回类型对食品生产者提交的召回计划要求不同,主动召回要求在所在地的省级质监部门备案,而责令召回则要求通过所在地的省级质监部门报国家质检总局核准。值得一提的是,在食品召回的法律责任方面,食品生产者在实施食品召回的同时,不免除其承担其他法律责任,但主动实施召回的,可依法从轻或减轻处罚。

3. 食品召回时限

需要明确的是,根据不同的召回级别,《食品召回管理规定》对食品召回的具体行动规定了不同的时限要求。

在主动召回中,自确认食品属于应当召回的不安全食品之日起,一级召回应当在1日内,二级召回应当在2日内,三级召回应当在3日内,通知有关销售者停止销售,通知消费者停止消费。同时,一级召回应在3日内,二级召回应在5日内,三级召回应在7日内,食品生产者通过所在地的市级质监部门向省级质监部门提交食品召回计划。此外,自召回实施之日起,一级召回每3日,二级召回每7日,三级召回每15日,通过所在地的市级质监部门向省级质监部门提交食品召回阶段性进展报告。

4. 食品召回制度的评估与监督

食品生产者应当保存召回记录,主要内容包括食品召回的批次、数量、比例、原因、结果等。食品生产者应当在食品召回时限期满15日内,向所在地的省级质监部门提交召回总结报告;责令召回的,应当报告国家质检总局。

食品生产者所在地的省级质监部门应当组织专家委员会对召回总结报告进行审查,对召回效果进行评估,并书面通知食品生产者审查结论;责令召回的,应当上报国家质检总局备案。食品生产者所在地的省级以上质监部门审查认为召回未达到预期效果的,通知食品生产者继续或再次进行食品召回。

食品生产者应当及时对不安全食品进行无害化处理;根据有关规定应当销毁的食品,应当及时予以销毁。食品生产者对召回食品的后处理应当有详细的记录,并向所在地的市级质监部门报告,接受市级质监部门监督。市级以上质监部门应当在规定的职权范围内对食品生产者召回进展情况和召回食品的后处理过程进行监督。

此外,任何单位和个人可以对违反《食品召回管理规定》的行为或有关召回情况,向各级质量技术监督部门投诉或举报,食品生产者不得以任何手段限制。受理投诉或举报的部门应当及时调查处理并为举报人保密。

第六节 食品安全事故处置

一、食品安全事故应急预案

食品安全事故,是指食物中毒、食源性疾病、食品污染等源于食品,对人体健康有危害或者可能有危害的事故。食物中毒,是指食用了被有毒、有害物质污染的食品或者食用于含有毒、有害物质的食品后出现的急性、亚急性疾病。食源性疾病,是指食品中致病因素进入人体引起的感染性、中毒性等疾病。

国务院组织制定国家食品安全事故应急预案。县级以上地方人民政府应当根据有关法律、法规的规定和上级人民政府的食品安全事故应急预案以及本地区的实际情况,制定本行政区域的食品安全事故应急预案,并报上一级人民政府备案。食品生产经营企业应当制定食品安全事故处置方案,定期检查本企业各项食品安全防范措施的落实情况,及时消除食品安全事故隐患。

二、食品安全事故的报告和通报

1. 发生食物中毒的单位和接收病人进行治疗的医疗机构,应及时向所在地卫生行政部门报告。

2. 县级以上各级人民政府卫生行政部门接到报告后,应及时查处,并采取控制措施。

3. 卫生行政紧急报告的规定:

(1) 中毒人数超过30人的,应在6小时内报同级政府和上一级卫生行政部门;

(2) 中毒人数超过100人或死亡1人以上的,应在6小时内上报卫生部,并同时报告同级政府和上级卫生行政部门;

(3) 若中毒发生在学校、地区性或全国性重要活动期间的,也应在6小时内上报卫生部,并同时报告当地政府和上一级卫生行政部门。

4. 通报制度的规定。

县级以上地方卫生行政部门接到跨辖区的食物中毒报告,应通知有关辖区卫生行政部门,并同时上报共同的上级卫生行政部门。

5. 县级以上地方卫生行政部门应每季度向社会公布食物中毒情况及处理结果,应定期向有关部门通报食物中毒事故发生情况。

三、食品安全事故应急措施

1. 县以上地方卫生行政部门接到食物中毒或可疑食物中毒报告后,应立即采取下列措施:

(1) 开展应急救援工作,组织救治因食品安全事故导致人身伤害的人员;

(2) 封存可能导致食品安全事故的食品及其原料,并立即进行检验;对确认属于被污染的食品及其原料,责令食品生产经营者依照规定召回或者停止经营;

(3) 封存被污染的食品相关产品,并责令进行清洗消毒;

(4) 做好信息发布工作,依法对食品安全事故及其处理情况进行发布,并对可能产生的危害加以解释、说明。

2. 对已造成食物中毒事故或者有证据证明可能导致食物中毒事故的,可以对该食品生产经营者采取下列临时控制措施:

(1) 封存造成食物中毒或可能导致食物中毒的食品及其原料;

(2) 封存被污染的食品工具及用具,并监督企业进行清洗消毒;

(3) 责令生产经营者收回已出售的引起中毒或可能引起中毒的食品;

(4) 经检验,证明属污染的食品,予以销毁或监督销毁。

3. 责令生产经营单位立即停止生产经营活动,协助医疗机构救治中毒者,配合卫生部门进行现场调查。

四、食品安全事故责任调查

发生重大食品安全事故,设区的市级以上人民政府卫生行政部门应当立即会同有关部门进行事故责任调查,督促有关部门履行职责,向本级人民政府提出事故责任调查处理报告。发生食品安全事故,县级以上疾病预防控制机构应当协助卫生行政部门和有关部门对事故现场进行卫生处理,并对与食品安全事故有关的因素开展流行病学调查。

调查食品安全事故,除了查明事故单位的责任,还应当查明负有监督管理和认证职责的监督管理部门、认证机构的工作人员失职、渎职情况。

第七节 食品安全的管理与监督

一、食品安全管理

县级以上人民政府食品药品监督管理、质量监督部门根据食品安全风险监测、风险评估结果和食品安全状况等,确定监督管理的重点、方式和频次,实施风险分级管理。县级以上地方人民政府组织本级食品药品监督管理、质量监督、农业行政等部门制定本行政区域的食品安全年度监督管理计划,向社会公布并组织实施。

食品安全年度监督管理计划应当将下列事项作为监督管理的重点:

(1) 专供婴幼儿和其他特定人群的主辅食品;

(2) 保健食品生产过程中的添加行为和按照注册或者备案的技术要求组织生产的情况,保健食品标签、说明书以及宣传材料中

有关功能宣传的情况;

(3)发生食品安全事故风险较高的食品生产经营者;

(4)食品安全风险监测结果表明可能存在食品安全隐患的事项。

二、食品安全监督

县级以上人民政府食品药品监督管理、质量监督部门履行各自食品安全监督管理职责,有权采取下列措施,对生产经营者遵守本法的情况进行监督检查:

(1)进入生产经营场所实施现场检查;

(2)对生产经营的食品、食品添加剂、食品相关产品进行抽样检验;

(3)查阅、复制有关合同、票据、账簿以及其他有关资料;

(4)查封、扣押有证据证明不符合食品安全标准或者有证据证明存在安全隐患以及用于违法生产经营的食品、食品添加剂、食品相关产品;

(5)查封违法从事生产经营活动的场所。

对食品安全风险评估结果证明食品存在安全隐患,需要制定、修订食品安全标准的,在制定、修订食品安全标准前,国务院卫生行政部门应当及时会同国务院有关部门规定食品中有害物质的临时限量值和临时检验方法,作为生产经营和监督管理的依据。县级以上人民政府食品药品监督管理部门在食品安全监督管理工作中可以采用国家规定的快速检测方法对食品进行抽查检测。

第八节 法律责任

根据《食品安全法》的规定,食品生产经营者如有违法行为,则应承担行政责任、民事责任及刑事责任。同时《刑法》第143条、第144条还规定了生产、销售不符合安全标准的食品罪以及生产、销售有毒、有害食品罪。

一、行政责任

(一)行政处罚

1. 违反《食品安全法》规定,未取得食品生产经营许可从事食品生产经营活动,或者未取得食品添加剂生产许可从事食品添加剂生产活动的,由县级以上人民政府食品药品监督管理部门没收违法所得和违法生产经营的食品、食品添加剂以及用于违法生产经营的工具、设备、原料等物品;违法生产经营的食品、食品添加剂货值金额不足1万元的,并处5万元以上10万元以下罚款;货值金额1万元以上的,并处货值金额10倍以上20倍以下罚款。

明知从事前述违法行为,仍为其提供生产经营场所或者其他条件的,由县级以上人民政府食品药品监督管理部门责令停止违法行为,没收违法所得,并处5万元以上10万元以下罚款;使消费者的合法权益受到损害的,应当与食品、食品添加剂生产经营者承担连带责任。

2. 食品生产经营者有下列情形之一的,由有关主管部门按照各自职责分工,没收违法所得、违法生产经营的食品和用于违法生产经营的工具、设备、原料等物品;违法生产经营的食品货值金额不足1万元的,并处10万元以上15万元以下罚款;货值金额1万元以上的,并处货值金额15倍以上30倍以下罚款;情节严重的,吊销许可证,并可以由公安机关对其直接负责的主管人员和其他直接责任人员处5日以上15日以下拘留:

(1) 用非食品原料生产食品、在食品中添加食品添加剂以外的化学物质和其他可能危害人体健康的物质,或者用回收食品作为原料生产食品,或者经营上述食品;

(2) 生产经营营养成分不符合食品安全标准的专供婴幼儿和其他特定人群的主辅食品;

(3) 经营病死、毒死或者死因不明的禽、畜、兽、水产动物肉类,或者生产经营其制品;

(4) 经营未按规定进行检疫或者检疫不合格的肉类,或者生产经营未经检验或者检验不合格的肉类制品;

(5) 生产经营国家为防病等特殊需要明令禁止生产经营的食品;

(6) 生产经营添加药品的食品。明知从事上述规定的违法行为,仍为其提供生产经营场所或者其他条件的,由县级以上人民政府食品药品监督管理部门责令停止违法行为,没收违法所得,并处10万元以上20万元以下罚款;使消费者的合法权益受到损害的,应当与食品生产经营者承担连带责任。

3. 食品生产经营者有下列情形之一的,尚不构成犯罪的,由县级以上人民政府食品药品监督管理部门没收违法所得和违法生产经营的食品、食品添加剂,并可以没收用于违法生产经营的工具、设备、原料等物品;违法生产经营的食品、食品添加剂货值金额不足1万元的,并处5万元以上10万元以下罚款;货值金额1万元以上的,并处货值金额10倍以上20倍以下罚款;情节严重的,吊销许可证:

（1）生产经营致病性微生物、农药残留、兽药残留、生物毒素、重金属等污染物质以及其他危害人体健康的物质含量超过食品安全标准限量的食品、食品添加剂；

（2）用超过保质期的食品原料、食品添加剂生产食品、食品添加剂，或者经营上述食品、食品添加剂；

（3）生产经营超范围、超限量使用食品添加剂的食品；

（4）生产经营腐败变质、油脂酸败、霉变生虫、污秽不洁、混有异物、掺假掺杂或者感官性状异常的食品、食品添加剂；

（5）生产经营标注虚假生产日期、保质期或者超过保质期的食品、食品添加剂；

（6）生产经营未按规定注册的保健食品、特殊医学用途配方食品、婴幼儿配方乳粉，或者未按注册的产品配方、生产工艺等技术要求组织生产；

（7）以分装方式生产婴幼儿配方乳粉，或者同一企业以同一配方生产不同品牌的婴幼儿配方乳粉；

（8）利用新的食品原料生产食品，或者生产食品添加剂新品种，未通过安全性评估；

（9）食品生产经营者在食品药品监督管理部门责令其召回或者停止经营后，仍拒不召回或者停止经营。

4. 食品生产经营者有下列情形之一的，由县级以上人民政府食品药品监督管理部门没收违法所得和违法生产经营的食品、食品添加剂，并可以没收用于违法生产经营的工具、设备、原料等物品；违法生产经营的食品、食品添加剂货值金额不足 1 万元的，并处 5000 元以上 5 万元以下罚款；货值金额 1 万元以上的，并处货值金额 5 倍以上 10 倍以下罚款；情节严重的，责令停产停业，直至吊销许可证：

（1）生产经营被包装材料、容器、运输工具等污染的食品、食品添加剂；

（2）生产经营无标签的预包装食品、食品添加剂或者标签、说明书不符合本法规定的食品、食品添加剂；

（3）生产经营转基因食品未按规定进行标示；

（4）食品生产经营者采购或者使用不符合食品安全标准的食品原料、食品添加剂、食品相关产品。

生产经营的食品、食品添加剂的标签、说明书存在瑕疵但不影响食品安全且不会对消费者造成误导的，由县级以上人民政府食品药品监督管理部门责令改正；拒不改正的，处2000元以下罚款。

5. 食品生产经营者有下列情形之一的，由县级以上人民政府食品药品监督管理部门责令改正，给予警告；拒不改正的，处5000元以上5万元以下罚款；情节严重的，责令停产停业，直至吊销许可证：

（1）食品、食品添加剂生产者未按规定对采购的食品原料和生产的食品、食品添加剂进行检验；

（2）食品生产经营企业未按规定建立食品安全管理制度，或者未按规定配备或者培训、考核食品安全管理人员；

（3）食品、食品添加剂生产经营者进货时未查验许可证和相关证明文件，或者未按规定建立并遵守进货查验记录、出厂检验记录和销售记录制度；

（4）食品生产经营企业未制定食品安全事故处置方案；

（5）餐具、饮具和盛放直接入口食品的容器，使用前未经洗净、消毒或者清洗消毒不合格，或者餐饮服务设施、设备未按规定定期维护、清洗、校验；

（6）食品生产经营者安排未取得健康证明或者患有国务院卫

生行政部门规定的有碍食品安全疾病的人员从事接触直接入口食品的工作；

（7）食品经营者未按规定要求销售食品；

（8）保健食品生产企业未按规定向食品药品监督管理部门备案，或者未按备案的产品配方、生产工艺等技术要求组织生产；

（9）婴幼儿配方食品生产企业未将食品原料、食品添加剂、产品配方、标签等向食品药品监督管理部门备案；

（10）特殊食品生产企业未按规定建立生产质量管理体系并有效运行，或者未定期提交自查报告；食品生产经营者未定期对食品安全状况进行检查评价，或者生产经营条件发生变化，未按规定处理；学校、托幼机构、养老机构、建筑工地等集中用餐单位未按规定履行食品安全管理责任；食品生产企业、餐饮服务提供者未按规定制定、实施生产经营过程控制要求。

6. 食品生产经营者有下列情形之一的，尚不构成犯罪的，由出入境检验检疫机构依照没收违法所得和违法进口的食品、食品添加剂；违法进口的食品、食品添加剂货值金额不足 1 万元的，并处 5 万元以上 10 万元以下罚款；货值金额 1 万元以上的，并处货值金额 10 倍以上 20 倍以下罚款；情节严重的，吊销许可证：

（1）提供虚假材料，进口不符合我国食品安全国家标准的食品、食品添加剂、食品相关产品；

（2）进口尚无食品安全国家标准的食品，未提交所执行的标准并经国务院卫生行政部门审查，或者进口利用新的食品原料生产的食品或者进口食品添加剂新品种、食品相关产品新品种，未通过安全性评估；

（3）未遵守《食品安全法》的规定出口食品；

（4）进口商品在有关主管部门责令其依照《食品安全法》规定

召回进口的食品后,仍拒不召回。

(二) 行政处分

1. 食品检验机构、食品检验人员出具虚假检验报告的,由授予其资质的主管部门或者机构撤销该检验机构的检验资格;依法对检验机构直接负责的主管人员和食品检验人员给予撤职或者开除的处分。

违反《食品安全法》的规定,受到刑事处罚或者开除处分的食品检验机构人员,自刑罚执行完毕或者处分决定作出之日起10年内不得从事食品检验工作。食品检验机构聘用不得从事食品检验工作的人员的,由授予其资质的主管部门或者机构撤销该检验机构的检验资格。

2. 县级以上地方人民政府、县级以上人民政府食品药品监督管理、卫生行政、质量监督、农业行政等部门违反《食品安全法》的相关规定,对直接负责的主管人员和其他直接责任人员给予记大过处分;情节较重的,给予降级或者撤职处分;情节严重的,给予开除处分;造成严重后果的,其主要负责人还应当引咎辞职。

3. 食品安全监督管理部门或者承担食品检验职责的机构、食品行业协会、消费者协会以广告或者其他形式向消费者推荐食品的,由有关主管部门没收违法所得,依法对直接负责的主管人员和其他直接责任人员给予记大过、降级或者撤职的处分,情节严重的,给予开除处分。

二、民事责任

1. 违反《食品安全法》的规定,造成人身、财产或者其他损害的,依法承担赔偿责任。生产不符合食品安全标准的食品或者销售明知是不符合食品安全标准的食品,消费者除要求赔偿损失外,还可以向生产者或者经营者要求支付价款10倍或者损失3倍的赔偿金。

2. 违反《食品安全法》的规定,应当承担民事赔偿责任和缴纳罚款、罚金,其财产不足以同时支付时,先承担民事赔偿责任。

三、刑事责任

《食品安全法》规定了生产经营者违法构成犯罪的刑事责任。《刑法》也对此作出了相应的规定:

1. 生产经营不符合安全标准的食品,足以造成严重食物中毒事故或其他严重食源性疾病的,构成生产、销售不符合安全标准的食品罪。《刑法》第143条规定:"生产、销售不符合食品安全标准的食品,足以造成严重食物中毒事故或者其他严重食源性疾病的,处3年以下有期徒刑或者拘役,并处罚金;对人体健康造成严重危害或者有其他严重情节的,处3年以上7年以下有期徒刑,并处罚金;后果特别严重的,处7年以上有期徒刑或者无期徒刑,并处罚金或者没收财产。"

2. 在生产销售的食品中掺入有毒、有害的非食品原料的,或销售明知掺有有毒、有害的非食品原料的食品的,构成生产、销售有毒、有害食品罪。依据《刑法》第144条规定:"在生产、销售的食品中掺入有毒、有害的非食品原料的,或者销售明知掺有有毒、有害的非食品原料的食品的,处5年以下有期徒刑,并处罚金;对人体健康造成严重危害或者有其他严重情节的,处5年以上10年以下有期徒刑,并处罚金;致人死亡或者有其他特别严重情节的,依照本法第141条的规定处罚。"为保证食品卫生监督管理工作的进行,《食品安全法》中对食品卫生监督管理人员因渎职行为造成重大事故,构成犯罪的,以及生产经营者使用暴力、威胁的手段阻碍食品卫生监督人员执行公务的,均规定了刑事责任。

第八章 消毒产品卫生法律制度

一、消毒产品的概念

消毒产品,是指消毒剂、消毒器械(含生物指示物、化学指示物和灭菌物品包装物)、卫生用品和一次性使用医疗用品。

二、消毒产品的生产经营

(一) 消毒产品的生产

1. 消毒产品生产企业卫生许可

消毒剂、消毒器械、卫生用品和一次性使用医疗用品的生产企业应当取得所在地省级卫生行政部门发放的卫生许可证后,方可从事消毒产品的生产。消毒产品生产企业卫生许可证的生产项目分为消毒剂类、消毒器械类、卫生用品类和一次性使用医疗用品类。消毒产品生产企业卫生许可证有效期限为4年,每年复核1次。

2. 消毒产品的备案和许可

卫生用品和一次性使用医疗用品在投放市场前应当向省级卫生行政部门备案;生产消毒剂、消毒器械应当按照规定取得卫生部颁发的消毒剂、消毒器械卫生许可批件。消毒剂、消毒器械卫生许可批件的有效期为4年。

3. 进口消毒产品的备案和许可

进口卫生用品和一次性使用医疗用品在首次进入中国市场销

售前应当向卫生部备案;申请进口消毒剂、消毒器械卫生许可批件的,应当直接向卫生部提出申请。消毒剂、消毒器械卫生许可批件的有效期为4年。

4. 消毒产品卫生管理

消毒产品应当符合国家有关规范、标准和规定。消毒产品的生产应当符合国家有关规范、标准和规定,对生产的消毒产品应当进行检验,不合格的不得出厂。

5. 消毒产品标签

消毒产品的命名、标签(含说明书)应当符合有关规定。消毒产品的标签(含说明书)和宣传内容必须真实,不得出现或暗示对疾病的治疗效果。

(二) 消毒产品的经营

经营者采购消毒产品时,应当索取下列有效证件:

(1) 生产企业卫生许可证复印件;

(2) 产品备案凭证或者卫生许可批件复印件。有效证件的复印件应当加盖原件持有者的印章。

(三) 禁止生产经营的消毒产品

禁止生产经营下列消毒产品:

(1) 无生产企业卫生许可证、产品备案凭证或卫生许可批件的;

(2) 产品卫生质量不符合要求的。

三、卫生监督

县级以上卫生行政部门对消毒产品以及消毒工作进行监督管理,并行使下列职权:

(1) 对有关机构、场所和物品的消毒工作进行监督检查;

（2）对消毒产品生产企业执行《消毒产品生产企业卫生规范》情况进行监督检查；

（3）对消毒产品的卫生质量进行监督检查；

（4）对消毒服务机构的消毒服务质量进行监督检查；

（5）对违反消毒管理办法的行为采取行政控制措施；

（6）对违反消毒管理办法的行为给予行政处罚。

四、法律责任

（一）行政责任

卫生行政部门对有下列行为之一的，应当责令其限期改正、并可以依法处以一定数额的罚款：

（1）生产企业未取得卫生许可批准文号擅自生产消毒药剂、消毒器械的；

（2）消毒产品不符合卫生标准的；

（3）生产企业未取得消毒产品生产企业卫生许可证擅自生产的；

（4）生产企业不符合消毒产品企业生产规范的；

（5）经营企业经营未获得卫生许可批件的消毒产品的；

（6）医疗保健机构使用未获得卫生许可批件的消毒产品的；

（7）用于传染病防治的消毒产品不符合国家卫生标准和卫生规范可能导致传染病传播、流行的；

（8）医疗保健机构使用的一次性使用的医疗用品，用后未销毁处理的；

（9）消毒服务机构消毒后的物品未达到卫生标准和要求的。

《传染病防治法》规定，用于传染病防治的消毒产品不符合国家卫生标准和卫生规范，导致或者可能导致传染病传播、流行的，由县级以上人民政府卫生行政部门责令限期改正,没收违法所得,可以并处5万元以下的罚款;已取得许可证的,原发证部门可以依法暂扣或者吊销许可证。

(二) 民事责任

违反《消毒产品生产企业卫生规范》的规定,生产、销售、使用消毒产品或提供消毒服务,引发感染性疾病发生或造成其他损害的,承担相应的民事责任。

(三) 刑事责任

《刑法》也对生产、销售伪劣消毒产品作出了相应的规定。《刑法》第140条规定了生产、销售伪劣产品罪。生产者、销售者在产品中掺杂、掺假,以假乱真,以次充好或者以不合格产品冒充合格产品,销售金额5万元以上不满20万元的,处2年以下有期徒刑或者拘役,并处或者单处销售金额50%以上2倍以下罚金;销售金额20万元以上不满50万元的,处2年以上7年以下有期徒刑,并处销售金额50%以上2倍以下罚金;销售金额50万元以上不满200万元的,处7年以上有期徒刑,并处销售金额50%以上2倍以下罚金;销售金额200万元以上的,处15年有期徒刑或者无期徒刑,并处销售金额50%以上2倍以下罚金或者没收财产。

第九章　突发公共卫生事件应急管理法律制度

第一节　突发公共卫生事件概述

一、突发公共卫生事件的概念

《突发公共卫生事件应急条例》第2条规定,突发公共卫生事件,是指突然发生,造成或者可能造成社会公众健康严重损害的重大传染病疫情、群体性不明原因疾病、重大食物和职业中毒以及其他严重影响公众健康的事件。

二、突发公共卫生事件的特点

(一) 突发性

突发公共卫生事件一个最主要的特点是,事件的发生突如其来,往往是在人们没有预料和防备的情况下。突发事件在什么时间、什么地点、以什么方式发生,发生、发展到什么程度等,都是始料未及的,难以准确把握和预测的。

(二) 公共卫生性

公共卫生性是指突发事件发生在公共卫生领域,具有公共卫生属性,并且针对不特定的公众群体,对社会公众健康造成或可能造成严重损害,引起公众高度关注、引发社会担忧甚至恐慌。

(三) 危害严重性

突发公共卫生事件的成因很多,如各种烈性传染病、各种自然灾害等,再加上突发公共卫生事件的偶然性、突发性、未知性,以及公共卫生性,使其一旦发生,很可能导致严重公共卫生问题的蔓延性和传导性。所以,公共卫生事件不但影响我们的健康,还影响社会的稳定,影响经济的发展,重大的卫生事件对政治都有很大的影响。所以,突发公共卫生事件具有严重的危害性。

三、突发公共卫生事件的分类

(一) 根据事件的表现形式可将突发公共卫生事件分为以下两类:

1. 在一定时间、一定范围、一定人群中,当病例数累计达到规定预警值时所形成的事件。例如,传染病、不明原因疾病、中毒(食物中毒、职业中毒)、预防接种反应、菌种、毒株丢失等,以及县以上卫生行政部门认定的其他突发公共卫生事件。

2. 在一定时间、一定范围,当环境危害因素达到规定预警值时形成的事件,病例为事后发生,也可能无病例。例如,生物、化学、核和辐射事件(发生事件时尚未出现病例),包括传染病菌种、毒株丢失;病媒、生物、宿主相关事件;化学物泄漏事件、放射源丢失、受照、核污染辐射及其他严重影响公众健康事件(尚未出现病例或病例事后发生)。

(二) 根据事件的成因和性质,突发公共卫生事件可分为以下四类:

1. 重大传染病疫情

重大传染病疫情是指某种传染病在短时间内发生、波及范围广泛,出现大量的病人或死亡病例,其发病率远远超过常年的发病率水平。

2. 群体性不明原因疾病

群体性不明原因疾病是指在短时间内,某个相对集中的区域内,同时或者相继出现具有共同临床表现病人,且病例不断增加,范围不断扩大,又暂时不能明确诊断的疾病。

3. 重大食物中毒和职业中毒

重大食物中毒和职业中毒事件是指由于食品污染和职业危害的原因,而造成的人数众多或者伤亡较重的中毒事件。

4. 其他严重影响公众健康事件

其他严重影响公众健康事件,包括新发传染性疾病、群体性预防接种反应和群体性药物反应,以及重大环境污染事故、核事故和放射事故、生物、化学、核辐射恐怖事件、自然灾害导致的人员伤亡和疾病流行等。

四、突发公共卫生事件的分级

(一)根据突发公共卫生事件的性质、危害程度、涉及范围,可分为特别重大(Ⅰ级)、重大(Ⅱ级)、较大(Ⅲ级)和一般(Ⅳ级)四级。

1. 有下列情形之一的,为特别重大突发公共卫生事件(Ⅰ级):

(1)肺鼠疫、肺炭疽在大、中城市发生并有扩散趋势,或肺鼠疫、肺炭疽疫情波及2个以上的省份,并有进一步扩散趋势;

(2)发生传染性非典型肺炎、人感染高致病性禽流感病例,并有扩散趋势;

(3)涉及多个省份的群体性不明原因疾病,并有扩散趋势;

(4)有新传染病或我国尚未发现的传染病发生或传入,并有扩散趋势,或发现我国已消灭的传染病重新流行;

（5）发生烈性病菌株、毒株、致病因子等丢失事件；

（6）周边以及与我国通航的国家和地区发生特大传染病疫情，并出现输入性病例，严重危及我国公共卫生安全的事件；

（7）国务院卫生行政部门认定的其他特别重大突发公共卫生事件。

2. 有下列情形之一的，为重大突发公共卫生事件（Ⅱ级）：

（1）在一个县（市）行政区域内，一个平均潜伏期内（6天）发生5例以上肺鼠疫、肺炭疽病例，或者相关联的疫情波及2个以上的县（市）；

（2）发生传染性非典型肺炎、人感染高致病性禽流感疑似病例；

（3）腺鼠疫发生流行，在一个市（地）行政区域内，一个平均潜伏期内多点连续发病20例以上，或流行范围波及2个以上市（地）；

（4）霍乱在一个市（地）行政区域内流行，1周内发病30例以上，或波及2个以上市（地），有扩散趋势；

（5）乙类、丙类传染病波及2个以上县（市），1周内发病水平超过前5年同期平均发病水平2倍以上；

（6）我国尚未发现的传染病发生或传入，尚未造成扩散；

（7）发生群体性不明原因疾病，扩散到县（市）以外的地区；

（8）发生重大医源性感染事件；

（9）预防接种或群体预防性服药出现人员死亡；

（10）食物中毒人数超过100人并出现死亡病例，或出现10例以上死亡病例；

（11）一次发生急性职业中毒50人以上，或死亡5人以上；

（12）境内外隐匿运输、邮寄烈性生物病原体、生物毒素造成我境内人员感染或死亡的；

（13）省级以上人民政府卫生行政部门认定的其他重大突发公共卫生事件。

3．有下列情形之一的，为较大突发公共卫生事件（Ⅲ级）：

（1）发生肺鼠疫、肺炭疽病例，一个平均潜伏期内病例数未超过 5 例，流行范围在一个县（市）行政区域以内；

（2）腺鼠疫发生流行，在一个县（市）行政区域内，一个平均潜伏期内连续发病 10 例以上，或波及 2 个以上县（市）；

（3）霍乱在一个县（市）行政区域内发生，一周内发病 10—29 例，或波及 2 个以上县（市），或市（地）级以上城市的市区首次发生；

（4）一周内在一个县（市）行政区域内，乙、丙类传染病发病水平超过前 5 年同期平均发病水平 1 倍以上；

（5）在一个县（市）行政区域内发现群体性不明原因疾病；

（6）一次食物中毒人数超过 100 人，或出现死亡病例；

（7）预防接种或群体预防性服药出现群体心因性反应或不良反应；

（8）一次发生急性职业中毒 10—49 人，或死亡 4 人以下；

（9）市（地）级以上人民政府卫生行政部门认定的其他较大突发公共卫生事件。

4．有下列情形之一的，为一般突发公共卫生事件（Ⅳ级）：

（1）腺鼠疫在一个县（市）行政区域内发生，一个平均潜伏期内病例数未超过 10 例；

（2）霍乱在一个县（市）行政区域内发生，一周内发病 9 例以下；

（3）一次食物中毒人数 30—99 人，未出现死亡病例；

(4) 一次发生急性职业中毒 9 人以下,未出现死亡病例;

(5) 县级以上人民政府卫生行政部门认定的其他一般突发公共卫生事件。

(二) 突发公共事件医疗卫生紧急救援分级

根据突发公共事件导致人员伤亡和健康危害情况,可将医疗卫生救援事件分为特别重大(Ⅰ级)、重大(Ⅱ级)、较大(Ⅲ级)和一般(Ⅳ级)四级。

1. 有下列情形之一的,为特别重大事件(Ⅰ级):

(1) 一次事件伤亡 100 人以上,且危重人员多,或者核事故和突发放射事件、化学品泄漏事故导致大量人员伤亡,事件发生地省级人民政府或有关部门请求国家在医疗卫生救援工作上给予支持的突发公共事件;

(2) 跨省(区、市)的有特别严重人员伤亡的突发公共事件;

(3) 国务院及其有关部门确定的其他需要开展医疗卫生救援工作的特别重大突发公共事件。

2. 有下列情形之一的,为重大事件(Ⅱ级):

(1) 一次事件伤亡 50 人以上、99 人以下,其中,死亡和危重病例超过 5 例的突发公共事件;

(2) 跨市(地)的有严重人员伤亡的突发公共事件;

(3) 省级人民政府及其有关部门确定的其他需要开展医疗卫生救援工作的重大突发公共事件。

3. 有下列情形之一的,为较大事件(Ⅲ级):

(1) 一次事件伤亡 30 人以上、49 人以下,其中,死亡和危重病例超过 3 例的突发公共事件;

(2) 市(地)级人民政府及其有关部门确定的其他需要开展医疗卫生救援工作的较大突发公共事件。

4. 有下列情形之一的,为一般事件(Ⅳ级):

(1) 一次事件伤亡10人以上、29人以下,其中,死亡和危重病例超过1例的突发公共事件;

(2) 县级人民政府及其有关部门确定的其他需要开展医疗卫生救援工作的一般突发公共事件。

第二节 突发公共卫生事件的预防与应急准备

一、突发公共卫生事件应急组织体系及职责

(一) 应急指挥机构

根据事件发生的影响力和范围,分为全国性、省级、地市级和县级突发公共卫生事件。国务院、省、自治区、直辖市人民政府、县级以上地方人民政府卫生行政主管部门分别为全国、省级、地市级和县级突发公共卫生事件的应急处理指挥机构。

1. 卫生部依照职责和预案的规定,在国务院统一领导下,负责组织、协调全国突发公共卫生事件应急处理工作,并根据突发公共卫生事件应急处理工作的实际需要,提出成立全国突发公共卫生事件应急指挥部。

2. 地方各级人民政府卫生行政部门依照职责和本预案的规定,在本级人民政府统一领导下,负责组织、协调本行政区域内突发公共卫生事件应急处理工作,并根据突发公共卫生事件应急处理工作的实际需要,向本级人民政府提出成立地方突发公共卫生事件应急指挥部的建议。

3. 各级人民政府根据本级人民政府卫生行政部门的建议和实际工作需要,决定是否成立国家和地方应急指挥部。

4. 地方各级人民政府及有关部门和单位要按照属地管理的原则,切实做好本行政区域内突发公共卫生事件应急处理工作。

(二) 日常管理机构

国务院卫生行政部门设立卫生应急办公室(突发公共卫生事件应急指挥中心),负责全国突发公共卫生事件应急处理的日常管理工作。

各省、自治区、直辖市人民政府卫生行政部门及军队、武警系统要参照国务院卫生行政部门突发公共卫生事件日常管理机构的设置及职责,结合各自实际情况,指定突发公共卫生事件的日常管理机构,负责本行政区域或本系统内突发公共卫生事件应急的协调、管理工作。

各市(地)级、县级卫生行政部门要指定机构负责本行政区域内突发公共卫生事件应急的日常管理工作。

(三) 专家咨询委员会

国务院卫生行政部门和省级卫生行政部门负责组建突发公共卫生事件专家咨询委员会。

市(地)级和县级卫生行政部门可根据本行政区域内突发公共卫生事件应急工作需要,组建突发公共卫生事件应急处理专家咨询委员会。

(四) 应急处理专业技术机构

医疗机构、疾病预防控制机构、卫生监督机构、出入境检验检疫机构是突发公共卫生事件应急处理的专业技术机构。应急处理专业技术机构要结合本单位职责开展专业技术人员处理突发公共卫生事件能力培训,提高快速应对能力和技术水平,在发生突发公共卫生事件时,要服从卫生行政部门的统一指挥和安排,开展应急处理工作。

二、突发公共卫生事件应急工作的原则

（一）预防为主，常备不懈

要提高全社会对突发公共卫生事件的防范意识，落实各项防范措施，做好人员、技术、物资和设备的应急储备工作。对各类可能引发突发公共卫生事件的情况要及时进行分析、预警，做到早发现、早报告、早处理。

（二）统一领导，分级负责

根据突发公共卫生事件的范围、性质和危害程度，对突发公共卫生事件实行分级管理。各级人民政府负责突发公共卫生事件应急处理的统一领导和指挥，各有关部门按照预案规定，在各自的职责范围内做好突发公共卫生事件应急处理的有关工作。

（三）依法规范，措施果断

地方各级人民政府和卫生行政部门要按照相关法律、法规和规章的规定，完善突发公共卫生事件应急体系，建立健全系统、规范的突发公共卫生事件应急处理工作制度，对突发公共卫生事件和可能发生的公共卫生事件作出快速反应，及时、有效开展监测、报告和处理工作。

（四）依靠科学，加强合作

突发公共卫生事件应急工作要充分尊重和依靠科学，要重视开展防范和处理突发公共卫生事件的科研和培训，为突发公共卫生事件应急处理提供科技保障。各有关部门和单位要通力合作、资源共享，有效应对突发公共卫生事件。要广泛组织、动员公众参与突发公共卫生事件的应急处理。

三、突发公共卫生事件应急工作主要内容

（一）制定突发公共卫生事件应急预案

国务院卫生行政主管部门按照分类指导、快速反应的要求，制定全国突发事件应急预案，报请国务院批准。省、自治区、直辖市人民政府根据全国突发事件应急预案，结合本地实际情况，制定本行政区域的突发事件应急预案。

全国突发事件应急预案应当包括以下主要内容：

（1）突发事件应急处理指挥部的组成和相关部门的职责；

（2）突发事件的监测与预警；

（3）突发事件信息的收集、分析、报告、通报制度；

（4）突发事件应急处理技术和监测机构及其任务；

（5）突发事件的分级和应急处理工作方案；

（6）突发事件预防、现场控制，应急设施、设备、救治药品和医疗器械以及其他物资和技术的储备与调度；

（7）突发事件应急处理专业队伍的建设和培训。

由于突发事件具有突发性、难以预料性，所以应急预案应当根据突发事件的变化和实施中发现的问题及时进行修订、补充。

（二）突发公共卫生事件监测、预警机制

我国预警机制建设已经有初步进展，基本做到县及以上医疗卫生机构网络直报，建立了信息相互通报的机制，增加了疫情信息的透明度，初步探讨传染病的预警界值等。预警分析是通过对突发公共卫生事件征兆进行监测、识别、诊断与评价并及时报警的管理活动；监测是预警分析的基础，而预警监控则是根据预警分析的结果，对灾害征兆的不良趋势进行纠正、预防与控制的管理活动。预警给人们提供事件可能发生的有效信息，指导有关部门和社会公

众及时采取相应的防范措施,从而达到预防控制突发公共卫生事件的作用。

1. 监测

国家建立统一的突发公共卫生事件监测、预警与报告网络体系。各级医疗、疾病预防控制、卫生监督和出入境检疫机构负责开展突发公共卫生事件的日常监测工作。

省级人民政府卫生行政部门要按照国家统一规定和要求,结合实际,组织开展重点传染病和突发公共卫生事件的主动监测。

国务院卫生行政部门和地方各级人民政府卫生行政部门要加强对监测工作的管理和监督,保证监测质量。

2. 预警

各级人民政府卫生行政部门根据医疗机构、疾病预防控制机构、卫生监督机构提供的监测信息,按照公共卫生事件的发生、发展规律和特点,及时分析其对公众身心健康的危害程度、可能的发展趋势,及时作出预警。

3. 监测与预警工作的具体要求

(1) 根据重大的传染病疫情、群体性不明原因疾病、重大食物和职业中毒等突发事件的类别进行;

(2) 监测计划的监控制定要根据突发事件的特点,有的放矢,如对重大的传染病疫情的监测,要根据不同传染病发病规律、传染源传播途径、易感染人群等环节制定相应的监测方案;

(3) 运用监测数据,进行科学分析,综合评估;

(4) 及时发现潜在的隐患;

(5) 按规定程序和时限报告。

四、突发公共卫生事件的应急储备制度

突发公共卫生事件的应急储备制度,是指国务院有关部门和县级以上地方人民政府及其有关部门,应当根据突发事件应急预案的要求,积极组织开展防治突发事件相关科学研究,建立突发事件应急有关的物资、设备、设施、技术与人才资源储备,并提供必要的经费支持制度。

突发公共卫生事件的应急储备工作涉及各个方面,因此要求各级人民政府有关部门各尽其职,通力配合,共同做好突发公共卫生事件的应急储备工作。例如,财政部门及时划拨应急经费,医药部门储备应急所需药品及医疗器械,交通部门负责保障应急物资的运输,各级政府做好应急储备物资各个环节工作落实的监督工作等。

突发公共卫生事件的应急储备工作的具体要求为:
(1) 组织开展防治突发事件相关科学研究;
(2) 拟定应急物资储备计划;
(3) 建立应急所需物资、设备、设施、技术及人才的储备;
(4) 建立应急经费的储备;
(5) 做好应急储备工作的监管,确保应急储备工作的落实。

五、急救医疗服务网络建设

基于突发公共卫生事件的突然性、爆发性、公共性等特点,往往会造成大范围公共群众的身心健康危害,且迅速蔓延,覆盖面广。所以,要求在一定地域范围内建立急救医疗服务网络。

急救医疗服务网络的建立主要以省、地两级为单位,按合理布局、科学决策、中央指导、地方负责、平战结合、统筹兼顾,中西医结

合、优势互补、科学建设、坚持标准、整体规划、分步实施的原则进行,主要包括医疗救济信息系统、医疗救治队伍和医疗救治机构三个方面。

县级以上各级人民政府应当加强急救医疗服务网络的建设,配备相应的医疗救治药物、技术、设备和人员,提高医疗卫生机构应对各类突发事件的救治能力。设区的市级以上地方人民政府应当设置与传染病防治工作需要相适应的传染病专科医院,或者指定具备传染病防治条件和能力的医疗机构承担传染病防治任务。

第三节 突发公共卫生事件的报告与信息发布

一、突发公共卫生事件的报告

突发公共卫生事件的报告,是指相关主体在发现有突发公共卫生事件或隐患时,在规定时限内将相关信息内容向各级人民政府及其有关工作部门进行汇报的制度。突发公共卫生事件及时准确的报告,是有效预防、及时控制和消除突发公共卫生事件和传染病的危害,保障公众身体健康与生命安全的关键,所以应重视突发公共卫生事件的报告与信息发布的管理工作。

(一)报告主体

1. 责任报告单位

负有突发公共卫生事件报告责任的单位包括:

(1)县级以上地方各级人民政府卫生主管部门指定的突发公共卫生事件监测机构;

(2)各级各类医疗卫生机构;

(3)各级人民政府卫生行政主管部门;

（4）县级以上地方人民政府；

（5）突发公共卫生事件的发生单位；

（6）其他有关单位，包括检验检疫机构、食品药品监督管理机构、环境保护监测机构、教育机构等负有监管群众健康和卫生保健工作职责的单位。

2. 责任报告人

负有突发公共卫生事件报告责任的个人主要包括：

（1）执行职务的医疗卫生机构的医务人员；

（2）检疫人员；

（3）疾病预防控制人员；

（4）乡村医生及个体开业医生等。

突发公共卫生事件责任报告单位和个人，要按照有关规定及时、准确地报告突发公共卫生事件及其处置情况，以给职能部门提供及时、科学的防治决策信息，保证突发公共卫生事件有效预防和及时控制。

（二）报告条件及内容

有下列情形之一的，相关报告主体应按规定向有关职能部门上报：

（1）发生或者可能发生传染病暴发、流行的；

（2）发生或者发现不明原因的群体性疾病的；

（3）发生传染病菌种、毒种丢失的；

（4）发生或者可能发生重大食物和职业中毒事件的。

突发公共卫生事件或隐患在未经调查确认的情况下，首次报告应包含如下内容：突发公共卫生事件或隐患的信息来源、危害范围、事件性质、控制措施等。若突发公共卫生事件已经调查和确认的，上报时应说明事件性质、波及范围、危害程度、流行病学分析、势态评估、控制措施等内容。

(三) 报告的时限和程序

根据《突发公共卫生事件应急条例》的规定,突发公共卫生事件的信息报告时限根据不同情况为1至2小时。其中,对于发生或者可能发生传染病暴发、流行的,发生或者发现不明原因的群体性疾病的,发生传染病菌种、毒种丢失的以及发生或者可能发生重大食物和职业中毒事件的,省、自治区、直辖市人民政府应当在接到报告1小时内,向国务院卫生行政主管部门报告。国务院卫生行政主管部门对可能造成重大社会影响的突发公共卫生事件,应当立即向国务院报告。突发公共卫生事件监测机构、医疗卫生机构和有关单位发现应当报告的事项,应当在2小时内向所在地县级人民政府卫生行政主管部门报告;接到报告的卫生行政主管部门应当在2小时内向本级人民政府报告,并同时向上级人民政府卫生行政主管部门和国务院卫生行政主管部门报告。县级人民政府应当在接到报告后2小时内,向设区的市级人民政府或者上一级人民政府报告;设区的市级人民政府应当在接到报告后2小时内向省、自治区、直辖市人民政府报告。

突发公共卫生事件责任报告主体要按照有关规定及时、准确地报告突发公共卫生事件及其处置情况。接到报告的地方人民政府、卫生行政主管部门依照相关规定报告的同时,应当立即组织力量对报告事项调查核实、确证,采取必要的控制措施,并及时报告调查情况。

国家建立突发事件举报制度,公布统一的突发事件报告、举报电话。任何单位和个人有权向人民政府及其有关部门报告突发事件隐患,有权向上级人民政府及其有关部门举报地方人民政府及其有关部门不履行突发事件应急处理职责,或者不按照规定履行职责的情况。接到报告、举报的有关人民政府及其有关部门,应当立即组织对突发事件隐患、不履行或者不按照规定履行突发事件应急处理职责的情况进行调查处理。对举报突发事件有功的单位和个人,县级以上各级人民政府及其有关部门应当予以奖励。

二、突发公共卫生事件的通报

(一) 通报责任主体及其通报职责

1. 国务院卫生行政主管部门应当根据发生突发事件的情况,及时向国务院有关部门和各省、自治区、直辖市人民政府卫生行政主管部门以及军队有关部门通报。

2. 突发事件发生地的省、自治区、直辖市人民政府卫生行政主管部门,应当及时向毗邻省、自治区、直辖市人民政府卫生行政主管部门通报。

3. 县级以上地方人民政府有关部门,已经发生或者发现可能引起突发事件的情形时,应当及时向同级人民政府卫生行政主管部门通报。

(二) 接到通报的相关部门工作职责

接到通报的省、自治区、直辖市人民政府卫生行政主管部门,必要时应当及时通知本行政区域内的医疗卫生机构。其他接到通报后的相关部门,应根据自己的职责,采取相应的控制措施,按应急预案要求,做好必要准备工作。

三、突发事件的信息发布制度

(一) 突发事件的信息发布主体

1. 国务院卫生行政主管部门负责向社会发布突发事件的信息;

2. 省、自治区、直辖市人民政府卫生行政主管部门经国务院卫生行政主管部门授权,可以向社会发布本行政区域内突发事件的信息。

(二) 突发事件信息发布的要求

突发事件的信息发布的要求是及时、准确、全面。

第四节 突发公共卫生事件应急处理

发生突发公共卫生事件时,事发地的县级、市(地)级、省级人民政府及其有关部门按照分级响应的原则,作出相应级别应急反应,及时采取应急处理措施,迅速应对,以尽可能地保护人民的生命健康权,控制卫生事件危害范围。

一、突发公共卫生事件应急处理相关法律规定

1. 突发公共卫生事件的综合评估及应急预案的启动。

突发事件发生后,卫生行政主管部门应当组织专家对突发事件的性质、波及范围、危害程度、控制效果、势态发展趋势等进行综合评估,初步判断突发事件的类型,并提出是否启动突发事件应急预案的建议。

在全国范围内或者跨省、自治区、直辖市范围内启动全国突发事件应急预案,由国务院卫生行政主管部门报国务院批准后实施。省、自治区、直辖市启动突发事件应急预案,由省、自治区、直辖市人民政府决定,并向国务院报告。

2. 突发事件应急处理指挥部的建立。

突发事件应急预案启动后,应根据预案要求建立突发事件应急处理指挥部。全国突发事件应急处理指挥部对突发事件应急处理

工作进行督察和指导,地方各级人民政府及其有关部门应当予以配合。省、自治区、直辖市突发事件应急处理指挥部对本行政区域内突发事件应急处理工作进行督察和指导。

3. 突发事件应急处理专业技术机构的确定。

省级以上人民政府卫生行政主管部门或者其他有关部门根据突发事件的类别及应急预案要求,有权指定突发事件应急处理专业技术机构,负责突发事件的技术调查、确证、处置、控制和评价工作。国务院卫生行政主管部门或者其他有关部门指定的专业技术机构,有权进入突发事件现场进行调查、采样、技术分析和检验,对地方突发事件的应急处理工作进行技术指导,有关单位和个人应当予以配合;任何单位和个人不得以任何理由予以拒绝。

4. 应急预案启动前,县级以上各级人民政府有关部门应当根据突发事件的实际情况,做好应急处理准备,采取必要的应急措施。应急预案启动后,突发事件发生地的人民政府有关部门,应当根据预案规定的职责要求,服从突发事件应急处理指挥部的统一指挥,立即到达规定岗位,采取有关的控制措施。医疗卫生机构、监测机构和科学研究机构,应当服从突发事件应急处理指挥部的统一指挥,相互配合、协作,集中力量开展相关的科学研究工作。

5. 突发事件发生后,国务院有关部门和县级以上地方人民政府及其有关部门,应当保证突发事件应急处理所需的医疗救护设备、救治药品、医疗器械等物资的生产、供应;铁路、交通、民用航空行政主管部门应当保证及时运送。

6. 根据突发事件应急处理的需要,突发事件应急处理指挥部有权紧急调集人员、储备的物资、交通工具以及相关设施、设备;必要时,对人员进行疏散或者隔离,并可以依法对传染病疫区实行封锁。

7. 突发事件应急处理指挥部根据突发事件应急处理的需要，可以对食物和水源采取控制措施。县级以上地方人民政府卫生行政主管部门应当对突发事件现场等采取控制措施，宣传突发事件防治知识，及时对易受感染的人群和其他易受损害的人群采取应急接种、预防性投药、群体防护等措施。参加突发事件应急处理的工作人员，应当按照预案的规定，采取卫生防护措施，并在专业人员的指导下进行工作。

8. 对新发现的突发传染病、不明原因的群体性疾病、重大食物和职业中毒事件，国务院卫生行政主管部门应当尽快组织力量制定相关的技术标准、规范和控制措施。

9. 交通工具公共卫生事件的应急工作内容：

（1）交通工具上发现根据国务院卫生行政主管部门的规定需要采取应急控制措施的传染病病人、疑似传染病病人，其负责人应当以最快的方式通知前方停靠点，并向交通工具的营运单位报告。交通工具的前方停靠点和营运单位应当立即向交通工具营运单位行政主管部门和县级以上地方人民政府卫生行政主管部门报告。卫生行政主管部门接到报告后，应当立即组织有关人员采取相应的医学处置措施。

（2）交通工具上的传染病病人密切接触者，由交通工具停靠点的县级以上各级人民政府卫生行政主管部门或者铁路、交通、民用航空行政主管部门，根据各自的职责，依照传染病防治法律、行政法规的规定，采取控制措施。

（3）涉及国境口岸和入出境的人员、交通工具、货物、集装箱、行李、邮包等需要采取传染病应急控制措施的，依照国境卫生检疫法律、行政法规的规定办理。

10. 医疗卫生机构应急工作职责:

(1) 应当对因突发事件致病的人员提供医疗救护和现场救援,对就诊病人必须接诊治疗,并书写详细、完整的病历记录;对需要转送的病人,应当按照规定将病人及其病历记录的复印件转送至接诊的或者指定的医疗机构。

(2) 在医疗卫生机构内应当采取卫生防护措施,防止交叉感染和污染。

(3) 对传染病病人密切接触者采取医学观察措施,传染病病人密切接触者应当予以配合。

(4) 收治传染病病人、疑似传染病病人,应当依法报告所在地的疾病预防控制机构。接到报告的疾病预防控制机构应当立即对可能受到危害的人员进行调查,根据需要采取必要的控制措施。

11. 传染病暴发、流行应急工作内容:

(1) 传染病暴发、流行时,街道、乡镇以及居民委员会、村民委员会应当组织力量,团结协作,群防群治,协助卫生行政主管部门和其他有关部门、医疗卫生机构做好疫情信息的收集和报告、人员的分散隔离、公共卫生措施的落实工作,向居民、村民宣传传染病防治的相关知识。

(2) 对传染病暴发、流行区域内流动人口,突发事件发生地的县级以上地方人民政府应当做好预防工作,落实有关卫生控制措施;对传染病病人和疑似传染病病人,应当采取就地隔离、就地观察、就地治疗的措施。对需要治疗和转诊的,按照规定将病人及其病历记录的复印件转送至接诊的或者指定的医疗机构。

12. 有关部门、医疗卫生机构应当对传染病做到早发现、早报告、早隔离、早治疗,切断传播途径,防止扩散。县级以上各级人民政府应当提供必要资金,保障因突发事件致病、致残的人员得到及时、有效的救治。具体办法由国务院财政部门、卫生行政主管部门和劳动保障行政主管部门制定。

在突发事件中需要接受隔离治疗、医学观察措施的病人、疑似病人和传染病病人密切接触者在卫生行政主管部门或者有关机构采取医学措施时应当予以配合；拒绝配合的，由公安机关依法协助强制执行。

二、突发公共卫生事件的分级反应

发生突发公共卫生事件时，事发地的县级、市（地）级、省级人民政府及其有关部门按照分级响应的原则，作出相应级别应急反应。同时，要遵循突发公共卫生事件发生发展的客观规律，结合实际情况和预防控制工作的需要，及时调整预警和反应级别，以有效控制事件，减少危害和影响。要根据不同类别突发公共卫生事件的性质和特点，注重分析事件的发展趋势，对事态和影响不断扩大的事件，应及时升级预警和反应级别。

（一）特别重大突发公共卫生事件应急反应

国务院卫生行政部门接到特别重大突发公共卫生事件报告后，应立即组织专家调查确认，并对疫情进行综合评估，必要时，向国务院提出成立全国突发公共卫生事件应急指挥部的建议。同时，负责组织和协调专业技术机构开展现场调查和处理；指导和协调落实医疗救治和预防控制等措施；做好突发公共卫生事件信息的发布和通报等工作。

地方各级人民政府卫生行政部门在本级人民政府的统一领导下，按照上级卫生行政部门统一部署做好本行政区域内的应急处理工作。

(二) 重大突发公共卫生事件的应急反应

省级人民政府卫生行政部门接到重大突发公共卫生事件报告后,应立即组织专家调查确认,并对疫情进行综合评估,必要时,向省级人民政府提出成立应急指挥部的建议。同时,迅速组织应急卫生救治队伍和有关人员到达突发公共卫生事件现场,进行采样与检测、流行病学调查与分析,组织开展医疗救治、病人隔离、人员疏散等疫情控制措施,同时分析突发公共卫生事件的发展趋势,提出应急处理工作建议,按照规定报告有关情况;及时向其他有关部门、毗邻和可能波及的省、自治区、直辖市人民政府卫生行政部门通报有关情况;向社会发布本行政区域内突发公共卫生事件的信息。

国务院卫生行政部门应加强对省级人民政府卫生行政部门突发公共卫生事件应急处理工作的督导,并根据需要组织国家应急卫生救治队伍和有关专家迅速赶赴现场,协助疫情控制并开展救治工作;及时向有关省份通报情况。

(三) 较大突发公共卫生事件的应急反应

市(地)级人民政府卫生行政部门接到较大突发公共卫生事件报告后,应立即组织专家调查确认,并对疫情进行综合评估。同时,迅速与;件发生地县级卫生行政部门共同组织开展现场流行病学调查、致病致残人员的隔离救治、密切接触者的隔离、环境生物样品采集和消毒处理等紧急控制措施,并按照规定向当地人民政府、省级人民政府卫生行政部门和国务院卫生行政部门报告调查处理情况。

省级人民政府卫生行政部门接到较大突发公共卫生事件报告后,要加强对事件发生地区突发公共卫生事件应急处理的督导,及时组织专家对地方卫生行政部门突发公共卫生事件应急处理工作提供技术指导和支持,并适时向本省有关地区发出通报,及时采取预防控制措施,防止事件进一步发展。国务院卫生行政部门根据工作需要及时提供技术支持和指导。

(四)一般突发公共卫生事件的应急反应

一般突发公共卫生事件发生后,县级人民政府卫生行政部门应立即组织专家进行调查确认,并对疫情进行综合评估。同时,迅速组织医疗、疾病预防控制和卫生监督机构开展突发公共卫生事件的现场处理工作,并按照规定向当地人民政府和上一级人民政府卫生行政部门报告。

市(地)级人民政府卫生行政部门应当快速组织专家对突发公共卫生事件应急处理进行技术指导。省级人民政府卫生行政部门应根据工作需要提供技术支持。

三、突发公共卫生事件的终结

突发公共卫生事件应急反应的终止需符合以下条件:其一,突发公共卫生事件隐患或相关危险因素消除;其二,末例传染病病例发生后经过最长潜伏期无新的病例出现。

特别重大突发公共卫生事件由国务院卫生行政部门组织有关专家进行分析论证,提出终止应急反应的建议,报国务院或全国突发公共卫生事件应急指挥部批准后实施。

特别重大以下突发公共卫生事件由地方各级人民政府卫生行政部门组织专家进行分析论证,提出终止应急反应的建议,报本级人民政府批准后实施,并向上一级人民政府卫生行政部门报告。

上级人民政府卫生行政部门要根据下级人民政府卫生行政部门的请求,及时组织专家对突发公共卫生事件应急反应的终止的分析论证提供技术指导和支持。

第五节　法律责任

一、行政责任

1. 县级以上地方人民政府及其卫生行政主管部门未依照本条例的规定履行报告职责，对突发事件隐瞒、缓报、谎报或者授意他人隐瞒、缓报、谎报的，对政府主要领导人及其卫生行政主管部门主要负责人，依法给予降级或者撤职的行政处分；造成传染病传播、流行或者对社会公众健康造成其他严重危害后果的，依法给予开除的行政处分。

2. 国务院有关部门、县级以上地方人民政府及其有关部门未依照《突发公共卫生事件应急条例》的规定，完成突发事件应急处理所需要的设施、设备、药品和医疗器械等物资的生产、供应、运输和储备的，对政府主要领导人和政府部门主要负责人依法给予降级或者撤职的行政处分；造成传染病传播、流行或者对社会公众健康造成其他严重危害后果的，依法给予开除的行政处分。

3. 突发事件发生后，县级以上地方人民政府及其有关部门对上级人民政府有关部门的调查不予配合，或者采取其他方式阻碍、干涉调查的，对政府主要领导人和政府部门主要负责人依法给予降级或者撤职的行政处分。

4. 县级以上各级人民政府卫生行政主管部门和其他有关部门在突发事件调查、控制、医疗救治工作中玩忽职守、失职、渎职的，由本级人民政府或者上级人民政府有关部门责令改正、通报批评、给予警告；对主要负责人、负有责任的主管人员和其他责任人员依法给予降级、撤职的行政处分；造成传染病传播、流行或者对社会公众健康造成其他严重危害后果的,依法给予开除的行政处分。

5. 县级以上各级人民政府有关部门拒不履行应急处理职责的,由同级人民政府或者上级人民政府有关部门责令改正、通报批评、给予警告;对主要负责人、负有责任的主管人员和其他责任人员依法给予降级、撤职的行政处分;造成传染病传播、流行或者对社会公众健康造成其他严重危害后果的,依法给予开除的行政处分。

6. 医疗卫生机构有下列行为之一的,由卫生行政主管部门责令改正、通报批评、给予警告;情节严重的,吊销《医疗机构执业许可证》;对主要负责人、负有责任的主管人员和其他直接责任人员依法给予降级或者撤职的纪律处分:

(1) 未依照本《条例》的规定履行报告职责,隐瞒、缓报或者谎报的;

(2) 未依照本《条例》的规定及时采取控制措施的;

(3) 未依照本《条例》的规定履行突发事件监测职责的;

(4) 拒绝接诊病人的;

(5) 拒不服从突发事件应急处理指挥部调度的。

7. 在突发事件应急处理工作中,有关单位和个人未依照本条例的规定履行报告职责,隐瞒、缓报或者谎报,阻碍突发事件应急处理工作人员执行职务,拒绝国务院卫生行政主管部门或者其他有关部门指定的专业技术机构进入突发事件现场,或者不配合调查、采样、技术分析和检验的,对有关责任人员依法给予行政处分或者纪律处分;触犯《中华人民共和国治安管理处罚法》,构成违反治安管理行为的,由公安机关依法予以处罚。

8. 在突发事件发生期间,散布谣言、哄抬物价、欺骗消费者,扰乱社会秩序、市场秩序的,由公安机关或者工商行政管理部门依法给予行政处罚。

二、刑事责任

在突发事件应急处理工作中，卫生行政部门及其他有关单位和个人违反法定义务责任，造成严重危害，构成犯罪的，应根据我国《刑法》的相关规定承担相应刑事责任。

1. 《刑法》第 397 条第 1 款的规定

国家机关工作人员滥用职权或者玩忽职守，致使公共财产、国家和人民利益遭受重大损失的，处 3 年以下有期徒刑或者拘役；情节特别严重的，处 3 年以上 7 年以下有期徒刑。

2. 《刑法》第 409 条的规定

从事传染病防治的政府卫生行政部门的工作人员严重不负责任，导致传染病传播或者流行，情节严重的，处 3 年以下有期徒刑或者拘役。

3. 《刑法》第 277 条第 1 款的规定

以暴力、威胁方法阻碍国家机关工作人员依法执行职务的，处 3 年以下有期徒刑、拘役、管制或者罚金。

4. 《刑法》第 331 条的规定

从事实验、保藏、携带、运输传染病菌种、毒种的人员，违反国务院卫生行政部门的有关规定，造成传染病菌种、毒种扩散，后果严重的，处 3 年以下有期徒刑或者拘役；后果特别严重的，处 3 年以上 7 年以下有期徒刑。

5. 《刑法》第 225 条的规定

违反国家规定，未经许可经营法律、行政法规规定的专营、专卖物品或者其他限制买卖的物品的；买卖进出口许可证、进出口原产地证明以及其他法律、行政法规规定的经营许可证或者批准文件的及其他严重扰乱市场秩序的非法经营行为,情节严重的,处5年以下有期徒刑或者拘役,并处或者单处违法所得1倍以上5倍以下罚金;情节特别严重的,处5年以上有期徒刑,并处违法所得1倍以上5倍以下罚金或者没收财产。

第三编
医疗保健法

第一章 医疗保健法概述

第一节 医疗保健法的概念与特征

一、医疗保健法的概念

医疗保健法是关于调整医疗保健活动中形成各种社会关系的法律规范的总称。制定医疗保健法的目的主要在于三个方面：

其一，保障人体健康，最终实现人人享有医疗保健；

其二，规范医疗行为，提高医疗质量，降低医疗风险；

其三，维护医疗秩序，构建和谐有序的医患关系。

二、医疗保健法的特征

医疗保健法具备以下特征：

第一，医疗保健法适用于医疗保健活动中。医疗保健活动是指为保护和增进人体健康、防治疾病，各类医疗卫生机构所采取的综合性措施，主要包括疾病的预防与疾病的诊断、治疗两个方面。

第二，医疗保健法是调整医疗活动中形成各种社会关系的法律规范的总称。医疗活动中会产生各种法律关系，其中包括：基于诊疗行为而形成的医患关系，基于管理而形成的医疗机构与行政管理部门之间的关系，基于临床血液使用而形成的血站与医疗机构之间、血站与行政机关之间的关系，等等。这些社会关系纳入法律视野，由法律进行调整后，就成为医疗保健法的组成部分。

第二节　医疗保健法的组成

以调整的对象为分类标准,医疗保健法的组成主要可以分为以下几方面:

一、以医疗机构与医务人员为调整对象的医疗保健法律、法规

针对医疗机构的特殊性,我国相关部门陆续制定了一系列的法律、法规,用于规范医疗机构的执业活动。1994年2月26日,国务院发布了《医疗机构管理条例》;此后,原卫生部(2013年3月后,原卫生部的相关职能由"国家卫生与计划生育委员会"行使,不再保留卫生部)陆续颁布了《医疗机构管理条例实施细则》《医疗机构设置规划指导原则》《医疗机构校验管理办法(试行)》等一系列法规与规章。同时考虑到医疗机构的多样性,还陆续出台了《关于城镇医疗机构分类管理的实施意见》《中外合资、合作医疗机构暂行管理办法》《城市社区卫生服务机构管理办法(试行)》《医疗机构评审办法》《院前急救管理办法》等分类法律、法规。

在医务人员立法方面,我国的相关立法基本上是围绕1998年全国人大常委会第三次会议通过的《中华人民共和国执业医师法》进行的。同时,为解决我国农村地区医务人员短缺的问题,原卫生部专门制定了《乡村医生从业管理条例》,对乡村医生与一般的执业医师进行区别管理。

二、以血液管理为调整对象的医疗保健法律法规

血液在医疗活动中有着至关重要的作用与地位。血液管理立法是否健全与合理,直接关系到临床用血的安全性。我国公民无

偿献血活动开始于20世纪70年代后期。1998年,全国人民代表大会常务委员会通过《中华人民共和国献血法》。为规范采血管理,2006年3月原卫生部颁布《血站管理办法》,同时制定了一系列法规、规章进一步对采血与用血规范进行管理。为加强医疗机构临床用血管理,保障临床用血安全和医疗质量,根据《中华人民共和国献血法》,2012年3月,原卫生部通过了《医疗机构临床用血管理办法》,2012年8月施行。

三、以医疗纠纷处理为调整对象的医疗保健法律法规

医疗纠纷的处理在我国立法领域相对较受重视,原因主要在于医疗纠纷引起的社会矛盾比较突出。我国关于医疗纠纷处理的立法可大致分为两个方面:

一是专项立法,这主要是指2002年2月20日国务院第55次常务会议通过,并于2002年9月1日起公布、施行的《医疗事故处理条例》;

二是一般性的立法,包括《民法通则》《侵权责任法》等法律规范中与医疗纠纷处理相关的规定。

四、以卫生保健为调整对象的医疗保健法律法规

卫生保健是我国基本医疗保障的重要组成部分。1994年全国人大常委会制定了我国第一部卫生保健的法律——《中华人民共和国母婴保健法》,此后原卫生部发布了《中华人民共和国母婴保健法实施办法》(2001年修订),并陆续制定了《中华人民共和国母婴保健法》的系列配套文件。

计划生育是我国的基本国策,2002年9月1日开始施行的《中华人民共和国人口与计划生育法》,是我国在该领域的一部基本法

律。计划生育领域的配套法规、规章还有《计划生育技术服务管理条例》《计划生育技术服务机构执业管理办法》《计划生育技术服务管理条例实施细则》等。

五、以现代医学发展过程中的相关法律问题为调整对象的医疗保健法律法规

随着现代医学技术的发展,人类突破了很多医学难题,但随之也带来了一系列前所未有的伦理与法律问题,比如安乐死、器官移植、人工生殖技术等。这些新技术所带来的问题具有复合性,并不是仅仅依靠法律调整就可以解决的,并且立法也有很大的难度。我国在这些方面的立法起步时间比较晚,甚至有些领域的立法尚未成型。具有代表性的立法包括:2001年2月20日原卫生部颁布的《人类辅助生殖技术管理办法》和《人类精子库管理办法》,2007年3月21日国务院通过并于2007年5月1日起施行的《人体器官移植条例》等。为保护生殖健康、提高出生人口素质、促进家庭幸福和社会和谐,2013年1月,国家原卫生部与总后勤部卫生部联合发布《人类辅助生殖技术管理专项整治行动方案》,进一步加强了人类辅助生殖技术和人类精子库管理,使打击各类违法违规行为有法可依。

第二章 医疗机构管理法律制度

第一节 医疗机构管理法律制度概述

一、医疗机构的概念与特征

（一）医疗机构的概念

医疗机构，是依法定程序设立，取得《医疗机构执业许可证》并从事疾病诊断、治疗活动的卫生机构的总称。医疗机构是我国卫生机构的重要组成部分。医疗机构以救死扶伤、防病治病、为人民健康服务为宗旨。

（二）医疗机构的特征

医疗机构具备以下特征：

1. 医疗机构必须依法成立

医疗机构的成立必须依据国务院《医疗机构管理条例》及其实施细则的规定进行设置和登记。医疗机构在依法取得《医疗机构执业许可证》的前提下才能从事诊断、治疗活动。

2. 医疗机构主要从事疾病诊断和治疗活动

医疗机构的这一特征使其有别于以开展卫生防疫、疾病预防和控制活动为主的疾病预防机构等其他卫生机构。需要注意的是，卫生防疫、国境卫生检疫、医学科研和教学等机构在本机构业务范围之外开展诊疗活动以及美容服务机构开展医疗美容业务的，必须依据法律、法规的规定，申请设置相应类别的医疗机构。

3. 医疗机构是从事疾病诊断、治疗活动的卫生机构的总称

我国的医疗机构是由一系列开展疾病诊断、治疗活动的卫生机构组成的，其中，医院、诊所、卫生院等是我国医疗机构的主要形式。

二、医疗机构的分类

1. 以医疗机构的功能、任务、规模等为标准，医疗机构可分为13类：

（1）综合医院、中医医院、中西医结合医院、民族医医院、专科医院、康复医院；

（2）妇幼保健院；

（3）社区卫生服务中心、社区卫生服务站；

（4）中心卫生院、乡（镇）卫生院、街道卫生院；

（5）疗养院；

（6）综合门诊部、专科门诊部、中医门诊部、中西医结合门诊部、民族医门诊部；

（7）诊所、中医诊所、民族医诊所、卫生所、医务室、卫生保健所、卫生站；

（8）村卫生室（所）；

（9）急救中心、急救站；

（10）临床检验中心；

（11）专科疾病防治院、专科疾病防治所、专科疾病防治站；

（12）护理院、护理站；

（13）其他诊疗机构。

其他的卫生机构要在本机构业务范围之外开展诊疗活动的，必须依法取得相应的行政许可后才能从事有关的诊疗活动。

2. 以医疗机构的性质、社会功能及其承担的任务等为标准,医疗机构可分为两类:

(1) 营利性医疗机构

营利性医疗机构是指医疗服务所得收益可用于投资者经济回报的医疗机构。政府不举办营利性医疗机构。

(2) 非营利性医疗机构

非营利性医疗机构是指为社会公众利益服务而设立和运营的医疗机构,不以营利为目的,其收入用于弥补医疗服务成本,实际运营中的收支结余只能用于自身的发展,如改善医疗条件、引进技术、开展新的医疗服务项目等。

2012年4月,为促进医疗机构的多样性发展,原卫生部发布《卫生部关于社会资本举办医疗机构经营性质的通知》,其中规定:社会资本可以按照经营目的,自主申办营利性或非营利性医疗机构。2000年,卫生部、国家中医药管理局、财政部、国家计委联合印发的《关于城镇医疗机构分类管理的实施意见》中"城镇个体诊所、股份制、股份合作制和中外合资合作医疗机构一般定为营利性医疗机构"的规定不再适用。这意味着我国非公立医疗机构获得了更大的发展平台与空间。

三、我国医疗机构的相关立法

为了加强对医疗机构的管理、稳定正常医院工作秩序、保证医疗质量、保障公民健康,1994年2月26日,国务院发布了《医疗机构管理条例》。此后,原卫生部陆续颁布了《医疗机构管理条例实施细则》《医疗机构设置规划指导原则》《医疗机构监督管理行政处罚程序》《医疗机构诊疗科目名录》《医疗机构评审委员会章程》等配套规定。

为适应市场经济的需求,国务院办公厅2000年2月转发了国务院体改办等部门《关于城镇医药卫生体制改革的指导意见》,原卫生部等部委联合印发了《关于城镇医疗机构分类管理的实施意见》。2000年5月,为适应对外开放的需要,原卫生部、对外贸易经济合作部联合发布了《中外合资、合作医疗机构暂行管理办法》。2009年,为加强医疗机构监督管理,卫生部组织制定了《医疗机构校验管理办法(试行)》。2013年10月,为加强院前医疗急救管理,规范院前医疗急救行为,促进院前医疗急救事业发展,国家卫生计生委委务会议讨论通过《院前医疗急救管理办法》,于2014年2月施行。

四、医疗机构规划布局、设置审批和登记

(一) 医疗机构的规划布局

《医疗机构管理条例》规定,县级以上地方人民政府卫生行政部门应当根据本行政区域内的人口、医疗资源、医疗需求和现有医疗机构的分布状况,制定本行政区域医疗机构设置规划。机关、企业和事业单位可以根据需要设置医疗机构,并纳入当地医疗机构的设置规划。

医疗机构的规划布局应以合理配置卫生资源为出发点,目的在于为公民提供符合成本效益的医疗、预防、保健、康复服务。而在医疗机构的整体规划中,县级公立医院在公益性、基础性医疗服务提供的过程中起着举足轻重的作用,为强化这一作用,2012年6月,国务院办公厅印发《关于县级公立医院综合改革试点意见》,推进县级公立医疗机构正确定位与改革。

(二) 医疗机构的设置审批

1. 申请设置医疗机构的条件

医疗机构不分类别、所有制形式、隶属关系、服务对象，其设置必须符合当地医疗机构设置规划和国家医疗机构基本标准。中外合资、合作医疗机构的设置还必须符合有关法律、法规和管理办法的规定。

申请设置医疗机构，应当提交下列文件：

（1）设置申请书；

（2）设置可行性报告；

（3）选址报告；

（4）建筑设计平面图。

有下列情形之一的，不得申请设置医疗机构：

（1）不能独立承担民事责任的单位；

（2）正在服刑或者不具有完全民事行为能力的个人；

（3）医疗机构在职、因病退职或者停薪留职的医务人员；

（4）发生二级以上医疗事故未满5年的医务人员；

（5）因违反有关法律、法规和规章，已被吊销执业证书的医务人员；

（6）被吊销《医疗机构执业许可证》的医疗机构法定代表人或者主要负责人；

（7）省、自治区、直辖市政府卫生行政部门规定的其他情形。

2. 医疗机构设置的审批程序

任何单位和个人设置医疗机构，必须经县级以上地方人民政府卫生行政部门的审查批准，并取得设置医疗机构批准书，方可向有关部门办理其他手续。

不设床位或者床位不满100张的医疗机构，向所在地的县级人民政府卫生行政部门申请;床位在100张以上的医疗机构和专科医院按照省级人民政府卫生行政部门的规定申请。国家统一规划的医疗机构,由国务院卫生行政部门决定。

在城市设置诊所的个人,必须同时具备下列条件:

(1) 经医师执业技术考核合格,取得《医师执业证书》;

(2) 取得《医师执业证书》或者医师职称后,从事5年以上同一专业的临床工作;

(3) 省、自治区、直辖市卫生行政部门规定的其他条件。

卫生行政部门对设置医疗机构的申请,在受理之日起45日内进行审查,对符合条件的,发给设置医疗机构的批准证书;对不符合要求的,要以书面形式告知。

(三) 医疗机构的执业登记与校验

1. 医疗机构的执业登记

单位和个人在通过卫生行政部门对医疗机构的申请审批取得医疗机构批准书后,还必须再向相关的卫生行政部门申请医疗机构执业登记取得《医疗机构执业许可证》,才能从事疾病的诊断、治疗活动。

(1) 登记申请

申请医疗机构执业登记,应当同时具备下列条件:

① 有设置医疗机构批准书;

② 符合医疗机构的基本标准;

③ 有适合的名称、组织机构和场所;

④ 有与其开展的业务相适应的经费、设施、设备和专业卫生技术人员;

⑤ 有相应的规章制度;

⑥ 能够独立承担民事责任。

申请医疗机构执业登记必须填写《医疗机构申请执业登记注册书》，并向登记机关提交下列材料：

① 《设置医疗机构批准书》或者《设置医疗机构备案回执》；

② 医疗机构用房产权证明或者使用证明；

③ 医疗机构建筑设计平面图；

④ 验资证明、资产评估报告；

⑤ 医疗机构规章制度；

⑥ 医疗机构法定代表人或者主要负责人以及各科室负责人名录和有关资格证书、执业证书复印件；

⑦ 省、自治区、直辖市卫生行政部门规定提交的其他材料。

申请门诊部、诊所、卫生所、医务室、卫生保健所和卫生站登记的，还应当提交附设药房（柜）的药品种类清单、卫生技术人员名录及其有关资格证书、执业证书复印件以及省、自治区、直辖市卫生行政部门规定提交的其他材料。

（2）审核批准

医疗机构的执业登记，由批准其设置的人民政府卫生行政部门办理。国家统一规划的医疗机构的执业登记，由所在地的省、自治区、直辖市人民政府卫生行政部门办理。

县级以上地方人民政府卫生行政部门自受理执业登记申请之日起45日内，应当按照相关规定进行审查和实地考察、核实，并对有关执业人员进行消毒、隔离和无菌操作等基本知识和技能考查，现场抽查考核。经审核合格的，发给《医疗机构执业许可证》；审核不合格的，将审核结果和不予批准的理由以书面形式通知申请人。

（3）不予登记

申请医疗机构执业登记有下列情形之一的，不予登记：

① 不符合《设置医疗机构批准书》核准的事项；

② 不符合《医疗机构基本标准》所规定的标准；

③ 投资不到位；

④ 医疗机构用房不能满足诊疗服务功能；

⑤ 通讯、供电、上下水道等公共设施不能满足医疗机构正常运转；

⑥ 医疗机构规章制度不符合要求；

⑦ 消毒、隔离和无菌操作等基本知识和技能的现场抽查考核不合格；

⑧ 省、自治区、直辖市卫生行政部门规定的其他情形。

(4) 登记的变更与注销

医疗机构改变名称、场所、主要负责人、诊疗科目、床位，必须向原登记机关办理变更登记。

医疗机构歇业，必须向原登记机关办理注销登记。经登记机关核准后，收缴《医疗机构执业许可证》。医疗机构非因改建、扩建、迁建原因停业超过 1 年的，视为歇业。

2. 医疗机构的校验

医疗机构的检验是指卫生行政部门依法对医疗机构的基本条件和执业状况进行检查、评估、审核，并依法作出相应结论的过程。取得《医疗机构执业许可证》的医疗机构须按规定定期校验。

床位在 100 张以上的综合医院、中医医院、中西医结合医院、民族医医院以及专科医院、疗养院、康复医院、妇幼保健院、急救中心、临床检验中心和专科疾病防治机构的校验期为 3 年；其他医疗机构的校验期为 1 年。医疗机构应当于校验期满前 3 个月向登记机关申请办理校验手续。

五、医疗机构执业与监督管理

(一) 医疗机构执业

医疗机构开展执业活动,必须取得《医疗机构执业许可证》。为内部职工服务的医疗机构的服务对象限定为设置单位的内部职工,未经许可和变更登记不得向社会开放。医疗机构被吊销或注销执业许可证后,不得继续开展诊疗活动。

1. 医疗机构执业,必须遵守有关法律、法规和医疗技术规范,并做好以下工作:

(1) 医疗机构必须将《医疗机构执业许可证》、诊疗科目、诊疗时间和收费标准悬挂于明显处所;

(2) 医疗机构必须按照核准登记的诊疗科目开展诊疗活动;

(3) 医疗机构不得使用非卫生技术人员从事医疗卫生技术工作;

(4) 医疗机构应当加强对医务人员的医德教育;

(5) 医疗机构工作人员上岗工作,必须佩戴载有本人姓名、职务或者职称的标牌;

(6) 医疗机构应当严格执行无菌消毒、隔离制度,采取科学有效的措施处理污水和废弃物,预防和减少医院感染;

(7) 医疗机构的门诊病历的保存期不得少于15年,住院病历的保存期不得少于30年;

(8) 医疗机构必须按照人民政府或者物价部门的有关规定收取医疗费用,详列细项,并出具收据等。

2. 医疗机构开展诊疗活动,必须遵守以下执业规则:

(1) 医疗机构对危重病人应当立即抢救。对限于设备或者技术条件不能诊治的病人,应当及时转诊。

（2）未经医师（士）亲自诊查病人，医疗机构不得出具疾病诊断书、健康证明书或者死亡证明书等证明文件；未经医师（士）、助产人员亲自接产，医疗机构不得出具出生证明书或者死产报告书。医疗机构为死因不明者出具的《死亡医学证明书》，只作是否死亡诊断，不作死亡原因的诊断。如有关方面要求进行死亡原因诊断的，医疗机构必须指派医生对尸体进行解剖以及对有关死因检查后方能作出死因诊断。

（3）医疗机构应当尊重患者对自己的病情、诊断、治疗的知情权利。在实施手术、特殊检查、特殊治疗时，应当向患者作必要的解释。因实施保护性医疗措施不宜向患者说明情况的，应当将有关情况通知患者家属。

（4）医疗机构施行手术、特殊检查或者特殊治疗时，必须征得患者同意，并取得其家属或者关系人同意并签字；无法取得患者意见时，应当取得家属或者关系人同意并签字；无法取得患者意见又无家属或者关系人在场，或者遇到其他特殊情况时，主治医师应当提出医疗处置方案，在取得医疗机构负责人或者被授权负责人员的批准后实施。

（5）医疗机构发生医疗事故，按照国家有关规定处理（主要是按照国务院2002年2月公布的《医疗事故处理条例》处理）。

（6）医疗机构对传染病、精神病、职业病等患者的特殊诊治和处理，应当按照国家有关法律、法规的规定办理。

（7）医疗机构必须按照药品管理的法律、法规，加强药品管理。

（8）医疗机构必须承担相应的预防保健工作，承担县级以上人民政府卫生行政部门委托的支援农村、指导基层医疗卫生工作等任务。

（9）发生重大灾害、事故、疾病流行或者其他意外情况时，医疗机构及其卫生技术人员必须服从县级以上人民政府卫生行政部门的调遣。

(二) 医疗机构的监督管理

1. 医疗机构的日常监督管理

各级卫生行政部门负责所辖区域内医疗机构的监督管理工作。国务院卫生行政部门负责全国医疗机构的监督管理工作。县级以上地方人民政府卫生行政部门负责本行政区域医疗机构的监督管理工作。中国人民解放军卫生主管部门负责对军队的医疗机构实施监督管理。

(1) 县级以上人民政府卫生行政部门行使下列监督管理职权：

① 负责医疗机构的设置审批、执业登记和校验；

② 对医疗机构的执业活动进行检查指导；

③ 负责组织对医疗机构的评审；

④ 对违反《医疗机构管理条例》的行为给予处罚。

(2) 县级以上卫生行政部门设立医疗机构监督管理办公室，在同级卫生行政部门的领导下开展工作。各级医疗机构监督管理办公室履行以下职责：

① 拟订医疗机构监督管理工作计划；

② 办理医疗机构监督员的审查、发证、换证；

③ 负责医疗机构登记、校验和有关监督管理工作的统计，并向同级卫生行政部门报告；

④ 负责接待、办理群众对医疗机构的投诉；

⑤ 完成卫生行政部门交给的其他监督管理工作。

县级以上卫生行政部门设医疗机构监督员，履行规定的监督管理职责。

(3) 各级卫生行政部门对医疗机构的执业活动进行检查、指

导,主要工作包括:

① 执行国家有关法律、法规、规章和标准情况;

② 执行医疗机构内部各项规章制度和各级各类人员岗位责任制情况;

③ 医德医风情况;

④ 服务质量和服务水平情况;

⑤ 执行医疗收费标准情况;

⑥ 组织管理情况;

⑦ 人员任用情况;

⑧ 省、自治区、直辖市卫生行政部门规定的其他检查、指导项目。

2. 医疗机构的评审制度

国家实行医疗机构评审制度,对医疗机构的基本标准、服务质量、技术水平、管理水平等进行综合评价。县级以上卫生行政部门负责医疗机构评审的组织和管理;各级医疗机构评审委员会负责医疗机构评审的具体实施。

医院、妇幼保健院、疗养院、卫生院、急救医疗机构、临床检验中心、专科疾病防治机构、护理院及床位数在20张以上的其他医疗机构的评审周期为3年;其他医疗机构的评审周期为2年。

县级以上地方人民政府卫生行政部门负责组织本行政区域医疗机构评审委员会。医疗机构评审委员会由医院管理、医学教育、医疗、医技、护理和财务等有关专家组成。评审委员会成员由县级以上地方人民政府卫生行政部门聘任。县级以上地方人民政府卫生行政部门根据评审委员会的评审意见,对达到评审标准的医疗机构,发给评审合格证书;对未达到评审标准的医疗机构,提出处理意见。

关于医疗机构中医院的评审,适用 2011 年 9 月由原卫生部发布的《医院评审暂行办法》。

六、医疗机构的名称

(一)医疗机构名称的组成

医疗机构的名称由识别名称和通用名称依次组成。

医疗机构的通用名称为:医院、中心卫生院、卫生院、疗养院、妇幼保健院、门诊部、诊所、卫生所、卫生站、卫生室、医务室、卫生保健所、急救中心、急救站、临床检验中心、防治院、防治所、防治站、护理院、护理站、中心以及卫生部规定或者认可的其他名称。

医疗机构可以下列名称作为识别名称:地名、单位名称、个人姓名、医学学科名称、医学专业和专科名称、诊疗科目名称和核准机关批准使用的名称。

(二)医疗机构的命名原则

1. 医疗机构的命名必须符合以下原则:

(1) 名称必须名副其实;

(2) 名称必须与医疗机构类别或者诊疗科目相适应;

(3) 各级地方人民政府设置的医疗机构的识别名称中应当含有省、市、县、区、街道、乡、镇、村等行政区划名称,其他医疗机构的识别名称中不得含有行政区划名称;

(4) 国家机关、企业和事业单位、社会团体或者个人设置的医疗机构的名称中应当含有设置单位名称或者个人的姓名。

2. 医疗机构不得使用的名称:

(1) 有损于国家、社会或者公共利益的名称;

(2) 侵犯他人利益的名称;

(3) 以外文字母、汉语拼音组成的名称;

(4) 以医疗仪器、药品、医用产品命名的名称;

(5) 含有"疑难病""专治""专家""名医"或者同类含义文字的名称以及其他宣传或者暗示诊疗效果的名称;

(6) 超出登记的诊疗科目范围的名称;

(7) 省级以上卫生行政部门规定不得使用的名称。

除专科疾病防治机构以外,医疗机构不得以具体疾病名称作为识别名称,确有需要的由省、自治区、直辖市卫生行政部门核准。

(三) 医疗机构名称的核准

医疗机构名含有外国国家(地区)名称及其简称、国际组织名称或者含有"中国""全国""中华""国家"等字样以及跨省地域名称或者各级地方人民政府设置的医疗机构的识别名称中不含有行政区划名称的,由卫生部核准。

属于中医、中西医结合和民族医医疗机构的,由国家中医药管理局核准。

以"中心"作为医疗机构通用名称的医疗机构名称,由省级以上卫生行政部门核准;在识别名称中含有"中心"字样的医疗机构名称的核准,由省、自治区、直辖市卫生行政部门规定。含有"中心"字样的医疗机构名称必须同时含有行政区划名称或者地名。

七、医疗广告管理

医疗广告是指利用各种媒介或者形式直接或间接介绍医疗机构或医疗服务的广告。

(一) 医疗广告的内容限制

2007年1月1日,国家工商行政管理总局和原卫生部联合颁布的《医疗广告管理办法》开始实施,其中明确规定:"医疗广告必须真实、健康、科学、准确,不得以任何形式欺骗或误导公众,医疗广告内容仅限于以下项目:医疗机构第一名称、医疗机构地址、所有制形式、医疗机构类别、诊疗科目、床位数、接诊时间、联系电话。"

医疗广告的表现形式不得含有以下情形:

(1) 涉及医疗技术、诊疗方法、疾病名称、药物的;
(2) 保证治愈或者隐含保证治愈的;
(3) 宣传治愈率、有效率等诊疗效果的;
(4) 淫秽、迷信、荒诞的;
(5) 贬低他人的;
(6) 利用患者、卫生技术人员、医学教育科研机构及人员以及其他社会社团、组织的名义、形象作证明的;
(7) 使用解放军和武警部队名义的;
(8) 法律、行政法规规定禁止的其他情形。

(二) 医疗广告的管理机关

各级工商行政管理机关负责医疗广告的监督管理。卫生行政部门、中医药管理部门负责医疗广告的审查,并对医疗机构进行监督管理。医疗机构发布医疗广告,应当在发布前向应当向其所在地省级卫生行政部门申请医疗广告审查。中医、中西医结合、民族医医疗机构发布医疗广告,应当向其所在地省级中医药管理部门申请医疗广告审查。未取得《医疗广告审查证明》,不得发布医疗广告。

八、医疗机构的法律责任

(一) 民事法律责任

医疗机构由于违反诊疗护理规范和常规给就诊人员造成人身损害的,必须依法承担相应的民事法律责任。

(二) 行政法律责任

医疗机构违反《医疗机构管理条例》(以下简称《条例》) 及其实施细则所承担的责任形式主要为行政法律责任。

一般的违法行为由行为发生地县级卫生行政部门负责查处;重大、复杂的违法行为,由行为发生地设区的市级卫生行政部门负责查处。省、自治区、直辖市卫生行政部门负责查处发生在所辖区域内的重大、复杂的违法行为。卫生部负责查处全国范围内的重大、复杂的违法行为。

医疗机构违反《医疗机构管理条例》及其《实施细则》的情况及其应受的处罚,根据我国目前的实际情况,主要包括以下几种:

1. 未取得《医疗机构执业许可证》擅自执业的

由县级以上人民政府卫生行政部门责令其停止执业活动,没收非法所得和药品、器械,并处 3000 元以下的罚款;有下列情形之一的,责令其停止执业活动,没收非法所得和药品、器械,处以 3000 元以上 1 万元以下的罚款:

(1) 因擅自执业曾受过卫生行政部门处罚;

(2) 擅自执业的人员为非卫生技术专业人员;

(3) 擅自执业时间在 3 个月以上;

(4) 给患者造成伤害;

(5) 使用假药、劣药蒙骗患者;

(6) 以行医为名骗取患者钱物;

(7) 省、自治区、直辖市卫生行政部门规定的其他情形。

2. 逾期不校验《医疗机构执业许可证》仍从事诊疗活动的

医疗机构逾期不校验《医疗机构执业许可证》仍从事诊疗活动的,由县级以上人民政府卫生行政部门责令其限期补办校验手续;拒不校验的,吊销其《医疗机构执业许可证》。

3. 出卖、转让、出借《医疗机构执业许可证》的

医疗机构出卖、转让、出借《医疗机构执业许可证》的，由县级以上人民政府卫生行政部门没收非法所得，并可以处以5000元以下的罚款；情节严重的，吊销其《医疗机构执业许可证》。

医疗机构的《医疗机构执业许可证》是一种具有人身性的行政许可。

4. 诊疗活动超出登记范围的

医疗机构诊疗活动超出登记范围的，由县级以上人民政府卫生行政部门予以警告，责令其改正，并可以根据情节处以3000元以下的罚款；情节严重的，吊销其《医疗机构执业许可证》。

5. 使用非卫生技术人员从事医疗卫生技术工作的

使用非卫生技术人员从事医疗卫生技术工作的，由县级以上人民政府卫生行政部门责令其限期改正，并可以处以5000元以下的罚款；情节严重的，吊销其《医疗机构执业许可证》。

6. 出具虚假证明文件的

医疗机构出具虚假证明文件的，由县级以上人民政府卫生行政部门予以警告；对造成危害后果的，可以处以1000元以下的罚款；对直接责任人员由所在单位或者上级机关给予行政处分。

当事人对行政处罚决定不服的，可以依照国家法律、法规的规定申请行政复议或者提起行政诉讼。当事人对罚款及没收药品、器械的处罚决定未在法定期限内申请复议或者提起诉讼又不履行的，县级以上人民政府卫生行政部门可以申请人民法院强制执行。

第二节 医院管理法律制度

一、医院的概念和分类

(一) 医院的概念

医院是以诊治病人、照护病人为主要目的的医疗机构,是备有一定数量的病床与设施,通过医务人员的集体协作,对病人及特定人群进行治病防病、促进健康的场所。

医院应具有以下的基本条件:

(1) 医院应有正式的病房和一定数量的病床设施,以实施住院诊疗为主,一般设有相应的门诊部和住院部;

(2) 应有基本的医疗设备,设立药剂、检验、放射、手术及消毒供应等医技诊疗部门;

(3) 应有能力对门诊病人和住院病人提供合格诊疗条件,达到其防病治病、促进健康的目的;

(4) 医院诊疗过程的完成是全体医务人员集体协作的结果。

(二) 医院的分类

目前,我国医院根据不同的分类标准可分为不同的种类:

1. 根据诊治疾病范围的不同,可分为综合医院、专科医院。

综合医院是指设有一定数量的病床,划分较全面的专门科室,配备药剂、检验、放射等医技部门及相应的人员和设备的机构。专科医院是指为医疗某些特种疾病而设立的单科性医疗机构。

2. 根据所在地区的不同,医院可分为城市医院(如省级医院、市级医院、地区医院层级医院、社区医院及街道医院)和农村医院(如地段医院、乡镇医院等)。

3. 根据功能、任务的不同,可分为一级医院、二级医院、三级医院。

一级医院是指直接向一定人口的社区提供预防、医疗、保健、康复服务的基层医院,如:乡镇卫生院、村卫生室和社区医院等。

二级医院是指向多个社区提供综合医疗卫生服务并承担一定教学、科研任务的地区性医院,通常县、区、市级医院都是二级以上医院。

三级医院是指向几个地区提供高水平专科性医疗卫生服务和执行高等教育、科研任务的区域性以上的医院。

各级医院经过评审,按照《医院分级管理标准》确定为甲、乙、丙三等,其中三级医院增设特等,因此医院共分三级十等。

二、我国关于医院管理的立法

目前我国还没有一部关于医院管理方面的综合性法律文件,医院管理的具体规定由各个单行的法律、法规共同构成。1978年12月,原卫生部发布《综合医院组织编制原则(试行草案)》,目的是为了加强医院组织建设,合理配备人员,提高医疗护理质量,使医院工作适应时代总任务的要求。为进一步明确医院的领导体制、工作原则,1982年1月和4月,原卫生部分别发布《全国医院工作条例》和《医院工作制度》。为了调整与健全三级医疗预防体系、充分合理地利用卫生资源、提高医院科学管理水平和医疗卫生服务质量,1989年11月29日,原卫生部发布了《医院分级管理办法(试行)》。2005年3月,原卫生部发布《医院管理评价指南(试行)》,目的是指导各级卫生行政部门加强对医院的管理,科学、客观、准确地评价医院,促进医院加强内涵建设,不断提高医院管理水平,更好地为社会和人民服务。2005年4月,为加强中医医院(含中西医结合医院)内涵建设,不断提高中医医院管理水平,科学、客观、准确地评价中医医院,推动"医院管理年"活动的开展,原国家中医药管理局(2013年3月,原国家中医药管理局并入新成立的"国家卫生与计划生育委员会")制定了《中医医院管理评价指南(试行)》。

三、医院的管理

(一) 医院的组织编制

医院实行党委领导下的院长负责制。党的领导主要是政治思想领导,院长负责全院行政、业务的领导工作,副院长在院长领导下分管相应的工作。

医院根据减少层次的原则实行院和科室两级领导制。院一级设置精干有力的办事机构。医院按照规模、任务、特长和技术发展情况,设立业务科室。行政科室和业务科室的设置或撤销,须经主管卫生行政部门核准。

(二) 医院的分级管理和评审

医院的分级管理是指从地区医疗保健供求状况现状出发,制定区域卫生规划,适当调整原有医疗机构,并根据地区内医院的不同功能、任务、模式、服务面大小和技术条件等,划分为一定的级别和等次,按相应的医院分级管理标准,实行标准化、目标化管理的制度。医院评审是按医院分级管理标准,对医院综合质量作出的院外评价。医院分级管理的实质是按照现代医院管理的原理,遵照医疗卫生服务工作的科学规律与特点所实行的医院标准化管理和目标管理。

1. 医院分级管理

医院按其功能、任务的不同,可分为一、二、三级,共分三级十等,各级医院之间应建立与完善双向转诊制度和逐级技术指导关系。同时,医疗收费应与医院级别挂钩,级别不同,门诊挂号、住院床位收费等都应有所不同,以适当拉开不同级别医院间的档次。

双向转诊制度是医疗机构之间相互协作,共同构建卫生服务网络化的一种重要方式。所谓双向转诊是指社区卫生服务机构与区域大中型综合医院、专科医院签订协议,让一般常见、多发的小病在社区卫生服务机构治疗,大病则转向二级以上的大医院,而在大医院确诊后的慢性病治疗和手术后的康复则可转至社区卫生服务机构。

医院间的逐级技术指导是我国医院间互相帮扶的一项重要举措,城市医院支援农村医疗机构,高层次医院支援基层医疗机构,互相协作,逐级指导,是医院的责任与义务,这种责任与义务必须做到经常化、制度化。

为了解决"看病难"问题,进一步优化公共医疗资源,2009年8月,卫生部下发《关于在公立医院施行预约诊疗服务工作的意见》,规定从2009年10月开始,所有三级医院都要开展预约诊疗服务。根据该《意见》的要求,公立医院不得擅自提高预约收费标准,不得与中介合作开展此项收费服务,并要按制度规范专家出诊。

2. 医院评审

医院评审是对医院质量进行评价的一种有效形式和手段,目的在于完善医院功能,调动各方面的积极性,进一步落实规章制度和各项技术操作规程,提高医疗质量和技术水平,加强医院的全面建设。

医院评审工作是由医院评审委员会具体完成的。医院评审委员会是在同级卫生行政部门领导下,独立从事医院评审的专业性组织,分为部级、省级、地(市)级评审委员会三级,各级评审委员会对不同等级的医院进行评审。为确保评审工作的专业性，评审委员会由同级卫生行政部门聘请有经验的医院管理、医学教育、临床、医技、护理和财务等有关方面的专家共同组成。

医院评审一般要经过五个阶段，即自查申报、资格评审、考核检查、作出评审结论、审批，如果医院对评审结论有不同意见，可申请复审。

每一评审周期为3年。医院应在评审周期结束前18个月提出申请并呈报资料，评审委员会接到申请后，在本评审周期结束前3个月完成评审。经过评审的医院，由审批机关发给全国统一格式的证书，并由发证机关按年度公布评审结果。

(三) 医院工作制度

为规范医院的工作方法、步骤，原卫生部先后制定了《全国医院工作条例》《医院工作制度》和《医院工作人员职责》。

《医院工作人员职责》对医院各工作岗位的工作人员的职责范围和履行要求作出了较为明确的规定，是在医院全系统实行岗位责任制的直接体现。

《医院工作制度》规定了医院的会议、值班、病案管理、门诊工作、挂号工作等具体工作制度。

《全国医院工作条例》明确规定医院实行党委领导下的院长负责制，科室实行科主任负责制，科室党支部保证监督各项任务的完成。《全国医院工作条例》对医院门诊、急诊和住院治疗工作也作了详细的规定，并对医院的护理、计划生育、预防保健等部门的工作提出具体要求，同时还规范了医院的经济管理、技术管理、教学科研和思想管理工作。

四、县级公立医院的改革

（一）县级公立医院改革的原因

县级公立医院是我国基础医疗的主要组成部分,是公益二类事业单位,是县域内的医疗卫生服务中心、农村三级医疗卫生服务网络的龙头和城乡医疗卫生服务体系的纽带,是政府向县域居民提供基本医疗卫生服务的重要载体。

2007年我国掀起了新一轮的医疗体制改革,目的在于从根本上保障社会成员的基本医疗需要,解决"看病难、看病贵"的问题,时至今日此轮医改已到了重要阶段。2014年4月,中共中央政治局常委、国务院总理李克强作出重要批示,批示指出:"县级公立医院是我国医疗卫生服务体系的主体,服务9亿农村居民,是解决群众看病难、看病贵的关键环节。当前深化医改正处于爬坡过坎的紧要关头,要全力以赴打好这场攻坚战。各地区、各有关部门要继续以县级公立医院改革为突破口,……实现人人享有基本医疗卫生服务的目标。"该批示意味着县级公立医院全面改革的帷幕已经拉开。

（二）县级公立医院改革的方向

2014年3月,国家卫生与计生委、财政部等五部门联合发布《关于推进县级公立医院综合改革的意见》,全面深化县级公立医院在管理体制、补偿机制、价格机制、药品采购、人事编制、收入分配、医保制度、监管机制等方面的综合改革,突出体现其公益性。县级公立医院的改革主要体现在以下几方面:

1. 对管理体制的改革

在明确县级公立医院公共利益性的基础上,对县级公立医院在基本医疗卫生服务中的纽带和载体作用要进行强化确认;同时县级公立医院要建立和完善法人治理结构。

要合理界定政府和公立医院在人事、资产、财务等方面的责权关系,建立决策、执行、监督相互分工、相互制衡的权力运行机制,落实县级公立医院独立法人地位和自主经营管理权。

推进县级公立医院去行政化,逐步取消医院的行政级别,县级卫生计生行政部门负责人不得兼任县级公立医院领导职务。

2. 建立科学的补偿机制

首先,要破除以往县级公立医院"以药补医"的格局,完善其补偿机制。县级公立医院补偿应由服务收费、药品加成收入和政府补助三个渠道改为服务收费和政府补助两个渠道,取消药品加成政策。

其次,要逐步理顺县级公立医院医疗服务的比价关系,提高诊疗、手术、护理、床位和中医服务等项目价格,降低药品和高值医用耗材价格,降低大型医用设备检查、治疗价格。鼓励县级公立医院通过提供优质服务获得合理收入。

最后,基于政府主导的医改方向,要落实政府对县级公立医院的投入责任,促进其体现公共利益性。

3. 对医保支付制度的改革

一方面,要深化县级公立医院医保支付方式的改革,即在开展医保付费总额控制的同时,加快推进按病种、按人头付费等为主的付费方式改革;另一方面,要加强医保对医疗服务的监督和制约,充分发挥各类医疗保险对医疗服务行为和费用的调控引导与监督制约作用。同时,利用信息化手段,逐步健全医保对医务人员用药、检查等医疗服务行为的监督。

4. 完善药品的供应保障与监督机制

完善药品的供应保障与监督机制,主要体现在建立县级公立医院药品集中采购制度。《关于推进县级公立医院综合改革的意见》提出改革完善药品集中采购办法,县级公立医院使用的药品,要依托省级药品集中采购平台,以省(区、市)为单位,按照质量优先、价格合理原则,采取招采合一、量价挂钩、双信封制等办法开展集中招标采购。在药品配送方面,原则上由中标企业自行委托药品经营企业配送或直接配送,减少流通环节,规范流通秩序。在资金支付方面,省级卫生计生和财政部门负责监督货款支付情况,严厉查处拖延付款行为。

5. 人事分配制度的改革

改革人事分配制度对于调动县级公立医院医务人员积极性、发挥其改革主力军作用有着重要意义。《关于推进县级公立医院综合改革的意见》提出:

一是要创新编制管理,在核定县级公立医院人员编制总量基础上实行动态管理,逐步实行编制备案制。

二是改革人事制度。落实县级公立医院用人自主权,优化人员结构。通过全面推行聘用制度和岗位管理制度,变身份管理为岗位管理。

三是建立适应行业特点的薪酬制度。结合医疗行业特点,建立公立医院薪酬制度,完善收入分配激励约束机制。严禁给医务人员设定创收指标,严禁将医务人员收入与医院的药品、检查、治疗等收入挂钩。

四是建立科学的绩效评价机制,围绕公益性质、运行效率、群众满意度考核医院,围绕社会效益和工作效率考核医务人员。

6. 服务能力提升的改革

《关于推进县级公立医院综合改革的意见》明确提出,以改革促发展,加强以人才队伍为核心的能力建设,不断提高县级公立医

院医疗卫生服务水平。具体而言,主要采取以下措施:

(1) 建立适应行业特点的人才培养制度;

(2) 推进信息化建设;

(3) 落实支持和引导社会资本办医政策;

(4) 落实城市三级医院对口支援县级公立医院制度。

第三节 社会民办医疗机构管理法律制度

一、社会民办医疗机构的概述

(一) 社会民办医疗机构的概念与特征

社会民办医疗机构,是社会个人以自有资金投资开办的各类医院、疗养院、门诊部、诊所、卫生所(室)以及在医药商品附设的坐堂行医点等医疗机构的总称。

社会民办医疗机构兴办的主体是社会个人,资金来源为兴办主体的自有资金。

社会民办医疗机构的形式多样,有医院、疗养院、门诊部、诊所、卫生所(室)以及在医药商品附设的坐堂行医点等。

(一) 社会民办医疗机构的性质

为促进非公立医疗机构持续健康发展,2012 年,原卫生部发布《卫生部关于社会资本举办医疗机构经营性质的通知》,其中规定社会资本可以按照经营目的,自主申办营利性或非营利性医疗机构。不再将社会民办医疗机构一般定为营利性医疗机构。

二、社会民办医疗机构的法律规定

新中国成立后,我国根据国家建设的需要,大力发展与开办国家和集体医疗机构,同时一直允许少数符合法律规定的个体医师行医。

虽然早在1951年,原卫生部就发布了《卫生部关于调整医药卫生事业中公私关系的决定》,其中对社会民办医疗机构的问题有所提及,但此后很长一段时间,并未进一步重视。直到改革开放后,为顺应发展的需要,1980年8月,国务院批转了原卫生部《关于允许个体开业行医问题的请示报告》;1988年11月,原卫生部和原国家中医药管理局联合制定了《医师、中医师个体开业暂行管理办法》;1989年5月,原国家中医管理局发布了《中医人员个体开业管理补充规定》;1994年2月,国务院发布了《医疗机构管理条例》,第一次把私立医疗机构置于与公立医疗机构相同的法律地位;1998年6月,第九届全国人大常委会第三次会议通过的《中华人民共和国执业医师法》对执业医师申请个体行医及管理作出了明确规定,从而使我国社会民办医疗机构的管理纳入法制轨道。

三、社会民办医疗机构的任务

社会民办医疗机构的任务是救死扶伤、防病治病、为社会成员的健康服务。

第四节 院前急救管理法律制度

一、院前急救的概述

(一) 院前急救的概念与性质

院前医疗急救,是指由急救中心(站)和承担院前医疗急救任务的急救网络医院按照统一指挥调度,在患者送达医疗机构救治前,在医疗机构外开展的以现场抢救、转运途中紧急救治以及监护为主的医疗活动。急救医疗是一门新兴的综合性临床医学科学。能否高效率、高质量地抢救各种急、危、重病人,是反映一个国家、一个省、一个地区、一个医院的医学科学管理水平和医疗技术水平的重要标志。

院前急救的基本原则是先救命、后治病。

院前急救是由政府主办的公益性事业,是社会保障体系的重要组成部分,鼓励、支持社会力量参与。院前急救关系到人民群众生命安全,属于基本公共卫生服务。应由地方各级卫生行政部门按照"统筹规划、整合资源、合理配置、提高效能"的原则,统一组织实施。卫生行政部门应当建立稳定的经费保障机制,保证院前医疗急救与当地社会、经济发展和医疗服务需求相适应。

(二) 院前急救的特征

相对于一般的医疗行为,院前急救有其自身的特点:

1. 救助对象特殊

院前急救的救助对象的情况非常紧急,要在短时间紧急送医,要立即得到检查诊断、要马上接受治疗,否则就有生命危险。

2. 组织形式特殊

根据《院前急救管理办法》的规定,院前急救机构由急救中心(站)与急救网络医院共同组成,他们在各地卫生行政部门的统一领导下共同完成急救医疗工作。

3. 提供医疗救助的程序特殊

急救医疗事件的发生是难以预料的,因此,院前急救医疗体系必须24小时都处于运转状态,要有高度的机动性,急救医疗救助的程序必须是快速敏捷的,在医疗救助的程序上必然不同于一般的医疗机构。

二、我国院前急救的相关立法

早在20世纪50年代,我国一些城市就建立了急救站。我国的院前急救,起步不晚,但发展缓慢,80年代以来才渐趋完善。1980年10月,卫生部发布了《关于加强城市急救工作的意见》。在该《意见》的基础上,为进一步规范急救医疗体系的发展,卫生部于1983年颁布了《城市急救科(室)建设方案》,1985年确定"120"为急救电话,1986年和1987年卫生部又先后发布了《关于进一步加强急诊抢救工作的补充规定》和《关于加强急诊抢救和提高应变能力的通知》,对如何建立急救医疗机构网、提高急诊抢救和应急能力提出了具体要求。至此,我国的急救医疗基本有了一个较为全面的规范体系。为提高对灾害事故的应急反应能力和医疗救援水平,卫生部于1995年4月颁布了《灾害事故医疗救援工作管理办法》,对灾害事故的医疗救援工作实行规范管理。为更切实保护民众的利益,彻底规范急救秩序,卫生部和信息产业部于2004年4月联合下发了《关于加强院前急救网络建设及"120"特服号码管理的通知》。

然而,以上的法律规定总体都过于零散,致使我国院前急救工作长期存在管理不够规范统一、人员不足、经费不足等问题。因此,2013年11月,国家卫生计生委公布《院前医疗急救管理办法》,自2014年2月1起施行,进一步对院前医疗急救工作进行了规范。

三、院前急救的机构

(一)院前急救机构的设置

院前医疗急救以急救中心(站)为主体,与急救网络医院组成院前医疗急救网络共同实施。

县级以上地方卫生计生行政部门应当将院前医疗急救网络纳入当地医疗机构设置规划,按照就近、安全、迅速、有效的原则设立,统一规划、统一设置、统一管理。

急救中心(站)由卫生计生行政部门按照《医疗机构管理条例》设置、审批和登记。

设区的市设立一个急救中心。因地域或者交通原因,设区的市院前医疗急救网络未覆盖的县(县级市),可以依托县级医院或者独立设置一个县级急救中心(站)。设区的市级急救中心统一指挥调度县级急救中心(站)并提供业务指导。

(二) 院前急救机构的统一管理

急救中心(站)、急救网络医院救护车以及院前医疗急救人员的着装应当统一标识,统一标注急救中心(站)名称和院前医疗急救呼叫号码。

全国院前医疗急救呼叫号码为"120"。急救中心(站)设置"120"呼叫受理系统和指挥中心,其他单位和个人不得设置"120"呼叫号码或者其他任何形式的院前医疗急救呼叫电话。

四、院前急救机构与人员的执业管理

(一) 院前急救执业人员的管理

医疗急救的专业人员包括医师、护士和医疗救护员。

医师和护士应当按照有关法律、法规规定取得相应的执业资格证书。医疗救护员应当按照国家有关规定经培训考试合格取得国家职业资格证书;上岗前,应当经设区的市级急救中心培训考核合格。在专业技术职务评审、考核、聘任等方面应当对上述人员给予倾斜。

医疗救护员可以从事的相关辅助医疗救护工作包括：

(1) 对常见急症进行现场初步处理；

(2) 对患者进行通气、止血、包扎、骨折固定等初步救治；

(3) 搬运、护送患者；

(4) 现场心肺复苏；

(5) 在现场指导群众自救、互救。

(二) 院前急救机构的执业管理

急救中心(站)应当配备专人每天24小时受理"120"院前医疗急救呼叫。"120"院前医疗急救呼叫受理人员应当经设区的市级急救中心培训合格。

急救中心(站)应当在接到"120"院前医疗急救呼叫后，根据院前医疗急救需要迅速派出或者从急救网络医院派出救护车和院前医疗急救专业人员。不得因指挥调度原因拒绝、推诿或者延误院前医疗急救服务。

急救中心(站)和急救网络医院应当按照就近、就急、满足专业需要、兼顾患者意愿的原则，将患者转运至医疗机构救治。急救中心(站)和急救网络医院应当做好"120"院前医疗急救呼叫受理、指挥调度等记录及保管工作，并按照医疗机构病历管理相关规定，做好现场抢救、监护运送、途中救治和医院接收等记录及保管工作。

(三) 执业的禁止性规定

根据《院前医疗急救管理办法》的规定，相关机构和人员不得有以下行为：

(1) 未经卫生行政部门批准，任何单位及其内设机构、个人不得使用急救中心(站)的名称开展院前医疗急救工作；

(2) 其他单位和个人不得设置"120"呼叫号码或者其他任何

形式的院前医疗急救呼叫电话；

（3）急救中心（站）和急救网络医院不得因费用问题拒绝或者延误院前医疗急救服务；

（4）急救中心（站）和急救网络医院不得将救护车用于非院前医疗急救服务；

（5）除急救中心（站）和急救网络医院外，任何单位和个人不得使用救护车开展院前医疗急救工作。

第五节 社区卫生服务机构管理法律制度

一、社区卫生服务机构的概念与特征

社区卫生服务是社区建设的重要组成部分，是在政府领导、社区参与、上级卫生机构指导下，以基层卫生机构为主体，全科医师为骨干，合理使用社区资源和适宜技术，以人的健康为中心、家庭为单位、社区为范围，以妇女、儿童、老年人、慢性病人、残疾人等为重点，以解决社区主要卫生问题、满足基本卫生服务需求为目的的基层卫生服务。

社区卫生服务机构是指在城市范围内设置的、经区（市、县）级政府卫生行政部门登记注册并取得《医疗机构执业许可证》的社区卫生服务中心和社区卫生服务站。社区卫生服务机构以社区成员为服务对象，以弱势群体成员为服务重点，提供公共卫生服务和基本医疗服务，具有公益性质，不以营利为目的，以主动服务、上门服务为主。

二、新中国成立以来有关社区卫生服务的立法

我国有关社区卫生服务的法律、法规起步较晚,但发展速度较快。1999年7月,原卫生部、国家发展计划委员会、教育部等十部委联合发布《关于发展城市社区卫生服务的若干意见》。为加强社区中医药社区卫生服务规范化管理,充分发挥中医药在社区卫生服务中的作用,2003年11月,原卫生部、原国家中医药管理局联合发布《社区卫生服务中心中医药服务管理基本规范》。2006年2月,国务院发布《国务院关于发展城市社区卫生服务的指导意见》,对城市社区卫生服务提出进一步的要求。为落实贯彻《国务院关于发展城市社区卫生服务的指导意见》,原卫生部发布了一系列规章制度,如2006年6月原卫生部发布了《城市社区卫生服务机构管理办法(试行)》和《关于公立医院支援社区卫生服务工作的意见》,并在2006年8月又发布了《城市社区卫生服务中心基本标准》《城市社区卫生服务站基本标准》《城市社区卫生服务机构设置和编制标准指导意见》。

三、社区卫生服务机构的设置与执业登记

(一) 社区卫生服务机构的设置

社区卫生服务中心原则上按街道办事处范围设置,以政府举办为主。在人口较多、服务半径较大、社区卫生服务中心难以覆盖的社区,可适当设置社区卫生服务站或增设社区卫生服务中心。人口规模大于10万人的街道办事处,应增设社区卫生服务中心。人口规模小于3万人的街道办事处,其社区卫生服务机构的设置由区(市、县)政府卫生行政部门确定。

设区的市政府卫生行政部门负责制定本行政区域社区卫生服

务机构设置规划,并将此纳入当地区域卫生规划、医疗机构设置规划。社区卫生服务机构设置规划必须经同级政府批准,报当地省级政府卫生行政部门备案。政府举办的一级医院和街道卫生院应转型为社区卫生服务机构;政府举办的部分二级医院和有条件的国有企事业单位所属基层医疗机构通过结构和功能改造,可转型为社区卫生服务机构。

新设置的社区卫生服务机构可由政府设立,也可按照平等、竞争、择优的原则,通过公开招标等方式确定社区卫生服务机构举办者,鼓励社会力量参与。

(二) 社区卫生服务机构的执业登记

设置社区卫生服务机构,须按照社区卫生服务机构设置规划,由区(市、县)级政府卫生行政部门根据规定进行设置审批和执业登记,同时报上一级政府卫生行政部门备案。社区卫生服务中心登记的诊疗科目应为预防保健科、全科医疗科、中医科(含民族医学)、康复医学科、医学检验科、医学影像科,有条件的可登记口腔医学科、临终关怀科,原则上不登记其他诊疗科目,确需登记的,必须经区(市、县)级政府卫生行政部门审核批准,同时报上一级政府卫生行政部门备案。

四、社区卫生服务机构的人员管理

社区卫生服务机构应根据服务功能、服务人口、居民的服务需要,按照精干、效能的原则设置卫生专业技术岗位,配备适宜学历与职称层次的从事全科医学、公共卫生、中医(含中西医结合、民族医)等专业的执业医师和护士,药剂、检验等其他有关卫生技术人员根据需要合理配置。

社区卫生服务机构的专业技术人员必须具有法定执业资格。

临床类别、中医类别的执业医师注册相应类别的全科医学专业为执业范围,可从事社区预防保健以及一般常见病、多发病的临床诊疗,不得从事专科手术、助产、介入治疗等风险较高、不适宜在社区卫生服务机构开展的专科诊疗,不得跨类别从事口腔科诊疗。上述执业医师在社区卫生服务机构从事全科医学工作,申请注册全科医学专业为执业范围,必须符合以下条件之一:

(1) 取得相应类别的全科医学专业中、高级技术职务任职资格;

(2) 经省级卫生、中医药行政部门认可的相应类别全科医师岗位培训并考核合格;

(3) 参加省级卫生、中医药行政部门认可的相应类别全科医师规范化培训。取得初级资格的临床类别、中医类别执业医师必须在有关上级医师指导下从事全科医学工作。

五、社区卫生服务机构的监督管理

县级人民政府卫生行政部门负责对社区卫生服务机构实施日常监督与管理,建立健全监督考核制度,实行信息公示和奖惩制度。

疾病预防控制中心、妇幼保健院(所、站)、专科防治院(所)等预防保健机构,在职能范围内对社区卫生服务机构所承担的公共卫生服务工作进行业务评价与指导。

政府卫生行政部门应建立社会民主监督制度,定期搜集社区居民的意见和建议,将接受服务居民的满意度作为考核社区卫生服务机构和从业人员业绩的重要标准。同时,政府卫生行政部门建立社区卫生服务机构评审制度,发挥行业组织作用,加强社区卫生服务机构的服务质量建设。

第六节 中外合资、合作医疗机构管理法律制度

一、概述

(一) 概念与特征

中外合资、合作医疗机构,是指外国医疗机构、公司、企业和其他经济组织,按照平等互利的原则,经中国政府主管部门批准,在中国境内与中国的医疗机构、公司、企业和其他经济组织以合资或者合作形式设立的医疗机构。

中外合资、合作医疗机构的投资主体一方是外国医疗机构、公司、企业和其他经济组织,另一方是中国的医疗机构、公司、企业和其他经济组织。设立中外合资、合作医疗机构,要遵循平等互利的原则。中外合资、合作医疗机构的设立地点是在中国境内。因此,法律适用遵循属地原则。

设置中外合资、合作医疗机构,既可举办营利性医疗机构,也可以举办非营利性医疗机构。

(二) 立法与现状

我国医疗服务市场属于对外开放较早的领域。1989年,我国的第一所中外合资医院诞生。为顺应实际情况的需要,1989年,原卫生部和外经贸部联合制定了《关于开办外宾华侨医院诊所和外籍医生来华执业行医的几条规定》;1992年,原卫生部制定了《外籍医生来华短期行医管理办法》;1997年,针对一些地方越权审批中外合资、合作医疗机构以及管理混乱的情况,外经贸部和原卫生部又制定了《关于设立外商投资医院的补充规定》,进一步规范外

商投资医疗机构的审批工作。2000年5月15日,原卫生部和外经贸部联合制定了《中外合资、合作医疗机构暂行管理办法》,该《办法》基本以"入世"谈判中我国已作出的承诺为根据,符合世界贸易组织(WTO)逐步开放的原则和要求。为进一步开放医疗市场,促进中外合资、合作医疗机构的发展,2011年1月,原卫生部下发《卫生部调整中外合资合作医疗机构审批权限的通知》,对中外合资、合作医疗机构的审批权予以细化、下放。

二、中外合资、合作医疗机构的设置审批与登记

(一)中外合资、合作医疗机构的设置条件

中外合资、合作医疗机构的设置与发展必须符合当地区域卫生规划和医疗机构设置规划,并执行卫生部制定的《医疗机构基本标准》。

申请设立中外合资、合作医疗机构的中外双方应是能够独立承担民事责任的法人。合资、合作的中外双方应当具有直接或间接从事医疗卫生投资与管理的经验,并符合下列要求之一:

(1)能够提供国际先进的医疗机构管理经验、管理模式和服务模式;

(2)能够提供具有国际领先水平的医学技术和设备;

(3)可以补充或改善当地在医疗服务能力、医疗技术、资金和医疗设施方面的不足。

设立的中外合资、合作医疗机构应当符合以下条件:

(1)必须是独立的法人;

(2)投资总额不得低于2000万人民币;

(3)合资、合作中方在中外合资、合作医疗机构中所占的股权比例或权益不得低于30%;

（4）合资、合作期限不超过20年；

（5）省级以上卫生行政部门规定的其他条件。

(二) 中外合资、合作医疗机构的设置审批与登记

2011年1月前,中外合资、合作医疗机构的审批权都统一由卫生部行使,如此的制度安排无疑制约了此类医疗机构的发展。因此,2011年,原卫生部下发《卫生部调整中外合资合作医疗机构审批权限的通知》,对中外合资、合作医疗机构的审批权进行了调整。

设置中外合资、合作医疗机构,经医疗机构所在地设区的市级卫生行政部门初审后,报省级卫生行政部门审批。2011年1月前已经由卫生部和商务部批准设立的中外合资、合作医疗机构变更设置人(合作方)、法定代表人、地址、投资总额、规模(床位、牙椅)、诊疗科目及合资、合作期限或者筹建期限的,应当经医疗机构所在地设区的市级卫生行政部门初审后,报省级卫生行政部门审批。

中外合资、合作医疗机构的设置、变更及终止等,经省级卫生行政部门批准后,申请人应当按照有关法律、法规向相应的商务主管部门提出申请。申请人在获得相应卫生行政部门设置许可后,按照有关法律、法规向外经贸部(该部于2003年3月被整合进商务部)提出申请,并提交《中外合资、合作医疗机构暂行管理办法》所规定的材料。外经贸部应当自受理申请之日起45个工作日内,作出批准或者不批准的书面决定;予以批准的,发给《外商投资企业批准证书》。获得批准设立的中外合资、合作医疗机构,应自收到外经贸部颁发的《外商投资企业批准证书》之日起1个月内,凭此证书到国家工商行政管理部门办理注册登记手续,并且应当按《医疗机构管理条例》和《医疗机构管理条例实施细则》关于医疗机构执业登记所规定的程序和要求,向所在地省级卫生行政部门规定

的卫生行政部门申请执业登记,领取《医疗机构执业许可证》。

为规范管理、防止资本恶意转移,《中外合资、合作医疗机构暂行管理办法》明确规定,中外合资、合作医疗机构不得设置分支机构。

三、中外合资、合作医疗机构的执业

作为在中国成立的法人,中外合资、合作医疗机构在执业时要遵守中国的相关法律、法规,具体体现在以下方面:

(1)应当执行《医疗机构管理条例》和《医疗机构管理条例实施细则》关于医疗机构执业的规定;

(2)必须执行医疗技术准入规范和临床诊疗技术规范,遵守新技术、新设备及大型医用设备临床应用的有关规定;

(3)发生医疗事故,依照国家有关法律、法规处理;

(4)聘请外籍医师、护士,按照《中华人民共和国执业医师法》和《中华人民共和国护士管理办法》等有关规定办理;

(5)发生重大灾害、事故、疾病流行或者其他意外情况时,中外合资、合作医疗机构及其卫生技术人员要服从卫生行政部门的调遣;

(6)中外合资、合作医疗机构发布本机构医疗广告,按照《中华人民共和国广告法》《医疗广告管理办法》办理;

(7)中外合资、合作医疗机构的医疗收费价格按照国家有关规定执行;

(8)中外合资、合作医疗机构的税收政策按照国家有关规定执行。

四、中外合资、合作医疗机构的监督管理

（一）监督主体

中外合资、合作医疗机构除了接受县以上地方各级卫生行政部门的日常监督管理外,还应当按照国家对外商投资企业的有关规定,接受国家有关部门的监督。

（二）校验

中外合资、合作医疗机构的《医疗机构执业许可证》每年校验一次,《医疗机构执业许可证》的校验由医疗机构执业登记机关办理。

（三）处罚

中外合资、合作医疗机构违反国家有关法律、法规和规章,由有关主管部门依法查处。对于违反《中外合资、合作医疗机构暂行管理办法》的中外合资、合作医疗机构,县级以上卫生行政部门和外经贸部门可依据相关法律、法规和规章予以处罚。

地方卫生行政部门和地方外经贸行政部门违反法律规定,擅自批准中外合资、合作医疗机构的设置和变更的,依法追究有关负责人的责任。

中外各方未经卫生部和外经贸部批准,成立中外合资、合作医疗机构并开展医疗活动或以合同方式经营诊疗项目的,视同非法行医,按《医疗机构管理条例》和《医疗机构管理条例实施细则》及有关规定进行处罚。

第七节　中医医疗机构管理法律制度

中医医疗机构,是指依法取得医疗机构执业许可证的中医、中西医结合的医院、门诊部和诊所。为发展中医药学,保障和促进中

医药事业的发展,保护人体健康,国务院于2003年4月7日发布了《中华人民共和国中医药条例》等相关规定。

一、中医医疗机构设置

中医医疗机构,是指依法取得医疗机构执业许可证的中医、中西医结合的医院、门诊部和诊所。开办中医医疗机构,应当符合国务院卫生行政部门制定的中医医疗机构设置标准和当地区域卫生规划,并按照《医疗机构管理条例》的规定办理审批手续,取得医疗机构执业许可证后,方可从事中医医疗活动。

二、中医医疗服务活动

中医医疗机构从事医疗服务活动,应当充分发挥中医药特色和优势,遵循中医药自身发展规律,运用传统理论和方法,结合现代科学技术手段,发挥中医药在防治疾病、保健、康复中的作用,为群众提供价格合理、质量优良的中医药服务。依法设立的社区卫生服务中心(站)、乡镇卫生院等城乡基层卫生服务机构,应当能够提供中医医疗服务。

三、中医医疗广告

发布中医医疗广告,医疗机构应当按照规定向所在地省、自治区、直辖市人民政府负责中医药管理的部门申请并报送有关材料。省、自治区、直辖市人民政府负责中医药管理的部门应当自收到有关材料之日起10个工作日内进行审查,并作出是否核发中医医疗广告批准文号的决定。对符合规定要求的,发给中医医疗广告批准文号;未取得中医医疗广告批准文号的,不得发布中医医疗广告。发布的中医医疗广告,其内容应当与审查批准发布的内容一致。

第三章 执业医师管理法律制度

第一节 执业医师的概念

一、执业医师的概念与特征

医师这一职业是人类历史上最古老、最重要的职业之一。《辞海》(1999年版)中对医师是这样定义的:医师是指受过高等医学教育或长期从事医疗卫生工作、经卫生部门审查合格的医务卫生人员。1998年颁布的《执业医师法》进一步确立了关于执业医师的概念与准入制度。根据我国现行法律规定,可对执业医师进行如下定义:执业医师是指依法取得执业医师资格或者执业助理医师资格,经注册取得执业证书,在医疗、预防、保健机构中从事相应的医疗、预防、保健业务的专业医务人员。

执业医师是我国医疗服务行业中重要的组成部分。一名合法执业的执业医师具有以下特征:

1. 依法取得执业资格,经注册取得执业证书。

医师执业的基本前提是通过考试取得执业医师或执业助理医师资格,然后再经医师执业注册,取得医师执业证书后,才能从事医疗活动。

2. 在合法的医疗机构从事相应的医疗、预防、保健业务等专业医疗活动。

医师取得执业证书后并不意味着其从事的医疗活动必然是合

法的,还必须在合法的医疗机构从事相应的医疗活动。这里相应的医疗活动是指医师从事诊疗活动的范围必须以执业证书上限定的执业范围为准。

医师应当具备良好的执业道德,发扬人道主义精神,履行防病治病、救死扶伤、保护人民健康的神圣职责。

二、执业医师法的概念

执业医师法是调整医师资格考试、执业注册和执业活动中产生的各种社会关系的法律规范的总称。

新中国成立后,我国政府颁布了一系列与医师执业有关的法律法规。例如,原卫生部在党的十一届三中全会后颁布了《卫生技术人员职称及晋升条例(试行)》(1979年)、《医院工作人员职责》(1982年)、《医师、中医师个体开业暂行管理办法》(1988年)、《外国医师来华短期行医管理办法》(1993年)等。1998年6月26日,第九届全国人大常委会第三次会议通过了《中华人民共和国执业医师法》(以下简称《执业医师法》),自1999年5月1日起施行。为贯彻实施《执业医师法》,原卫生部及相关部门颁布了一系列的卫生法规与规章,如原卫生部颁布的《医师执业注册暂行办法》《关于医师执业注册中执行范围的暂行规定》《医师资格考试暂行办法》等配套规章,以及原国家执业医师资格考试委员会于2005年发布的《医师资格考试违规处理规定》等。这些法规与规章对促进我国执业医师管理的法律制度法制化、规范化起到了重要作用。在这一系列的法律、法规中,《执业医师法》是核心和主要的法律。

值得一提的是在医师资格考试违规处理立法领域的相关动态。1999年原卫生部医师资格考试委员会制订印发了《医师资格考试违纪处理暂行规定》,但是,由于内容上的缺陷,所以原卫生部医资格考试委员会于 2005 年对《医师资格考试违纪处理暂行规定》进行了修订,形成《医师资格考试违规处理规定》。之后,原卫生部还进行了一系列的修订,但仍缺乏认定程序、处理程序等具体规定。因此,国家卫生和计划生育委员会于 2014 年 4 月面向社会发布《医师资格考试违纪违规处理规定(征求意见稿)》,目的在于进一步完善规范医师资格考试制度。

《执业医师法》的适用对象是依法取得执业医师资格或者执业助理医师资格,经注册取得医师执业证书,在医疗、预防、保健机构中从事医疗、预防、保健机构业务的医务人员。

第二节 医师资格考试和执业注册

一、医师资格考试制度

国家实行医师资格考试制度。医师资格考试分为执业医师资格考试和执业助理医师资格考试,实行国家统一考试,每年举行一次。考试方式分为实践技能考试和医学综合笔试。通过医师资格考试是取得医师执业注册证书的前提。

医师资格统一考试的办法,由国务院卫生行政部门制定。2013 年 12 月,由于全国行政机构改革,原卫生部医师资格考试委员会及其办公室被撤销,新成立的国家卫生和计划生育委员会医师资格考试委员会负责全国医师资格考试工作。医师资格考试由省级以上人民政府卫生行政部门组织实施。

医师资格考试是评价申请医师资格者是否具备执业所必需的专业知识与技能的考试。

(一) 参加执业医师资格考试的条件

根据《执业医师法》的规定,具有下列条件之一的,可以参加执业医师资格考试:

(1) 具有高等学校医学专业本科以上学历,在执业医师指导下,在医疗、预防、保健机构中试用期满1年的;

(2) 取得执业助理医师执业证书后,具有高等学校医学专科学历,在医疗、预防、保健机构中工作满2年的;

(3) 取得助理执业医师执业证书后,具有中等专业学校医学专业学历,在医疗、预防、保健机构中工作满5年的。

参加助理执业医师资格考试的条件是:具有高等学校医学专科学历或者中等专业学校医学专业学历,在执业医师指导下,在医疗、预防、保健机构中试用期满1年的,可以参加执业助理医师资格考试。

此外,针对我国传统医学的特殊性,《执业医师法》还特别规定:以师承方式学习传统医学满3年或者经多年实践医术确有专长的,经县级以上人民政府卫生行政部门确定的传统医学专业组织或者医疗、预防、保健机构考核合格并推荐,也可以参加执业医师资格或者执业助理医师资格考试。考试的内容和办法由国务院卫生行政部门另行制定。

参加全国统一医师资格考试或执业助理医师资格考试,成绩合格者,即授予执业医师或执业助理医师资格,取得由省级卫生行政部门颁发的《医师资格证书》。

(二) 执业医师资格考试类别

执业医师资格考试类别分为临床、中医(包括中医、民族医、中西医结合)、口腔、公共卫生四类。各类考试方式的具体内容和方案由卫生部医师资格考试委员会制定。

二、医师执业注册制度

国家实行医师执业注册制度。通过医师资格考试取得《医师执业证书》后,要合法地从事相关医疗活动,必须通过医师执业注册。医师经注册取得《医师执业证书》后,方可按照注册的执业地点、执业类别、执业范围,从事相应的医疗、预防、保健活动。

(一) 医师执业注册的申请

医师资格考试成绩合格,取得医师资格的,申请人可以向所在地县级以上人民政府卫生行政部门申请医师执业注册。申请人申请医师执业注册,应当提交下列材料:

(1) 医师执业注册申请审核表;

(2) 二寸免冠正面半身照片2张;

(3)《医师资格证书》;

(4) 注册主管部门指定的医疗机构出具的申请人6个月内的健康体检表;

(5) 申请人身份证明;

(6) 医疗、预防、保健机构的拟聘用证明;

(7) 省级以上卫生行政部门规定的其他材料。

拟在医疗、保健机构中执业的人员,应当向批准该机构执业的卫生行政部门申请注册。拟在预防机构中执业的人员,应当向该机构的同级卫生行政部门申请注册。拟在机关、企业和事业单位的医疗机构中执业的人员,应当向核发该机构《医疗机构执业许可证》的卫生行政部门申请。

(二) 准予注册

受理申请的卫生行政部门收到医师执业注册申请后,除法律规定不予注册的情形外,应当自收到申请之日起30日内准予注册,并发给由国务院卫生行政部门统一印制的《医师执业证书》。医疗、预防、保健机构可以为本机构中的医师集体办理注册手续。

医师经注册后,可以在医疗、预防、保健机构中按照注册的执业地点、执业类别、执业范围执业,从事相应的医疗、预防、保健业务。未经医师注册取得执业证书,不得从事医师执业活动。

一般情况下,医师不得超出执业范围进行执业活动,但有下列情况之一的,不属于超范围执业:

(1)对病人实施紧急医疗救护的;

(2)临床医师依据《住院医师规范化培训规定》和《全科医师规范化培训试行办法》等法规的有关规定,进行临床转科的;

(3)依据国家有关规定,经医疗、预防、保健机构批准的卫生支农、会诊、进修、学术交流、承担政府交办的任务和卫生行政部门批准的义诊等;

(4)省级以上卫生行政部门规定的其他情形。

《执业医师法》颁布之日前按照国家有关规定取得医学专业技术职称和医学专业技术职务的人员,由所在机构报请县级以上人民政府卫生行政部门认定,取得相应的医师资格。其中在医疗、预防、保健机构中从事医疗、预防、保健业务的医务人员,依照《执业医师法》规定的条件,由所在机构集体核报县级以上人民政府卫生行政部门,予以注册并发给医师执业证书。

(三)不予注册

有下列情形之一的,不予注册:

(1)不具有完全民事行为能力的;

(2)因受刑事处罚,自刑罚执行完毕之日起至申请注册之日止不满2年的;

(3)受吊销医师执业证书行政处罚,自处罚决定之日起至申请

注册之日止不满 2 年的;

（4）具有国务院卫生行政部门规定不宜从事医疗、预防、保健业务的其他情形的。

受理申请的卫生行政部门对不符合条件不予注册的,应当自收到申请之日起 30 日内书面通知申请人,并说明理由。申请人有异议的,可以自收到通知之日起 15 日内,依法申请复议或者向人民法院提起诉讼。

（四）注销注册

医师注册后有下列情形之一的,其所在的医疗、预防、保健机构应当在 30 日内报告准予注册的卫生行政部门,卫生行政部门应当注销注册,收回医师执业证书:

（1）死亡或者被宣告失踪的;

（2）受刑事处罚的;

（3）受吊销医师执业证书行政处罚的;

（4）因考核不合格,暂停执业活动期满,再次考核仍不合格的;

（5）中止医师执业活动满 2 年的;

（6）甲类、乙类传染病传染期、精神病发病期以及身体残疾等健康状况不适宜或者不能胜任医疗、预防、保健业务工作的;

（7）有出借、出租、抵押、转让、涂改《医师执业证书》行为的;

（8）具有国务院卫生行政部门规定不宜从事医疗、预防、保健业务的其他情形的。

被注销注册的当事人有异议的,可以自收到注销注册通知之日起 15 日内,依法申请复议或者向人民法院提起诉讼。

（五）变更注册

医师变更执业地点、执业类别、执业范围等注册事项的,应当到注册主管部门办理变更注册手续,并提交《医师变更执业注册申请审核表》《医师资格证书》《医师执业证书》以及省级以上卫生行政部门规定提交的其他材料。但经医疗、预防、保健机构批准的卫生支农、会诊、进修、学术交流、承担政府交办的任务和卫生行政部门批准的义诊等除外。

医师申请变更执业注册事项属于原注册主管部门管辖的,申请人应到原注册主管部门申请办理变更手续;医师申请变更执业注册事项不属于原注册主管部门管辖的,申请人应当先到原注册主管部门申请办理变更注册事项和医师执业证书编码,然后到拟执业地点注册主管部门申请办理变更执业注册手续。

跨省、自治区、直辖市变更执业注册事项的,除办理有关手续外,新的执业地点注册主管部门在办理执业注册手续时,应收回原《医师执业证书》,并发给新的《医师执业证书》。

注册主管部门应当自收到变更注册申请之日起30日内办理变更注册手续。对因不符合变更注册条件不予变更的,应当自收到变更注册申请之日起30日内书面通知申请人,并说明理由。申请人如有异议的,可以依法申请行政复议或者向人民法院提起诉讼。

医师在办理变更注册手续过程中,在《医师执业证书》原注册事项已被变更,未完成新的变更事项许可前,不得从事执业活动。

(六) 重新注册

中止医师执业活动2年以上以及不予注册情形消失的医师,申请重新执业,应当依法接受由县级以上人民政府卫生行政部门委托的机构或者组织按照医师执业标准,对申请人的业务水平、工作成绩和职业道德状况进行考核,考核合格的,才能依法重新注册。

第三节 医师执业规则

《执业医师法》规定的医师的权利和义务,是医师在执业活动中产生并由执业医师法所设立与规范的,是特定的权利和义务。医师享有权利的同时也必须履行医师的职责,尽职尽责为病患的生命健康服务。

一、医师执业活动中的权利

法律意义上的医师的权利是指取得医师资格、依法注册的医师在执业活动中依法所享有的权利,是医师能够作出或不作出一定行为,以及要求他人相应作出或不作出一定行为的许可和保障,并为法律所确认、设定和保护。主要有三个部分:一是医师实施某种行为的权利;二是医师要求义务人履行法律义务的权利;三是医师在其权利受到侵犯时,有获得法律保护的权利。

根据《执业医师法》的规定,医师在执业活动中具体享有下列权利:

1. 在注册的执业范围内,进行医学诊查,疾病调查,医学处置,出具相应的医学证明文件,选择合理的医疗、预防、保健方案。

这是医师在执业活动中的基本权利。医师的诊断、处方和治疗权,必须具有医师执业资格者才能享有,并且,如果医师超出注册的执业范围也不得享有该项权利。

2. 按照国务院卫生行政部门规定的标准,获得与本人执业活动相当的医疗设备基本条件。

这是医师进行执业活动的基础。医疗机构有义务为医师提供相应的条件,保证医疗活动的顺利进行,维护患者的生命健康。即使在条件不具备时,医师也不得拒绝患者的诊疗需要,在现有条件的基础上为患者诊治。必要时,医师应及时将患者转院到具备条件的医疗机构中诊疗。

3. 从事医学研究、学术交流,参加专业学术团体。

这是指医师享有科学研究权。

4. 参加专业培训,接受继续医学教育。

5. 在执业活动中,人格尊严、人身安全不受侵犯。

医师在执业活动中,任何人不得侮辱、诽谤、威胁、殴打或以其他方式侵犯医师人身自由、干扰其正常工作、生活,医师有权利对以上违法行为请求相关单位予以处罚。构成犯罪的,依法承担刑事责任。

鉴于医患矛盾突出的现状,2014年4月,最高人民法院、最高人民检察院、公安部、司法部、国家卫生计生委联合公布了《关于依法惩处涉医违法犯罪维护正常医疗秩序的意见》,为有效遏制、预防暴力杀医、伤医等恶性案件的发生,切实维护医疗秩序,保障医患双方的合法权益提供了有效的法律依据。

6. 获取工资报酬和津贴,享受国家规定的福利待遇。

7. 对所在机构的医疗、预防、保健工作和卫生行政部门的工作提出意见和建议,依法参与所在机构的民主管理。

二、医师执业活动中的义务

医师在执业活动中义务与权利相对应。具体而言,医师在执业活动中履行下列义务:

(1) 遵守法律、法规,遵守技术操作规范;

(2) 树立敬业精神,遵守职业道德,履行医师职责,尽职尽责为患者服务;

（3）关心、爱护、尊重患者，保护患者的隐私；

（4）努力钻研业务，更新知识，提高专业技术水平；

（5）宣传卫生保健知识，对患者进行健康教育。

三、医师执业规则

医师执业规则是医师在执业活动中依法应当遵守的规定和原则。根据《执业医师法》的规定，医师应当遵守以下规范：

（1）医师实施医疗、预防、保健措施，签署有关医学证明文件，必须亲自诊查、调查，并按照规定及时填写医学文书，不得隐匿、伪造或者销毁医学文书及有关资料。医师不得出具与自己执业范围无关或者与执业类别不相符的医学证明文件。

（2）对急危患者，医师应当采取紧急措施进行诊治；不得拒绝急救处置。

（3）医师应当使用经国家有关部门批准使用的药品、消毒药剂和医疗器械。除正当诊断治疗外，不得使用麻醉药品、医疗用毒性药品、精神药品和放射性药品。

（4）医师应当如实向患者或者其家属介绍病情，但应注意避免对患者产生不利后果。医师进行实验性临床医疗，应当经医院批准并征得患者本人或者其家属同意。

（5）医师不得利用职务之便，索取、非法收受患者财物或者牟取其他不正当利益。

（6）遇有自然灾害、传染病流行、突发重大伤亡事故及其他严重威胁人民生命健康的紧急情况时，医师应当服从县级以上人民政府卫生行政部门的调遣。

（7）医师发生医疗事故或者发现传染病疫情时，应当按照有关规定及时向所在机构或者卫生行政部门报告。医师发现患者涉嫌伤害事件或者非正常死亡时,应当按照有关规定向有关部门报告。

(8)执业助理医师应当在执业医师的指导下,在医疗、预防、保健机构中按照其执业类别执业。在乡(民族乡)、镇的医疗、预防、保健机构中工作的执业助理医师,可以根据医疗诊治的情况和需要,独立从事一般的执业活动。

第四节 中医从业人员的管理规定

一、中医从业人员医师资格和执业注册

中医从业人员,应当依照有关卫生管理的法律、行政法规、部门规章的规定通过资格考试,并经注册取得执业证书后,方可从事中医服务活动。

以师承方式学习中医学的人员以及确有专长的人员,应当按照国务院卫生行政部门的规定,通过执业医师或者执业助理医师资格考核考试,并经注册取得医师执业证书后,方可从事中医医疗活动。

二、中医从业人员执业活动

中医从业人员应当遵守相应的中医诊断治疗原则、医疗技术标准和技术操作规范。

全科医师和乡村医生应当具备中医药基本知识以及运用中医诊疗知识、技术,处理常见病和多发病的基本技能。

第五节 执业医师的考核和培训

一、执业医师的考核

为加强医师执业管理,提高医师素质,保证医疗质量和医疗安全,《执业医师法》规定了医师的考核制度。医师考核是指医疗机构或有关组织对医师的考核,是对医师进行管理的重要方式之一。考核结果将作为卫生主管部门和医疗机构对医师进行奖惩、职称评定、职务晋升、培训等项管理的依据。

(一)考核机构

县级以上人民政府卫生行政部门负责指导、检查和监督医师考核工作。县级以上人民政府卫生行政部门委托的医疗、预防、保健机构或者医疗机构评审委员会、医师协会或者其他医学专业组织对医师的业务水平、工作成绩和职业道德状况进行定期考核。

县级以上地方人民政府卫生行政部门可以委托符合下列条件之一的医疗、预防、保健机构或者医疗卫生行业、学术组织(以下统称考核机构)承担医师定期考核工作:

(1)设有100张以上床位的医疗机构;

(2)医师人数在50人以上的预防、保健机构;

(3)具有健全组织机构的医疗卫生行业、学术组织。

县级以上地方人民政府卫生行政部门应当公布受委托的考核机构名单,并逐级上报至卫生部备案。考核机构负责医师定期考核的组织、实施和考核结果评定,并向委托其承担考核任务的卫生行政部门报告考核工作情况及医师考核结果。

（二）考核方式

执业医师考核分为平时考核与定期考核两部分。

平时考核是基础考核，每年皆可由医疗机构进行，为定期考核积累材料、提供证据。医师定期考核是指受县级以上地方人民政府卫生行政部门委托的机构或组织按照医师执业标准对医师的业务水平、工作成绩和职业道德进行的考核。

医师定期考核分为执业医师考核和执业助理医师考核。考核类别分为临床、中医（包括中医、民族医、中西医结合）、口腔和公共卫生。医师定期考核每两年为一个周期。

（三）考核结果

执业医师考核结果分为合格和不合格。工作成绩、职业道德和业务水平中任何一项不能通过评定或测评的，即为不合格。

对医师的考核结果，考核机构应当报告准予注册的卫生行政部门备案。对考核不合格的医师，县级以上人民政府卫生行政部门可以责令其暂停执业活动3个月至6个月，并接受培训和继续医学教育。暂停执业活动期满，由考核机构再次进行考核，对考核合格的，允许其继续执业，但该医师在本考核周期内不得评优和晋升；对考核不合格的，由县级以上人民政府卫生行政部门注销注册，收回医师执业证书。被考核医师对考核结果有异议的，可以在收到考核结果之日起30日内，向考核机构提出复核申请。考核机构应当在接到复核申请之日起30日内对医师考核结果进行复核，并将复核意见书面通知医师本人。

二、执业医师的培训

医师的培训，是指以提高医师的医疗水平和综合素质为目的的各种教育和训练活动。医师的培训内容主要包括岗位培训、全科医师培训、进修教育、毕业后医学教育、继续医学教育等。

县级以上人民政府卫生行政部门应当制定医师培训计划,对医师进行多种形式的培训,为医师接受继续医学教育提供条件。县级以上人民政府卫生行政部门应当采取有力措施,对在农村和少数民族地区从事医疗、预防、保健业务的医务人员实施培训。

医疗、预防、保健机构应当按照规定和计划保证本机构医师的培训和继续医学教育。县级以上人民政府卫生行政部门委托的承担医师考核任务的医疗卫生机构,应当为医师的培训和接受继续医学教育提供和创造条件。

第六节 法律责任

一、行政法律责任

根据《执业医师法》的规定,医师执业管理中的行政责任主要有:

1. 以不正当手段取得医师执业证书的,由发给证书的卫生行政部门予以吊销;对负有直接责任的主管人员和其他直接责任人员,依法给予行政处分。

2. 医师在执业活动中,违反本法规定,有下列行为之一的,由县级以上人民政府卫生行政部门给予警告或者责令暂停6个月以上1年以下执业活动;情节严重的,吊销其执业证书;构成犯罪的,依法追究刑事责任:

(1) 违反卫生行政规章制度或者技术操作规范,造成严重后果的;

(2) 由于不负责任延误急危患者的抢救和诊治,造成严重后果的；

（3）造成医疗责任事故的；

（4）未经亲自诊查、调查，签署诊断、治疗、流行病学等证明文件或者有关出生、死亡等证明文件的；

（5）隐匿、伪造或者擅自销毁医学文书及有关资料的；

（6）使用未经批准使用的药品、消毒药剂和医疗器械的；

（7）不按照规定使用麻醉药品、医疗用毒性药品、精神药品和放射性药品的；

（8）未经患者或者其家属同意，对患者进行实验性临床医疗的；

（9）泄露患者隐私，造成严重后果的；

（10）利用职务之便，索取、非法收受患者财物或者牟取其他不正当利益的；

（11）发生自然灾害、传染病流行、突发重大伤亡事故以及其他严重威胁人民生命健康的紧急情况时，不服从卫生行政部门调遣的；

（12）发生医疗事故或者发现传染病疫情，患者涉嫌伤害事件或者非正常死亡，不按照规定报告的。

3. 未经批准非医师行医的，由县级以上人民政府卫生行政部门予以取缔，没收其违法所得及其药品、器械，并处10万元以下的罚款；构成犯罪的，依法追究刑事责任。

4. 阻碍医师依法执业，侮辱、诽谤、威胁、殴打医师或者侵犯医师人身自由，干扰医师正常工作、生活的，依照《治安管理处罚法》的规定处罚；构成犯罪的，依法追究刑事责任。

5. 卫生行政部门工作人员或者医疗、预防、保健机构工作人员违反《执业医师法》的有关规定，弄虚作假、玩忽职守、滥用职权、徇私舞弊,尚不构成犯罪的,依法给予行政处分;构成犯罪的,依法追究刑事责任。

6. 医疗、预防、保健机构对属于注销医师执业注册的情形没有履行报告职责,导致严重后果的,由县级以上人民政府卫生行政部门给予警告;并对该机构的行政负责人依法给予行政处分。

7. 医疗机构发生医疗事故后,对负有责任的医务人员依照《刑法》的相关规定,依法追究刑事责任。尚不够刑事处罚的,依法给予行政处分或者纪律处分,卫生行政部门并可以责令暂停6个月以上1年以下执业活动;情节严重的,吊销其执业证书。

二、民事法律责任

根据《执业医师法》的规定,医师在医疗、预防、保健工作中造成事故的,依照法律或者国家有关规定处理。医疗机构在执业活动中造成医疗事故的,对外承担民事责任的主体是医师所在的医疗机构,负有责任的医师并不直接对外承担民事责任。未经批准擅自开办医疗机构行医或非法行医,给患者造成损害的,依法承担赔偿责任。

三、刑事法律责任

(一) 医疗事故罪

医务人员由于严重不负责任,造成就诊人死亡或者严重损害就诊人身体健康的,处3年以下有期徒刑或者拘役。

(二) 非法行医罪

未取得医生执业资格的人非法行医,情节严重的,处3年以下有期徒刑、拘役或者管制,并处或者单处罚金;严重损害就诊人身体健康的,处3年以上10年以下有期徒刑,并处罚金;造成就诊人死亡的,处 10 年以上有期徒刑,并处罚金。

1. 上述"未取得医生资格的人非法行医"是指下列情形之一:

(1) 未取得或者以非法手段取得医师资格从事医疗活动的;

(2) 个人未取得《医疗机构执业许可证》开办医疗机构的;

(3) 被依法吊销医师执业证书期间从事医疗活动的;

(4) 未取得乡村医生执业证书,从事乡村医疗活动的;

(5) 家庭接生员实施家庭接生以外的医疗行为的。

2. 上述"情节严重"是指下列情形之一:

(1) 造成就诊人轻度残疾、器官组织损伤导致一般功能障碍的;

(2) 造成甲类传染病传播、流行或者有传播、流行危险的;

(3) 使用假药、劣药或不符合国家规定标准的卫生材料、医疗器械,足以严重危害人体健康的;

(4) 非法行医被卫生行政部门行政处罚 2 次以后,再次非法行医的;

(5) 其他情节严重的情形。

3. 上述"严重损害就诊人身体健康"是指下列情形之一:

(1) 造成就诊人中度以上残疾、器官组织损伤导致严重功能障碍的;

(2) 造成 3 名以上就诊人轻度残疾、器官组织损伤导致一般功能障碍的。

(三) 非法进行节育手术罪

未取得医生执业资格的人擅自为他人进行节育复通手术、假节育手术、终止妊娠手术或者摘取宫内节育器,情节严重的,处 3 年以下有期徒刑、拘役或者管制,并处或者单处罚金;严重损害就诊人身体健康的,处 3 年以上 10 年以下有期徒刑,并处罚金;造成就诊人死亡的,处 10 年以上有期徒刑,并处罚金。

第四章 乡村医生管理法律制度

第一节 乡村医生管理法律制度概述

一、乡村医生的概念

乡村医生,是指尚未取得执业医师资格或执业助理医师资格,经注册在村医疗卫生机构从事预防、保健和一般医疗服务的医生。村医疗卫生机构中的执业医师或执业助理医师不属于乡村医生的范畴。

国家鼓励乡村医生通过医学教育取得医学专业学历,鼓励符合条件的乡村医生申请参加国家医师资格考试。为了提高乡村医生的职业道德和业务素质,加强乡村医生从业管理,保护乡村医生的合法权益,保障村民获得初级卫生保健服务,国务院根据《执业医师法》的规定,于2003年8月制定《乡村医生从业管理条例》(2004年1月实施),对乡村医生的执业管理进行规范。

二、乡村医生的管理

在我国广大农村,乡村医生是一个存在已久的群体,并且数量庞大。这主要是由我国农村客观物质条件造成的。乡村医生的存在,解决了我国农村地区居民缺乏基本医疗保障的现实问题,因此,国家对乡村医生采取的是鼓励的态度。据统计和有关调查数据显示,截至2010年底,全国在村医疗卫生机构从事诊疗工作的卫生人员总人数达到120.5万人,平均每行政村2.0人,其中乡村医生103.2万人,执业(助理)医师17.3万人。

国务院卫生行政主管部门负责全国乡村医生的管理工作。县级以上地方人民政府卫生行政主管部门负责本行政区域内乡村医生的管理工作。

地方各级人民政府应当加强乡村医生的培训工作,采取多种形式对乡村医生进行培训。具有学历教育资格的医学教育机构,应当按照国家有关规定开展适应农村需要的医学学历教育,定向为农村培养适用的卫生人员。国家鼓励乡村医生学习中医药基本知识,运用中医药技能防治疾病。国家鼓励乡村医生通过医学教育取得医学专业学历;鼓励符合条件的乡村医生申请参加国家医师资格考试。国家鼓励取得执业医师资格或者执业助理医师资格的人员,开办村医疗卫生机构,或者在村医疗卫生机构向村民提供预防、保健和医疗服务。

国家对在农村预防、保健、医疗服务和突发事件应急处理工作中作出突出成绩的乡村医生,给予奖励。

第二节 乡村医生的执业注册

国家实行乡村医生执业注册制度。县级人民政府卫生行政主管部门负责乡村医生执业注册工作。

一、执业注册的条件

《乡村医生从业管理条例》公布前的乡村医生,取得县级以上地方人民政府卫生行政主管部门颁发的乡村医生证书,并符合下列条件之一的,可以向县级人民政府卫生行政主管部门申请乡村

医生执业注册,取得乡村医生执业证书后,继续在村医疗卫生机构执业:

（1）已经取得中等以上医学专业学历的;

（2）在村医疗卫生机构连续工作20年以上的;

（3）按照省、自治区、直辖市人民政府卫生行政主管部门制定的培训规划,接受培训取得合格证书的。

对具有县级以上地方人民政府卫生行政主管部门颁发的乡村医生证书,但不符合以上条件的乡村医生,县级人民政府卫生行政主管部门应当进行有关预防、保健和一般医疗服务基本知识的培训,并根据省、自治区、直辖市人民政府卫生行政主管部门确定的考试内容、考试范围进行考试。此类乡村医生经培训并考试合格的,可以申请乡村医生执业注册;经培训但考试不合格的,县级人民政府卫生行政主管部门应当组织对其再次培训和考试。不参加再次培训或者再次考试仍不合格的,不得申请乡村医生执业注册。以上培训、考试,应当在《乡村医生从业管理条例》施行后6个月内完成。

《乡村医生从业管理条例》公布之日起进入村医疗卫生机构从事预防、保健和医疗服务的人员,应当具备执业医师资格或者执业助理医师资格。以上人员,不具备执业医师资格或者执业助理医师资格的,根据实际需要,可以允许具有中等医学专业学历的人员,或者经培训达到中等医学专业水平的其他人员申请执业注册,进入村医疗卫生机构执业。具体办法由省、自治区、直辖市人民政府制定。

二、首次注册、不予注册

(一) 首次注册

符合《乡村医生从业管理条例》规定申请在村医疗卫生机构执业的人员,应当持村医疗卫生机构出具的拟聘用证明和相关学历证明、证书,向村医疗卫生机构所在地的县级人民政府卫生行政主管部门申请执业注册。县级人民政府卫生行政主管部门应当自受理申请之日起15日内完成审核工作,对符合规定条件的,准予执业注册,发给乡村医生执业证书。乡村医生经注册取得执业证书后,方可在聘用其执业的村医疗卫生机构从事预防、保健和一般医疗服务。乡村医生执业证书有效期为5年。

(二) 不予注册

县级人民政府卫生行政主管部门在受理乡村医生执业注册的申请后,对具有下列情况之一的,不予注册,并书面说明理由:

(1) 不具有完全民事行为能力的;

(2) 受刑事处罚,自刑罚执行完毕之日起至申请执业注册之日止不满2年的;

(3) 受吊销乡村医生执业证书行政处罚,自处罚决定之日起至申请执业注册之日止不满2年的。

(三) 再注册

乡村医生执业再注册的对象,是指按照《乡村医生从业管理条例》规定获得乡村医生执业证书满5年且拟继续在村医疗卫生机构从业的乡村医生,不包括在村卫生室从业的执业医师和执业助理医师。乡村医生执业证书有效期满需要继续执业的,应当在有效期满前3个月申请再注册。县级人民政府卫生行政主管部门应当自受理申请之日起15日内进行审核,对符合省、自治区、直辖市人民政府卫生行政主管部门规定条件的,准予再注册,换发乡村医生执业证书;对不符合条件的,不予再注册,由发证部门收回原乡村医生执业证书。

(四) 变更注册、注销注册

乡村医生应当在聘用其执业的村医疗卫生机构执业,变更执业的村医疗卫生机构的,应当依照首次注册的程序办理变更注册手续。

乡村医生有下列情形之一的,由原注册的卫生行政主管部门注销执业注册,收回乡村医生执业证书:

(1) 死亡或者被宣告失踪的;

(2) 受刑事处罚的;

(3) 中止执业活动满2年的;

(4) 考核不合格,逾期未提出再次考核申请或者经再次考核仍不合格的。

(五) 乡村医生执业注册的监督

县级人民政府卫生行政主管部门应当将准予执业注册、再注册和注销注册的人员名单向其执业的村医疗卫生机构所在地的村民公告,并由设区的市级人民政府卫生行政主管部门汇总,报省、自治区、直辖市人民政府卫生行政主管部门备案。

村民和乡村医生发现违法办理乡村医生执业注册、再注册、注销注册的,可以向有关人民政府卫生行政主管部门反映;有关人民政府卫生行政主管部门对反映的情况应当及时核实,调查处理,并将调查处理结果予以公布。

上级人民政府卫生行政主管部门应当加强对下级人民政府卫生行政主管部门办理乡村医生执业注册、再注册、注销注册的监督检查,及时纠正违法行为。

三、乡村医生的执业规则

（一）乡村医生在执业活动中的权利

乡村医生在执业活动中享有下列权利：

（1）进行一般医学处置，出具相应的医学证明；

（2）参与医学经验交流，参加专业学术团体；

（3）参加业务培训和教育；

（4）在执业活动中，人格尊严、人身安全不受侵犯；

（5）获取报酬；

（6）对当地的预防、保健、医疗工作和卫生行政主管部门的工作提出意见和建议。

2013年8月，国家卫生与计生委印发《关于进一步完善乡村医生养老政策提高乡村医生待遇的通知》，目的在于提高乡村医生待遇、留住乡村医疗人才。

（二）乡村医生在执业活动中的义务

乡村医生在执业活动中应当履行下列义务：

（1）遵守法律、法规、规章和诊疗护理技术规范、常规；

（2）树立敬业精神，遵守职业道德，履行乡村医生职责，为村民健康服务；

（3）关心、爱护、尊重患者，保护患者的隐私；

（4）努力钻研业务，更新知识，提高专业技术水平；

（5）向村民宣传卫生保健知识，对患者进行健康教育。

（三）乡村医生执业要求

根据《乡村医生从业管理条例》的规定，乡村医生在执业活动中应遵守以下规则：

1. 乡村医生应当协助有关部门做好初级卫生保健服务工作；

按照规定及时报告传染病疫情和中毒事件,如实填写并上报有关卫生统计报表,妥善保管有关资料。

2. 乡村医生在执业活动中,不得重复使用一次性医疗器械和卫生材料。对使用过的一次性医疗器械和卫生材料,应当按照规定处置。

3. 乡村医生应当如实向患者或者其家属介绍病情,对超出一般医疗服务范围或者限于医疗条件和技术水平不能诊治的病人,应当及时转诊;情况紧急不能转诊的,应当先行抢救并及时向有抢救条件的医疗卫生机构求助。

4. 乡村医生不得出具与执业范围无关或者与执业范围不相符的医学证明,不得进行实验性临床医疗活动。

5. 省、自治区、直辖市人民政府卫生行政主管部门应当按照乡村医生一般医疗服务范围,制定乡村医生基本用药目录。乡村医生应当在乡村医生基本用药目录规定的范围内用药。

第三节 乡村医生的培训与考核

一、乡村医生的培训

省、自治区、直辖市人民政府组织制定乡村医生培训规划;县级人民政府根据培训规划制定本地区的乡村医生培训规划,并具体负责组织乡村医生的培训工作。乡、镇人民政府以及村民委员会应当为乡村医生开展工作和学习提供条件,保证乡村医生接受培训和继续教育。

为改善乡村医生队伍总体学历低、执业(助理)医师少,乡村医疗整体素质和服务能力与农村居民健康需求相比还存在较大差距的状况,2013年10月,国家卫生与计生委等5部门关于印发《全国乡村医生教育规划(2011—2020年)》(以下简称《规划》)的通知,目的在于加强乡村医生队伍的培训与建设,深化医药卫生体制改革,更好地满足农村居民健康需求。

根据该《规划》的内容,县级卫生行政部门对在村卫生室执业的乡村医生每年免费培训不少于2次,累计培训时间不少于2周。乡村医生原则上应当每3—5年到县级医疗卫生机构或有条件的中心卫生院脱产进修1次,进修时间原则上不少于1个月。继续实施在岗乡村医生学历教育,提高整体学历层次。对政府及其主管部门按规划组织的乡村医生在岗培训,所需资金由同级财政预算安排,不得向乡村医生收取费用。

二、乡村医生的考核

县级人民政府卫生行政主管部门负责组织本地区乡村医生的考核工作,对乡村医生的考核,每2年组织一次。对乡村医生的考核应当客观、公正,充分听取乡村医生执业的村医疗卫生机构、乡村医生本人、所在村村民委员会和村民的意见。

县级人民政府卫生行政主管部门负责检查乡村医生执业情况,收集村民对乡村医生业务水平、工作质量的评价和建议,接受村民对乡村医生的投诉,并进行汇总、分析。汇总、分析结果与乡村医生接受培训的情况作为对乡村医生进行考核的主要内容。

乡村医生经考核合格的,可以继续执业;经考核不合格的,在6个月之内可以申请进行再次考核。逾期未提出再次考核申请或者经再次考核仍不合格的乡村医生,原注册部门应当注销其执业注册,并收回乡村医生执业证书。

第四节 法律责任

乡村医生违反相关法律的法律责任和一般执业医师的法律责任有重合之处,不同点主要体现在乡村医生行政责任承担方面:

1. 乡村医生在执业活动中,违反本条例规定,有下列行为之一的,由县级人民政府卫生行政主管部门责令限期改正,给予警告;逾期不改正的,责令暂停3个月以上6个月以下执业活动;情节严重的,由原发证部门暂扣乡村医生执业证书:

(1) 执业活动超出规定的执业范围,或者未按照规定进行转诊的;

(2) 违反规定使用乡村医生基本用药目录以外的处方药品的;

(3) 违反规定出具医学证明,或者伪造卫生统计资料的;

(4) 发现传染病疫情、中毒事件不按规定报告的。

2. 乡村医生在执业活动中,违反规定进行实验性临床医疗活动,或者重复使用一次性医疗器械和卫生材料的,由县级人民政府卫生行政主管部门责令停止违法行为,给予警告,可以并处1000元以下的罚款;情节严重的,由原发证部门暂扣或者吊销乡村医生执业证书。

3. 乡村医生变更执业的村医疗卫生机构,未办理变更执业注册手续的,由县级人民政府卫生行政主管部门给予警告,责令限期办理变更注册手续。

4. 以不正当手段取得乡村医生执业证书的,由发证部门收缴乡村医生执业证书;造成患者人身损害的,依法承担民事赔偿责任;构成犯罪的,依法追究刑事责任。

对于未经注册在村医疗卫生机构从事医疗活动的,由县级以上地方人民政府卫生行政主管部门予以取缔,没收其违法所得以及药品、医疗器械,违法所得5000元以上的,并处违法所得1倍以上3倍以下的罚款;没有违法所得或者违法所得不足5000元的,并处1000元以上3000元以下的罚款;造成患者人身损害的,依法承担民事赔偿责任;构成犯罪的,依法追究刑事责任。

第五章 母婴保健法律制度

第一节 母婴保健法概述

一、母婴保健法的概念

母婴保健是指为母亲和婴儿提供医疗保健服务,以保障母亲和婴儿健康、提高出生人口素质。母婴保健服务的内容主要包括:

(1) 有关母婴保健的科普宣传、教育和咨询;

(2) 婚前医学检查;

(3) 产前诊断和遗传病诊断;

(4) 助产技术;

(5) 实施医学上需要的节育手术;

(6) 新生儿疾病筛查;

(7) 有关生育、节育、不育的其他生殖保健服务。

母婴保健法是调整保障母亲和婴儿健康、提高出生人口素质活动中产生的各种社会关系的法律规范的总和。

二、母婴保健的立法

人口质量直接关系到民族的盛衰和国家的兴亡,尤其是出生人口质量的高低,决定着民族和国家的未来。在我国,党和政府一向高度重视保障妇女和儿童的健康权益。1949年发表的《中国人民政治协商会议共同纲领》中明确规定"保护母亲、婴儿和儿童的健康";新中国成立后,我国《宪法》也都规定了保护母亲和儿童的条款。20世纪90年代以来,这方面的立法工作得到不断加强。为了贯彻《宪法》的规定,我国先后制定的《婚姻法》《妇女权益保障法》《未成年人保护法》《母婴保健法》对保护母亲、婴儿和儿童的健康权益都做了规定。1994年,全国人大常委会制定的《中华人民共和国母婴保健法》,是新中国成立以来我国第一部保护妇女儿童健康的专门法律。1995年,卫生部发布了《中华人民共和国母婴保健法实施办法》(2001年修订),以及《中华人民共和国母婴保健法》的其他配套文件,包括《母婴保健监督员管理办法》《母婴保健医学技术鉴定管理办法》《母婴保健专项技术服务基本标准》《母婴保健专项技术服务许可及人员资格管理办法》,以及《母婴保健监督行政处罚程序》。各省、自治区、直辖市也制定了实施《母婴保健法》办法的地方性法规。

《母婴保健法》及其《实施办法》,规范了医疗保健机构和个人在母婴保健工作中的行为,为提高母婴医疗保健服务质量提供了法制保障,建立了初步完善的母婴保健法律制度,主要包括婚前保健、孕产期保健、母婴保健机构、母婴保健的监督管理等制度。

母婴卫生保健法制建设的不断加强和完善,有力推动并保证了我国母婴卫生保健事业的发展,对我国妇女健康状况的改善、儿童健康水平的提高,以及孕妇、产妇、婴儿死亡率的大幅度下降起到了显著的作用。

三、母婴保健的原则

母婴保健工作以保健为中心,以保障生殖健康为目的,实行"保健和临床相结合,面向群体、面向基层和预防为主"的方针。公民享有母婴保健的知情选择权。国家保障公民获得适宜的母婴保健服务的权利。

国家发展母婴保健事业,并提供必要条件和物质帮助,使母亲和婴儿获得医疗保健服务。国家对边远贫困地区的母婴保健事业给予扶持。各级人民政府领导母婴保健工作。母婴保健事业应当纳入国民经济和社会发展计划。国家鼓励、支持母婴保健领域的教育和科学研究,推广先进、实用的母婴保健技术,普及母婴保健科学知识。对在母婴保健工作中作出显著成绩和在母婴保健科学研究中取得显著成果的组织和个人,给予奖励。

第二节 婚前保健

一、婚前保健的内容

婚前保健服务,是指对准备结婚的男女双方在结婚登记前所进行的婚前卫生指导、婚前卫生咨询和婚前医学检查服务。医疗保健机构应当为公民提供婚前保健服务。

(一)婚前卫生指导

婚前卫生指导是指关于性卫生知识、生育知识和遗传病知识的教育。主要包括下列事项:

(1)有关性卫生的保健和教育;

(2)新婚避孕知识及计划生育指导;

(3)受孕前的准备、环境和疾病对后代影响等孕前保健知识;

(4)遗传病的基本知识;

(5)影响婚育的有关疾病的基本知识;

(6)其他生殖健康知识。

（二）婚前卫生咨询

婚前卫生咨询是指对有关婚配、生育保健等问题提供医学意见。医师进行婚前卫生咨询时，应当为服务对象提供科学的信息，对可能产生的后果进行指导，并提出适当的建议。

（三）婚前医学检查

国务院2001年6月20日公布的《中华人民共和国母婴保健法实施办法》第10条规定，在实行婚前医学检查的地区，准备结婚的男女双方在办理结婚登记前，应当到医疗、保健机构进行婚前医学检查。但2003年10月1日起实施的国务院颁布的《婚姻登记条例》规定，婚前医学检查采取自愿婚检的形式，婚检证明不作为婚姻登记的必备文件。很多地方之后修订的《母婴保健实施条例》，如黑龙江、北京、广东、内蒙古等地，都仍然要求婚检。从实际来看，1994年《母婴保健法》的出台，使婚前医学检查工作在全国城乡普遍推开。2001年，国务院发布的《中国妇女儿童发展纲要》提出了10年内城市和农村婚前医学检查率要分别达到80%和50%的目标。但2003年10月实施新修订的《婚姻登记条例》后，全国婚检率迅速下降，出生婴儿缺陷率呈现反弹趋势，国内专业人士普遍认为，长此下去，将严重影响对家庭、社会及母婴健康、出生人口素质，全体人口健康面临的风险因此而扩大，家庭和社会为健康付出的成本和代价增高，从国家承担的社会责任考虑，仍应实行强制婚前医学检查制度，但应该免费检查。

婚前医学检查是指对准备结婚的男女双方可能患影响结婚和生育的疾病进行的医学检查。经婚前医学检查，医疗保健机构应当出具婚前医学检查证明。婚前医学检查包括对下列疾病的检查：

（1）严重遗传性疾病。这是指由于遗传因素先天形成，患者全部或者部分丧失自主生活能力,后代再现风险高,医学上认为不宜生育的遗传性疾病。

（2）指定传染病。这是指《中华人民共和国传染病防治法》中规定的艾滋病、淋病、梅毒、麻风病以及医学上认为影响结婚和生育的其他传染病。

（3）有关精神病。这是指精神分裂症、躁狂抑郁型精神病以及其他重型精神病。

二、婚前医学检查意见

婚前医学检查包括询问病史、体格检查及相关检查。经婚前医学检验合格的,执行检查的医疗保健机构应当向接受检查的当事人出具《婚前医学检查证明》,并对有关人员进行医学指导。婚前医学检查证明应当列明是否发现下列疾病:

（1）在传染期内的指定传染病;

（2）在发病期内的有关精神病;

（3）不宜生育的严重遗传性疾病;

（4）医学上认为不宜结婚的其他疾病。

对患指定传染病在传染期内或者有关精神病在发病期内的,医师应当提出医学意见;准备结婚的男女双方应当暂缓结婚。

经婚前医学检查,对诊断患医学上认为不宜生育的严重遗传性疾病的,医师应当向男女双方说明情况,提出医学意见;经男女双方同意,采取长效避孕措施或者施行结扎手术后不生育的,可以结婚,但《中华人民共和国婚姻法》规定禁止结婚的除外。医疗、保健机构应当为其治疗提供医学咨询和医疗服务。

经婚前医学检查,医疗、保健机构不能确诊的,应当转到设区的市级以上人民政府卫生行政部门指定的医疗、保健机构确诊。

第三节 孕产期保健

一、孕产期保健服务的内容

医疗保健机构应当为育龄妇女和孕产妇提供孕产期保健服务。孕产期保健服务包括下列内容:

1. 母婴保健指导

对孕育健康后代以及严重遗传性疾病和碘缺乏病等地方病的发病原因、治疗和预防方法提供医学意见。

2. 孕妇、产妇保健

为孕妇、产妇提供卫生、营养、心理等方面的咨询和指导以及产前定期检查等医疗保健服务。主要包括:

(1) 为孕产妇建立保健手册(卡),定期进行产前检查;

(2) 为孕产妇提供卫生、营养、心理等方面的医学指导与咨询;

(3) 对高危孕妇进行重点监护、随访和医疗保健服务;

(4) 为孕产妇提供安全分娩技术服务;

(5) 定期进行产后访视,指导产妇科学喂养婴儿;

(6) 提供避孕咨询指导和技术服务;

(7) 对产妇及其家属进行生殖健康教育和科学育儿知识教育;

(8) 其他孕产期保健服务。

3. 胎儿保健

为胎儿生长发育进行监护,提供咨询和医学指导。

4. 新生儿保健

为新生儿生长发育、哺乳和护理提供的医疗保健服务。主要包括:

（1）按照国家有关规定开展新生儿先天性、遗传性代谢病筛查、诊断、治疗和监测；

（2）对新生儿进行访视，建立儿童保健手册(卡)，定期对其进行健康检查，提供有关预防疾病、合理膳食、促进智力发育等科学知识，做好婴儿多发病、常见病防治等医疗保健服务；

（3）按照规定的程序和项目对婴儿进行预防接种；

（4）推行母乳喂养，医疗保健机构应当为实施母乳喂养提供技术指导，为住院分娩的产妇提供必要的母乳喂养条件。

二、孕产期医学指导

医疗保健机构对患严重疾病或者接触致畸物质，妊娠可能危及孕妇生命安全或者可能严重影响孕妇健康和胎儿正常发育的，应当予以医学指导。

1. 医学意见

医师发现或者怀疑患严重遗传性疾病的育龄夫妻，应当对其提出医学意见；限于现有医疗技术水平难以确诊的，应当向当事人说明情况。育龄夫妻可以选择避孕、节育、不孕等相应的医学措施。

2. 医学检查

医疗、保健机构发现孕妇患有下列严重疾病或者接触物理、化学、生物等有毒、有害因素，可能危及孕妇生命安全或者可能严重影响孕妇健康和胎儿正常发育的，应当对孕妇进行医学指导和必要的医学检查：

（1）严重的妊娠合并症或者并发症；

（2）严重的精神性疾病；

（3）国务院卫生行政部门规定的严重影响生育的其他疾病。

3. 产前诊断

孕妇有下列情形之一的,医师应当对其进行产前诊断:

(1) 羊水过多或者过少的;

(2) 胎儿发育异常或者胎儿有可疑畸形的;

(3) 孕早期接触过可能导致胎儿先天缺陷的物质的;

(4) 有遗传病家族史或者曾经分娩过先天性严重缺陷婴儿的;

(5) 初产妇年龄超过 35 周岁的。

4. 遗传病

生育过严重遗传性疾病或者严重缺陷患儿的夫妻,再次妊娠前,双方应当按照国家有关规定到医疗、保健机构进行医学检查。医疗、保健机构应当向当事人介绍有关遗传性疾病的知识,给予咨询、指导。对诊断患有医学上认为不宜生育的严重遗传性疾病的,医师应当向当事人说明情况,并提出医学意见。

5. 性别鉴定

医疗保健机构不得采用技术手段对胎儿进行性别鉴定。对怀疑胎儿可能为伴性遗传病,需要进行性别鉴定的,由省、自治区、直辖市人民政府卫生行政部门指定的医疗、保健机构按照国务院卫生行政部门的规定进行鉴定。

6. 国家提倡住院分娩

医疗、保健机构应当按照国务院卫生行政部门制定的技术操作规范,实施消毒接生和新生儿复苏,预防产伤及产后出血等产科并发症,降低孕产妇及产儿发病率、死亡率。没有条件住院分娩的,应当由经县级地方人民政府卫生行政部门许可并取得家庭接生员技术证书的人员接生。高危孕妇应当在医疗、保健机构住院分娩。

三、终止妊娠

1. 终止妊娠

经产前检查,医师发现或怀疑胎儿及孕妇异常的,应对孕妇进行产前诊断。经产前诊断,有下列情形之一的,医师应当向夫妻双方说明情况,并提出终止妊娠的医学意见:

(1) 胎儿患严重遗传性疾病的;

(2) 胎儿有严重缺陷的;

(3) 因患严重疾病,继续妊娠可能危及孕妇生命安全或者严重危害孕妇健康的。

2. 实行终止妊娠或者结扎手术的程序

依照《母婴保健法》的规定施行终止妊娠或者结扎手术,应当经本人同意,并签署意见;本人无行为能力的,应当经其监护人同意,并签署意见。依法施行终止妊娠或者结扎手术的,接受免费服务。

四、新生儿出生医学证明

新生儿出生医学证明,是依据《母婴保健法》出具的、证明婴儿出生状态、血亲关系以及申报国籍、户籍取得公民身份的法定医学证明。医疗保健机构和从事家庭接生的人员应当按照国务院卫生行政部门的规定,出具统一制发的新生儿出生医学证明。

新生儿出生医学证明由卫生部统一印制,以省、自治区、直辖市为单位统一编号,不得跨省使用或借用。1995 年 11 月,卫生部、公安部发布了《关于统一规范〈出生医学证明〉的通知》,统一印制了《出生医学证明》,并于 1996 年 1 月 1 日起开始启用。目前使用的《出生医学证明》(第 5 版)自 2014 年 1 月 1 日起启用,由国家卫生和计划生育委员会、公安部统一印发和监管,逐步实行全省全国联网。

《出生医学证明》由批准开展助产技术服务,并依法取得《母婴保健技术服务许可证》的医疗保健机构直接签发。严禁任何单位和个人伪造、倒卖、转让、出借、私自涂改或使用非法印制的出生医学证明。

五、产妇、婴儿死亡以及新生儿出生缺陷报告

医疗保健机构和从事家庭接生的人员,应当按照卫生部的规定向卫生行政部门报告产妇和婴儿死亡,以及新生儿出生缺陷的情况。

第四节 技术鉴定

母婴保健医学技术鉴定,是指接受母婴保健服务的公民或提供母婴保健服务的医疗保健机构,对婚前医学检查、遗传病诊断和产前诊断结果或医学技术鉴定结论持有异议所进行的医学技术鉴定。母婴保健医学技术鉴定工作必须坚持实事求是,尊重科学,公正鉴定,保守秘密的原则。

一、鉴定机构

省、市、县级人民政府应当分别设立母婴保健医学技术鉴定组织,统称母婴保健医学技术鉴定委员会(以下简称医学技术鉴定委员会)。医学技术鉴定委员会办事机构设在同级妇幼保健院内,负责母婴保健医学技术鉴定委员会的日常工作。县级以上地方人民政府可以设立母婴保健医学技术鉴定组织,负责对婚前医学检查、遗传病诊断和产前诊断结果有异议的进行医学技术鉴定。

二、鉴定人员

医学技术鉴定委员会应由妇产科、儿科、妇女保健、儿童保健、生殖保健、医学遗传、神经病学、精神病学、传染病学等医学专家组成。从事医学技术鉴定的人员，必须具有临床经验和医学遗传学知识，并具有主治医师以上的专业技术职务。医学技术鉴定组织的组成人员，由卫生行政部门提名，同级人民政府聘任。母婴保健医学技术鉴定委员会成员应当符合下列任职条件：

（1）县级母婴保健医学技术鉴定委员会成员应当具有主治医师以上专业技术职务；

（2）设区的市级和省级母婴保健医学技术鉴定委员会成员应当具有副主任医师以上专业技术职务；

（3）具有认真负责的工作精神和良好的医德医风。

三、鉴定程序

公民对许可的医疗保健机构出具的婚前医学检查、遗传病诊断、产前诊断结果持有异议的，可在接到检查或诊断结果证明之日起15日内，向所在地县级或者设区的市级母婴保健医学技术鉴定委员会提出书面鉴定申请，同时填写《母婴保健医学技术鉴定申请表》，提供与鉴定有关的材料。

医学技术鉴定委员会应当在接到《母婴保健医学技术鉴定申请表》之日起30日内作出医学技术鉴定结论，如有特殊情况，最长不得超过90日。如鉴定有困难，可向上一级医学技术鉴定委员会提出鉴定申请，上级鉴定委员会在接到鉴定申请后30日内作出鉴定结论。省级鉴定为终级鉴定。如省级技术鉴定有困难，可转至有条件的医疗保健机构进行检查确诊,出具检测报告,由省级医学技术鉴定委员会作出鉴定结论。

医学技术鉴定委员会成员在发表鉴定意见前,可以要求当事人及有关人员到会陈述理由和事实经过,当事人应当如实回答提出的询问。当事人无正当理由不到会的,鉴定仍可照常进行。医学技术鉴定委员会成员发表医学技术鉴定意见时,当事人应当回避。

在医学技术鉴定过程中,医学技术鉴定委员会认为需要重新进行临床检查、检验的,应当在医学技术鉴定委员会指定的医疗保健机构进行。与鉴定有关的材料和鉴定结论原件必须立卷存档,严禁涂改、伪造。

母婴保健医学技术鉴定委员会进行医学鉴定须有 5 名以上相关专业医学技术鉴定委员会成员参加。参加鉴定的医学技术鉴定委员会成员应当在鉴定书上签名,对鉴定结论有不同意见时,应当如实记录。医学技术鉴定委员会办事机构在医学技术鉴定委员会作出鉴定结论后,应当出具《母婴保健医学技术鉴定证明》,并及时送达当事人各一份。《母婴保健医学技术鉴定证明》必须加盖医学技术、鉴定委员会鉴定专用章后方可生效。

当事人对鉴定结论有异议,可在接到《母婴保健医学技术鉴定证明》之日起 15 日内向上一级母婴保健医学技术鉴定委员会申请重新鉴定。省级医学技术鉴定委员会的医学技术鉴定结论,为最终鉴定结论。

四、回避制度

为保证母婴保健医学技术鉴定结果的客观性和公正性,医学技术鉴定实行回避制度。医学技术鉴定时必须有 5 名以上相关专业医学技术鉴定委员会成员参加,参加鉴定人员中与当事人有利害关系,可能影响公正鉴定的人员,应当回避。

第五节 行政管理

各级人民政府领导母婴保健工作。国务院卫生行政部门主管全国母婴保健工作,根据不同地区情况提出分级分类指导原则,并对全国母婴保健工作实施监督管理。国务院其他有关部门在各自职责范围内,配合卫生行政部门做好母婴保健工作。

一、医疗保健机构的许可

1. 医疗保健机构

承担母婴保健技术服务的医疗保健机构,是指依据母婴保健法开展母婴保健业务的各级妇幼保健机构以及其他开展母婴保健技术服务的机构。各级妇幼保健机构是由政府举办,不以营利为目的,具有公共卫生性质的公益性事业单位,是为妇女儿童提供公共卫生和基本医疗服务的专业机构。

妇幼保健机构遵循"以保健为中心,以保障生殖健康为目的,保健与临床相结合,面向群体、面向基层和预防为主"的妇幼卫生工作方针。妇幼保健机构应坚持以群体保健工作为基础,面向基层、预防为主,为妇女儿童提供健康教育、预防保健等公共卫生服务。在切实履行公共卫生职责的同时,开展与妇女儿童健康密切相关的基本医疗服务。

卫生部负责全国妇幼保健机构的监督管理。县级以上地方人民政府卫生行政部门负责本行政区域内妇幼保健机构的规划和监督管理。省级人民政府卫生部门指定的各省、自治区、直辖市妇幼保健院负责本行政区域内母婴保健检测和技术指导;医疗保健机构按照国务院卫生行政部门,负责其职责范围内的母婴保健技术服务工作。

2. 妇幼保健机构提供的公共卫生服务

妇幼保健机构提供的公共卫生服务主要包括以下内容:

(1)完成各级政府和卫生行政部门下达的指令性任务。

(2)掌握本辖区妇女儿童健康状况及影响因素,协助卫生行政部门制定本辖区妇幼卫生工作的相关政策、技术规范及各项规章制度。

(3)受卫生行政部门委托对本辖区各级各类医疗保健机构开展的妇幼卫生服务进行检查、考核与评价。

(4)负责指导和开展本辖区的妇幼保健健康教育与健康促进工作;组织实施本辖区母婴保健技术培训,对基层医疗保健机构开展业务指导,并提供技术支持。

(5)负责本辖区孕产妇死亡、婴儿及5岁以下儿童死亡、出生缺陷监测、妇幼卫生服务及技术管理等信息的收集、统计、分析、质量控制和汇总上报。

(6)开展妇女保健服务,包括青春期保健、婚前和孕前保健、孕产期保健、更年期保健、老年期保健。重点加强心理卫生咨询、营养指导、计划生育技术服务、生殖道感染、性传播疾病等妇女常见病防治。

(7)开展儿童保健服务,包括胎儿期、新生儿期、婴幼儿期、学龄前期及学龄期保健,受卫生行政部门委托对托幼园所卫生保健进行管理和业务指导。重点加强儿童早期综合发展、营养与喂养指导、生长发育监测、心理行为咨询、儿童疾病综合管理等儿童保健服务。

(8)开展妇幼卫生、生殖健康的应用性科学研究并组织推广适宜技术。

3. 妇幼保健机构提供的基本医疗服务

妇幼保健机构提供的基本医疗服务包括妇女儿童常见疾病诊治、计划生育技术服务、产前筛查、新生儿疾病筛查、助产技术服务等，根据需要和条件，开展产前诊断、产科并发症处理、新生儿危重症抢救和治疗等。

4. 医疗保健机构依照《母婴保健法》规定开展婚前医学检查、遗传病诊断、产前诊断以及施行结扎手术和终止妊娠手术的，必须符合国务院卫生行政部门规定的条件和技术标准，并经县级以上地方人民政府卫生行政部门许可。

医疗机构和其他提供母婴保健服务技术的机构，开展结扎手术和终止妊娠手术，必须经县以上卫生行政部门审批，取得《母婴保健技术服务职业许可证》。医疗保健机构开展婚前医学检查，必须经设区的市级以上卫生行政部门审批，取得《母婴保健技术服务职业许可证》。开展遗传病诊断和产前诊断以及涉外婚前医学检查，必须经省级卫生行政部门审批，取得《母婴保健技术服务职业许可证》。

二、母婴保健技术服务人员的许可

从事婚前检查、遗传病诊断、产前诊断、施行结扎和终止妊娠手术及家庭接生技术服务的人员，必须符合《母婴保健专项技术服务标准》，并经考核合格，取得《母婴保健技术考核合格证书》和《家庭接生技术合格证书》。其中，从事《母婴保健法》规定的遗传病诊断、产前诊断的人员，由过省、自治区、直辖市人民政府卫生行政部门的考核，取得《母婴保健技术考核合格证书》；从事婚前医学检查的人员，由设区以上的市级地方人民政府卫生行政部门考核，并取得相应的合格证书;施行结扎手术和终止妊娠手术的人员,由县级以上地方人民政府卫生行政部门考核,并取得相应的合格证书。从事家庭接生的人员,由县级以上地方人民政府卫生行政部门考核,取得《家庭接生技术合格证书》。

第六节 法律责任

一、行政责任

未取得国家颁发的有关合格证书的,有下列行为之一,县级以上地方人民政府卫生行政部门应当予以制止,并可以根据情节给予警告或者处以罚款:

(1)从事婚前医学检查、遗传病诊断、产前诊断或者医学技术鉴定的;

(2)施行终止妊娠手术的;

(3)出具《母婴保健法》规定的有关医学证明的,出具的有关医学证明无效。

从事母婴保健工作的人员违反《母婴保健法》规定,出具有关虚假医学证明或者进行胎儿性别鉴定的,由医疗保健机构或者卫生行政部门根据情节给予行政处分;情节严重的,依法取消执业资格。

二、民事责任

如果取得相应合格证书从事母婴保健的工作人员,在诊疗护理中,违反母婴保健法律、法规和部门规章及医疗护理规范、常规,过失造成就诊人员人身损害的,应当根据《民法通则》《侵权责任法》

《医疗事故处理条例》的有关规定承担民事责任。

三、刑事责任

《母婴保健法》规定,未取得国家颁发的有关合格证书,施行终止妊娠手术或者采取其他方法终止妊娠,致人死亡、残疾、丧失或者基本丧失劳动能力的,依照《刑法》的有关规定追究刑事责任。

《刑法》第 336 条第 2 款规定,未取得医生执业资格擅自为他人进行节育复通手术、假节育手术、终止妊娠手术或者摘取宫内节育器,情节严重的,处 3 年以下有期徒刑、拘役或者管制,并处或者单处罚金;严重损害就诊人身体健康的,处 3 年以上 10 年以下有期徒刑,并处罚金;造成就诊人死亡的,处 10 年以上有期徒刑,并处罚金。

第六章　计划生育技术服务法律制度

第一节　计划生育技术服务概述

一、计划生育技术服务的概念

计划生育技术服务,是指计划生育技术指导、咨询以及与计划生育有关的临床医疗服务。计划生育技术服务是计划生育工作的重要环节,加强计划生育技术服务工作,对控制人口,实现计划生育目标,提高人口素质,保障公民的生殖健康权利,保护妇女的身体健康,都具有重要意义。

我国是人口众多的国家,实行计划生育是国家的基本国策。国家采取综合措施,控制人口数量,提高人口素质;国家依靠宣传教育、科学技术进步、综合服务、建立健全奖励和社会保障制度,开展人口与计划生育工作。国家建立计划生育技术服务统计制度和计划生育技术服务事故、计划生育手术并发症和计划生育药具不良反应的鉴定制度和报告制度。

国务院领导全国的人口与计划生育工作,地方各级人民政府领导本行政区域内的人口与计划生育工作。

国务院计划生育行政部门负责全国计划生育工作和与计划生育有关的人口工作。县级以上地方各级人民政府计划生育行政部门负责本行政区域内的计划生育工作和与计划生育有关的人口工作,对从事计划生育技术服务的医疗、保健机构监督管理。县级以上各级人民政府其他有关部门在各自的职责范围内,负责有关的人口与计划生育工作。工会、共产主义青年团、妇女联合会及计划生育协会等社会团体、企业事业组织和公民应当协助人民政府开展人口与计划生育工作。

国家对在人口与计划生育工作中作出显著成绩的组织和个人,给予奖励。

二、计划生育技术服务的立法

我国是世界上人口最多的发展中国家,人口多、底子薄、人均资源相对不足是最重要的基本国情。自20世纪70年代全面推行计划生育以来,全国人民艰苦努力,在经济不发达的情况下,有效地控制了人口过快增长,实现了人口再生产类型的历史性转变,取得了举世瞩目的成就。但是,人口过多仍是我国面临的重要问题。随着社会主义市场经济体制的建立和社会主义民主法制的不断完善,按照依法治国的基本方略,以国家法律规范人口与计划生育管理服务,维护公民实行计划生育的合法权益,保护计划生育部门及其工作人员依法执行公务的正当权利,对于加快我国人口与计划生育法制建设,全面提高管理服务水平,促进人口与经济社会协调发展和可持续发展必将产生重大而深远的影响。

2002年9月1日开始施行的《中华人民共和国人口与计划生育法》(以下简称《人口与计划生育法》),是我国人口与计划生育工作领域的一部基本法律。它以国家法律的形式确立了计划生育基本国策的地位,为实现人口与经济、社会、资源、环境的协调发展,推行计划生育,维护公民的合法权益,促进家庭幸福、民族繁荣与社会进步,将具有中国特色综合治理人口问题的成功经验上升为国家的法律制度。

《人口与计划生育法》以《宪法》为依据,确立了人口与计划生育工作在经济社会发展和可持续发展中的法律地位,规定了各级政府、计划生育部门及相关部门在人口与计划生育工作中的法定职责,规定了企事业单位、社会团体、村(居)民委员会协助做好人口与计划生育工作的法律责任,以及公民实行计划生育的基本权利和义务。同时,进一步规范了计划生育工作的基本管理制度,规定了建立有利于计划生育的奖励、优待和社会保障制度的基本框架,规定了对未履行法定责任的机关、企事业单位、国家机关工作人员,以及破坏计划生育工作行为的法律责任。各省、直辖市、自治区也制定了地方性法规《人口与计划生育条例》及配套规章等。中央军委也颁布了《中国人民解放军计划生育条例》。

在具体的计划生育技术服务方面,2001年6月13日,国务院发布了《计划生育技术服务管理条例》,随后国家计划生育委员会又颁布了《计划生育技术服务机构执业管理办法》《计划生育技术服务管理条例实施细则》《流动人口计划生育工作条例》等,对计划生育服务的机构和人员、服务内容和职责、监管和法律责任等作出了具体的规定。

三、计划生育技术服务的原则

计划生育技术服务的目的是控制人口数量,提高人口素质,保障公民的生殖健康权利。计划生育技术服务,实行国家指导和个人自愿相结合的原则。公民享有避孕方法的知情选择权;国家保障公民获得适宜的计划生育技术服务的权利。

国家建立婚前保健、孕产期保健制度,防止或者减少出生缺陷,提高出生婴儿健康水平。计划生育技术服务人员应当指导实行计划生育的公民选择安全、有效、适宜的避孕措施。对已生育子女的夫妻,提倡选择长效避孕措施。国家向农村实行计划生育的育龄夫妻免费提供避孕、节育技术服务。国家领导各级地方政府建立计划生育技术服务网络,由计划生育技术服务机构和从事计划生育技术服务的医疗、保健机构组成,并纳入区域卫生规划。国家依靠科技进步提高计划生育技术服务质量,鼓励计划生育新技术、新药具的研究、应用和推广。

第二节 计划生育技术服务的内容

计划生育技术服务机构和从事计划生育技术服务的医疗、保健机构应当在各自的职责范围内,针对育龄人群开展人口与计划生育基础知识宣传教育,对已婚育龄妇女开展孕情检查、随访服务工作,承担计划生育、生殖保健的咨询、指导和技术服务。计划生育技术服务包括计划生育技术指导、咨询以及与计划生育有关的临床医疗服务。

一、计划生育技术指导、咨询

计划生育技术指导、咨询包括下列内容:
(1) 生殖健康科普宣传、教育、咨询;
(2) 提供避孕药具及相关的指导、咨询、随访;
(3) 对已经施行避孕、节育手术和输卵(精)管复通手术的提供相关的咨询、随访。

二、临床医疗服务

1. 县级以上城市从事计划生育技术服务的机构可以在批准的范围内开展下列与计划生育有关的临床医疗服务:

（1）避孕和节育的医学检查；

（2）计划生育手术并发症和计划生育药具不良反应的诊断、治疗；

（3）施行避孕、节育手术和输卵（精）管复通手术；

（4）开展围绕生育、节育、不育的其他生殖保健项目；

（5）病残儿医学鉴定中必要的检查、观察、诊断、治疗活动。

2. 乡级计划生育技术服务机构可以在批准的范围内开展下列计划生育技术服务项目：

（1）放置宫内节育器；

（2）取出宫内节育器；

（3）输卵（精）管结扎术；

（4）早期人工终止妊娠术。

三、计划生育技术服务质量控制

国家对计划生育技术服务进行全面的质量控制，主要内容包括：

1. 向公民提供的计划生育技术服务和药具应当安全、有效，符合国家规定的质量技术标准。

国务院计划生育行政部门定期编制并发布计划生育技术、药具目录，指导列入目录的计划生育技术、药具的推广和应用。涉及计划生育技术的广告，其内容应当经省、自治区、直辖市人民政府计划生育行政部门审查同意。

2. 从事计划生育技术服务的机构施行避孕、节育手术、特殊检查或特殊治疗时，应当征得受术者本人同意，并保证受术者的安全。

3. 严禁任何机构和个人利用超声技术和其他技术手段进行非

医学需要的胎儿性别鉴定;严禁非医学需要的选择性别的人工终止妊娠。

4. 开展计划生育科技项目和计划生育国际合作项目,应当经国务院计划生育行政部门审核批准,并接受项目实施地县级以上地方人民政府计划生育行政部门的监督管理。

四、计划生育技术服务医学鉴定

因生育病残儿要求再生育的,依照《病残儿医学鉴定管理办法》的规定,应当向县级人民政府计划生育行政部门申请医学鉴定,经县级人民政府计划生育行政部门初审同意后,由设区的市级人民政府计划生育行政部门组织医学专家进行医学鉴定;当事人对医学鉴定有异议的,可以向省、自治区、直辖市人民政府计划生育行政部门申请再鉴定。省、自治区、直辖市人民政府计划生育行政部门组织的医学鉴定为终局鉴定。依照《病残儿医学鉴定诊断暂行标准及再生育指导原则》对病残儿进行医学鉴定诊断及其父母再生育指导。

因生育病残儿经鉴定获准再生育者,怀疑胎儿可能为伴性遗传病需进行性别鉴定的,由省级病残儿医学鉴定组确定,到指定的机构按照有关规定进行鉴定;鉴定确诊后,要求人工终止妊娠的,应出具省级病残儿医学鉴定组的鉴定意见和处理意见。

对计划生育手术并发症的诊断和鉴定,依照《计划生育手术并发症鉴定管理办法》执行。计划生育技术服务中发生的医疗事故,按照国家有关规定处理。

第三节　计划生育技术服务机构和人员

一、计划生育技术服务机构

从事计划生育技术服务的机构,包括计划生育技术服务机构和从事计划生育技术服务的医疗、保健机构。从事计划生育技术服务的机构,必须符合国务院计划生育行政部门规定的设置标准。

(一)计划生育技术服务机构的审批

设立计划生育技术服务机构,由设区的市级以上地方人民政府计划生育行政部门批准,发给《计划生育技术服务机构执业许可证》,并在《计划生育技术服务机构执业许可证》上注明获准开展的计划生育技术服务项目。

从事计划生育技术服务的医疗、保健机构,由县级以上地方人民政府卫生行政部门审查批准,在其《医疗机构执业许可证》上注明获准开展的计划生育技术服务项目,并向同级计划生育行政部门通报。

乡、镇已有医疗机构的,不再新设立计划生育技术服务机构;但是,医疗机构内必须设有计划生育技术服务科(室),专门从事计划生育技术服务工作。乡、镇既有医疗机构,又有计划生育技术服务机构的,各自在批准的范围内开展计划生育技术服务工作。乡、镇没有医疗机构,需要设立计划生育技术服务机构的,从严审批。

(二)从事产前诊断和使用辅助生育技术的审批

计划生育技术服务机构从事产前诊断的,应当经省、自治区、直辖市人民政府计划生育行政部门同意后,由同级卫生行政部门审查批准,并报国务院计划生育行政部门和国务院卫生行政部门备案。

从事计划生育技术服务的机构使用辅助生育技术治疗不育症的,由省级以上人民政府卫生行政部门审查批准,并向同级计划生育行政部门通报。

(三) 计划生育技术服务机构执业

从事计划生育技术服务的机构应当按照批准的业务范围和服务项目执业,并遵守有关法律、行政法规和国务院卫生行政部门制定的医疗技术常规和抢救与转诊制度。县级以上地方人民政府计划生育行政部门对本行政区域内的计划生育技术服务工作进行定期检查。

从事计划生育技术服务的机构的执业许可证明文件每3年由原批准机关校验一次;执业许可证明文件不得买卖、出借、出租,不得涂改、伪造。从事计划生育技术服务的机构的执业许可证明文件遗失的,应当自发现执业许可证明文件遗失之日起30日内向原发证机关申请补发。

二、计划生育技术服务人员

计划生育技术服务人员中依据《计划生育技术服务管理条例》的规定从事与计划生育有关的临床服务人员,应当依照《执业医师法》和国家有关护士管理的规定,分别取得执业医师、执业助理医师、乡村医生或者护士的资格,并在依照规定设立的机构中执业。在计划生育技术服务机构执业的执业医师和执业理医师应当依照执业医师法的规定向所在地县级以上地方人民政府卫生行政部门申请注册。个体医疗机构不得从事计划生育手术。

计划生育技术服务人员实行持证上岗的制度。计划生育技术服务人员必须按照批准的服务范围、服务项目、手术术种从事计划生育技术服务,遵守与执业有关的法律、法规、规章、技术常规、职业道德规范和管理制度。

第四节 法律责任

一、行政责任

县级以上人民政府卫生行政部门依据《计划生育技术服务管理条例》的规定,负责对从事计划生育技术服务的医疗、保健机构的监督管理工作。

1. 违反《人口与计划生育法》规定,有下列行为之一的,由计划生育行政部门或者卫生行政部门依据职权责令改正,给予警告,没收违法所得;违法所得1万元以上的,处违法所得2倍以上6倍以下的罚款;没有违法所得或者违法所得不足1万元的,处1万元以上3万元以下的罚款;情节严重的,由原发证机关吊销执业证书;构成犯罪的,依法追究刑事责任:

(1) 非法为他人施行计划生育手术的;

(2) 利用超声技术和其他技术手段为他人进行非医学需要的胎儿性别鉴定或者选择性别的人工终止妊娠的;

(3) 实施假节育手术、进行假医学鉴定、出具假计划生育证明的。

2. 伪造、变造、买卖计划生育证明,由计划生育行政部门没收违法所得,违法所得5000元以上的,处违法所得2倍以上10倍以下的罚款;没有违法所得或者违法所得不足5000元的,处5000元以上2万元以下的罚款;构成犯罪的,依法追究刑事责任。

以不正当手段取得计划生育证明的,由计划生育行政部门取消其计划生育证明;出具证明的单位有过错的,对直接负责的主管人员和其他直接责任人员依法给予行政处分。

3. 计划生育技术服务人员违章操作或者延误抢救、诊治,造成严重后果的,依照有关法律、行政法规的规定承担相应的法律责任。

4. 国家机关工作人员在计划生育工作中,有下列行为之一,构成犯罪的,依法追究刑事责任;尚不构成犯罪的,依法给予行政处分;有违法所得的,没收违法所得:

(1) 侵犯公民人身权、财产权和其他合法权益的;

(2) 滥用职权、玩忽职守、徇私舞弊的;

(3) 索取、收受贿赂的;

(4) 截留、克扣、挪用、贪污计划生育经费或者社会抚养费的;

(5) 虚报、瞒报、伪造、篡改或者拒报人口与计划生育统计数据的。

二、刑事责任

如果违反国家有关人口与计划生育的政策及有关法律、法规规定,造成严重后果,构成犯罪的,依法追究刑事责任。根据《刑法》第336、234、238、246、382、385、397、280条的规定,行为人可能分别构成非法行医罪、非法进行节育手术罪、故意伤害罪、侮辱罪、非法拘禁罪、贪污罪、受贿罪、玩忽职守罪、伪造国家机关证件罪。

第七章 人体器官移植法律制度

第一节 人体器官移植概述

一、人体器官移植的概念

人体器官移植（Organ Transplantation）是为代偿受者相应器官因致命性疾病而丧失的功能，将健康的器官移植到通常是另一个人体内使之迅速恢复功能的手术。广义的器官移植包括细胞移植和组织移植，可以分为自体移植、同质移植、同种（异体）移植、异种移植等。狭义的器官移植是指组织移植，也即指通过手术等方法，替换体内已损伤的、病态的或者衰竭的器官，也即摘除一个身体的器官并把它置于同一个体（自体移植），或者另一个体（同种异体移植），或者不同个体（异体移植）的相同部位或不同部位（异位）。本书所指的器官移植，实际仅指同种异体器官移植，即用手术方法切取另一人体（活体或者尸体）内的脏器，移植到另一人体内，替换其已损伤的病态的或者衰竭的器官，以救治其疾病。

我国 2007 年颁布的《人体器官移植条例》规定，人体器官移植是指摘取人体器官捐献人具有特定功能的心脏、肺脏、肝脏、肾脏或者胰腺等器官的全部或者部分，将其植入接受人身体以代替其病损器官的过程。

二、人体器官移植的发展

自古以来人类就设想,如果身体的某一个器官出现病症,能不能像机器更换零件一样更换器官。器官移植作为20世纪最重大的医学成果之一,经过近百年的发展,已取得了巨大的成功,但真正得到蓬勃发展是在近40年。

1954年,美国波士顿的医学家哈特韦尔·哈里森和约瑟夫·默里成功地完成了第一例人体器官移植手术——肾移植手术,为了避免出现身体排斥外来组织这个最大的难题,这次手术是在一对双胞胎身上进行的,这开创了人体器官移植的新时代。1963年,医学家们在肺和肝脏移植方面进行了尝试。接着,在南非相继完成了心脏移植手术。直到20世纪70年代后期,环孢菌素这种能抑制身体攻击外来器官倾向的药物研制出来以后,器官移植开始成为常规疗法。

目前,同种器官移植已是有实用价值的医疗方法。移植用的器官可来自活体或尸体,成双的器官比如肾,通常来自于同胞或父母自愿献出一个健康肾的活体。单一器官如心、肝等,则尸体是唯一来源。动物供给器官的异种移植,会引起强烈排斥反应,但现在已经做了大量的实验,正逐步向临床过渡。世界各国已经现在后在临床上开展了肾、心、肝脾、胰、腺、骨髓、肾上腺、胰岛、甲状旁腺、肺、睾丸、关节、胎胰、胎甲状旁腺、胎肾、胎胸腺、胰肾联合、肝细胞、脾细胞、脑细胞和神经组织等的器官移植。

我国器官移植始于20世纪60年代,起步较晚,但最近十几年飞速发展。目前中国人体器官移植总量已居世界第二位,国际上能够开展的人体器官移植手术在中国几乎都能够开展,并形成了自己的特点,特别是多种类别的胚胎器官移植在国际上处于领先地位。至2009年,全国累计完成肾、肝移植合共超过10万例。随着移植手术水平的提高,器官移植后患者存活时间明显延长。其中,肾移植存活时间最长者已达30年,肝脏移植达13年,心脏移植达16年,肺移植达8年。但我国捐献器官数量与需要器官移植治疗的患者数量相比,存在着巨大差距,每年约有100至150万患者需要器官移植,而每年器官移植手术仅有1万例左右。我国进行人体移植的器官主要来自于患者亲属和其他一些公民的自愿捐献。器官紧缺已成为制约中国器官移植发展的瓶颈问题。

三、人体器官移植的立法

器官移植是20世纪以来医学领域的一项具有划时代意义的新技术,它使患有不治之症的患者有了生的希望,为人类医学救死扶伤带来了革命性的变化,使有限的卫生资源能发挥更大的效益。但是,器官移植触及人权、伦理、社会等诸多方面,引发了诸多法律难题。例如,器官采集在什么情况下是合法的?患者对自己的废弃器官是否享有所有权?未成年人可否捐献器官?胎儿能不能作为供体?公民是否有义务提供器官?能否采取强制措施摘取尸体器官?人体器官是否可以买卖?器官的法律地位与性质是什么?受体手术后的身份、人工器官的性质是什么?等等。

对此,世界一些国家设置了相应的法律规定,但是在实践中,仍然有很大的空白。与这些国家相比,我国虽然器官移植的实践发展飞速,但是在立法上却较滞后。同为发展中国家的印度,在1994年已经制定专门的人体器官移植法,至于英美等国则更早。

目前,我国尚未制定《器官移植法》《器官捐献法》《脑死亡法》等,带来了一些不利影响。例如,无法保障稳定的器官来源,器官移植存在严重供需失衡;实践中器官捐献无法可依,不利于人们捐献器官；在器官分配、保存、摘取与植入等方面同样缺乏法律、法规的规范与约束。

我国有关人体器官移植的立法始于1984年，最高人民法院、最高人民检察院、公安部、司法部、卫生部和民政部联合发布了《关于利用死刑罪犯尸体和尸体器官的暂行规定》。2000年12月15日上海市颁布了《上海市遗体捐献条例》，成为我国首个有关遗体捐献的地方性法规；2002年6月3日贵阳市颁布了《贵阳市捐献体和角膜办法》；2003年8月22日，深圳市经济特区制定并颁布了我国器官移植的首部专项地方法规《深圳经济特区人体器官捐献移植条例》，该《条例》考虑了我国的具体国情，并借鉴吸收了其他国家的先进立法经验，具有一定的进步意义。

2006年，卫生部公布了《人体器官移植技术临床应用管理暂行规定》。2007年3月21日，国务院通过了《人体器官移植条例》，并于2007年5月1日起施行，这从行政法规层面上使器官移植走上法制化、可持续发展的道路，对于规范人体器官移植管理，保证医疗质量和医疗安全，维护器官捐献者、患者、医疗机构及其医务人员的合法权益，具有重要的意义。2008年卫生部印发"世界卫生组织人体细胞、组织和器官移植指导原则（草案）"，供取得人体器官移植执、资质的医院临床实践中参考。2009年12月，卫生部根据《人体器官移植条例》制定了《关于规范活体器官移植的若干规定》，使我国人体器官移植有了一定的具体操作规则。根据我国《人体器官移植条例》的规定，国家通过建立人体器官移植工作体系，开展人体器官捐献的宣传、推动工作，确定人体器官移植预约者名单，组织协调人体器官的使用。2010年卫生部制定并下发《中国人体器官分配与共享基本原则和肝脏与肾脏移植核心政策》（以下简称《核心政策》），并在此基础上研发了人体器官分配与共享系统,希望建立公平、公正、公开的器官分配体系。为建立完善人体捐献器官获取与分配体系,2013年9月国家卫生计生委制定的《人体捐献器官获取与分配管理规定(试行)》(以下简称《规定》)正式实施,适用于公民捐献的身故后尸体器官(以下简称捐献器官)的获取与分配,包括总则、捐献器官的获取、捐献器官的分配、监督管理和附则。

在实践中,器官移植分配是否公平以及非法器官买卖是公众关注的问题。《规定》明确,捐献器官的分配应当符合医疗需要,遵循公平、公正和公开的原则。捐献器官必须通过器官分配系统进行分配,任何机构、组织和个人不得在器官分配系统外擅自分配捐献器官。人体器官获取组织(Organ Procurement Organization,以下简称OPO)必须通过器官分配系统适时启动捐献器官的自动分配,严格执行分配结果,确保捐献人及其捐献器官的溯源性。

第二节 人体器官的捐献

一、人体器官捐献的基本原则

(一) 自愿原则

自愿捐献是目前世界上许多国家都采用的原则。自愿捐献是指器官的捐献完全以捐献人的意思表示为根据,捐献人明确表示愿意捐献器官供移植时,符合法律规定的,可以提取器官供移植;捐献人生前明确表示死后愿意捐献器官的,当其死亡时,医师可以提取其器官供移植。它强调自愿和知情同意是捐献器官的前提。知情,是对捐献器官的目的和器官摘除的危险以及摘除器官后对健康可能的损害的一系列后果的知晓。同意,是指自愿同意,尊重个人的意思表示,器官处置权属于本人所有。对于尸体器官的取得,也强调死者生前的自愿捐献,有的也不排除死者家属对死者器官的自愿捐献。

我国《人体器官移植条例》规定,人体器官捐献应当遵循自愿、无偿的原则。公民享有捐献或者不捐献其人体器官的权利;任何组织或者个人不得强迫、欺骗或者利诱他人捐献人体器官。捐献人体器官的公民应当具有完全民事行为能力。公民捐献其人体器官应当有书面形式的捐献意愿,对已经表示捐献其人体器官的意愿,有权予以撤销。公民生前表示不同意捐献其人体器官的,任何组织或者个人不得捐献、摘取该公民的人体器官;公民生前未表示不同意捐献其人体器官的,该公民死亡后,其配偶、成年子女、父母可以以书面形式共同表示同意捐献该公民人体器官的意愿。

(二) 无偿原则

从各国法律规定看,供移植用的人体器官都是无条件捐献的。但由于器官的供不应求,出现了地下商业化的倾向,包括捐献者的变相买卖和医生收取介绍费的等,甚至带来系列犯罪,如倒卖、绑架、贩卖人口来盗窃器官。因此,世界许多国家立法明令禁止买卖器官,世界卫生组织(WHO)也已呼吁制定一个有关人体器官交易的全球性禁令,并督促其成员国制定限制人体器官交易的法律。

我国《人体器官移植条例》规定,任何组织或者个人不得以任何形式买卖人体器官,不得从事与买卖人体器官有关的活动。同时,在《规定》中,捐献器官必须通过器官分配系统进行分配,任何机构、组织和个人不得在器官分配系统外擅自分配捐献器官。对于未通过器官分配系统擅自分配捐献器官的,依法给予处罚,涉嫌买卖捐献器官的,移交公安机关和司法部门查处。

二、活体器官捐献

虽然人体中的部分器官的在摘除后不至于危及人的生命,这部分器官从医学角度讲可以做活体摘除和移植,如肾脏,但是对此也必须进行法律的严格限定,毕竟活体器官摘除会损害供体的健康甚至生命,对于单一器官如心脏应由法律明确规定禁止活体摘除。许多国家对于采集活体器官的条件都作出了法律规定,如限制未成年人捐献器官,活体器官的接受人和捐献人应该有一定的法律关系,只有在找不到合适的尸体捐献者或者有血缘的捐献者时,才可以接受无血缘关系者的捐献等。世界卫生组织曾在1987年5月13日第40届世界卫生大会上发布了9条人体器官移植指导原则,其中第4条就提出,未成年人的任何器官都不能用于移植目的,但在国家法律许可下摘取可再生组织可视为例外,但必须取得未成年人基于理解的同意和他的父母或法定监护人的同意。

我国《人体器官移植条例》规定,捐献人体器官的公民应该具有完全民事行为能力,任何组织或者个人不得摘取未满18周岁公民的活体器官用于移植。活体器官的接受人限于活体器官捐献人的配偶、直系血亲或者三代以内旁系血亲,或者有证据证明与活体器官捐献人存在因帮扶等形成亲情关系的人员。

三、尸体器官捐献

尸体器官采集涉及死亡诊断,脑死亡标准对器官移植有非常重要的意义,从尸体上摘取的器官越新鲜,器官移植的成活率就越高,但脑死亡诊断必须要有法律的明确规定。2011年4月,原卫生部办公厅印发了《关于启动心脏死亡捐献器官移植试点工作的通知》,其附件公布了中国心脏死亡器官捐献分类标准,包括三类:一类是指国际标准化脑死亡器官捐献;二类是心脏死亡;三类是混合的。同时,我国等一些国家规定,开具死亡证明和采集尸体器官必须分别由不同机构和人员操作。

在实践中,对于死刑犯尸体器官的摘取的法律问题也很尖锐,我国对此曾有过严格的规定。1984年10月9日,最高人民法院、最高人民检察院、公安部、司法部、卫生部、民政部联合发布了《关于利用死刑罪犯尸体或尸体器官的暂行规定》,医疗卫生部和科研机构只有在死刑犯自愿签名或经家属同意,并经卫生行政部门和司法部门的严格审查批准的情况下,才可以利用其器官。

2013年颁布的《人体捐献器官获取与分配管理规定(试行)》明确了全国人体捐献器官获取与分配的监督管理与协调工作全部由国家卫生计生委负责,县级以上卫生(卫生计生)行政部门负责辖区内人体捐献器官获取与分配的监督管理工作;省级卫生(卫生计生)行政部门必须在国家卫生计生委的统一领导下,成立一个或多个由人体器官移植外科医师、神经内外科医师、重症医学科医师及护士等组成的人体器官获取组织(OPO),捐献器官的获取工作必须由OPO按照中国心脏死亡器官捐献分类标准实施。具有器官移植资质的医院将强制使用中国人体器官移植分配与共享计算机系统,至2013年底,全国有165家医院具有器官移植资质。

中国人体器官移植分配与共享计算机系统包括潜在器官捐献者识别系统、器官捐献者登记及器官匹配系统,器官移植等待者预约名单系统,所有器官捐献者的信息都录入该系统,系统会根据每位患者的病情、等待时间等因素,给予动态的评分,得分高的由系统自动分配后,才可以进行器官移植。

第三节 人体器官的移植

一、医疗机构从事人体器官移植的诊疗科目登记

对于可以从事人体器官移植的机构,各国均有限制。根据我国《人体器官移植条例》的规定,个人不得从事人体器官移植,医疗机构从事人体器官移植,应当依照《医疗机构管理条例》的规定,向所在地省、自治区、直辖市人民政府卫生主管部门申请办理人体器官移植诊疗科目登记。

医疗机构从事人体器官移植,应当具备下列条件:

(1) 有与从事人体器官移植相适应的执业医师和其他医务人员;

(2) 有满足人体器官移植所需要的设备、设施;

(3) 有由医学、法学、伦理学等方面专家组成的人体器官移植技术临床应用与伦理委员会,该委员会中从事人体器官移植的医学专家不超过委员人数的四分之一;

(4) 有完善的人体器官移植质量监控等管理制度。

省、自治区、直辖市人民政府卫生主管部门进行人体器官移植诊疗科目登记时,还应当考虑本行政区域人体器官移植的医疗需求和合法的人体器官来源情况;对于已经办理人体器官移植诊疗科目登记的医疗机构名单或者不在人体器官移植诊疗科目具备法定条件医疗机构,应当及时公布。

省级以上人民政府卫生主管部门还应当定期组织专家根据人体器官移植手术成功率、植入的人体器官和术后患者的长期存活率,对医疗机构的人体器官移植临床应用能力进行评估,并及时公布评估结果;对评估不合格的,由原登记部门撤销人体器官移植诊疗科目登记。

二、人体器官移植的伦理审查

人体器官移植直接涉及人的人格、生命、健康,严重冲击着人类现存的伦理秩序,尤其是生命伦理秩序。大多国家对于人体器官移植都建立了严格的伦理审查制度。我国《人体器官移植条例》规定,医疗机构及其医务人员从事人体器官移植,应当遵守伦理原则和人体器官移植技术管理规范。

在摘取活体器官前或者尸体器官捐献人死亡前,负责人体器官移植的执业医师应当向所在医疗机构的人体器官移植技术临床应用与伦理委员会提出摘取人体器官审查申请。如果人体器官移植技术临床应用与伦理委员会不同意摘取人体器官的,医疗机构不得作出摘取人体器官的决定,医务人员不得摘取人体器官。

人体器官移植技术临床应用与伦理委员会收到摘取人体器官审查申请后,应当根据相关规定进行审查,并出具同意或者不同意的书面意见。根据《人体器官移植条例》的规定,审查的事项包括:

(1) 人体器官捐献人的捐献意愿是否真实;

(2) 有无买卖或者变相买卖人体器官的情形;

(3) 人体器官的配型和接受人的适应证是否符合伦理原则和人体器官移植技术管理规范。

经三分之二以上委员同意,人体器官移植技术临床应用与伦理委员会方可出具同意摘取人体器官的书面意见。

三、医疗机构及其医务人员的义务

(一) 活体器官摘取

医疗机构及其医务人员在摘取活体器官实施人体器官移植手术前,应当对人体器官捐献人进行医学检验,对接受人可能因人体器官移植感染疾病的风险进行评估,并采取措施降低风险。

从事人体器官移植的医疗机构及其医务人员摘取活体器官前,应当履行下列义务:

(1)向活体器官捐献人说明器官摘取手术的风险、术后注意事项、可能发生的并发症及其预防措施等,并与活体器官捐献人签署知情同意书;

(2)查验活体器官捐献人同意捐献其器官的书面意愿、活体器官捐献人与接受人存在法律规定关系的证明材料;

(3)确认除摘取器官产生的直接后果外不会损害活体器官捐献人其他正常的生理功能。

(二)尸体器官摘取

摘取尸体器官进行移植存在很大的道德风险,主要涉及尸体器官获取准则、尸体捐献的程序、尸体器官的分配和管理、移植操作程序等方面,大多国家对这些问题都有相关的规定。我国《人体器官移植条例》规定,摘取尸体器官,应当在依法判定尸体器官捐献人死亡后进行。从事人体器官移植的医务人员不得参与捐献人的死亡判定。

从事人体器官移植的医疗机构及其医务人员应当尊重死者的尊严;对摘取器官完毕的尸体,应当进行符合伦理原则的医学处理,除用于移植的器官以外,应当恢复尸体原貌。

(三)保密义务

从事人体器官移植的医疗机构和医务人员负有保密义务,应当对人体器官捐献人、接受人和申请人体器官移植手术的患者的个人资料保密。

四、禁止买卖人体器官

鉴于人体器官的特殊性以及买卖器官可能导致的严重后果,世界许多国家都立法明令禁止买卖或变相买卖人体器官。我国《人体器官移植条例》在总则中第 3 条就规定,任何组织或者个人不得以任何形式买卖人体器官,不得从事与买卖人体器官有关的活动。

从事人体器官移植的医疗机构,实施人体器官移植手术,无论是活体器官移植还是尸体器官移植,除向接受人收取下列费用外,不得收取或者变相收取所移植人体器官的费用:摘取和植入人体器官的手术费;保存和运送人体器官的费用;摘取、植入人体器官所发生的药费、检验费、医用耗材费。

第四节 法律责任

一、行政责任

国务院卫生主管部门负责全国人体器官移植的监督管理工作;县级以上地方人民政府卫生主管部门负责本行政区域人体器官移植的监督管理工作。

1. 医疗机构未办理人体器官移植诊疗科目登记,擅自从事人体器官移植的,依照《医疗机构管理条例》的规定予以处罚。

实施人体器官移植手术的医疗机构及其医务人员违反规定,未对人体器官捐献人进行医学检查或者未采取措施,导致接受人因人体器官移植手术感染疾病的,依照《医疗事故处理条例》的规定予以处罚。

医疗机构有下列情形之一的,对负有责任的主管人员和其他直接责任人员依法给予处分;情节严重的,由原登记部门撤销该医疗机构人体器官移植诊疗科目登记,该医疗机构 3 年内不得再申请人体器官移植诊疗科目登记:

(1) 不再具备规定条件仍从事人体器官移植的;

(2)未经人体器官移植技术临床应用与伦理委员会审查同意,作出摘取人体器官的决定,或者胁迫医务人员违反规定摘取人体器官的;

(3)摘取活体器官前未依照规定履行说明、查验、确认义务的;

(4)对摘取器官完毕的尸体未进行符合伦理原则的医学处理,恢复尸体原貌的。

2. 实施人体器官移植手术的医务人员有下列情形之一的,依法给予处分;情节严重的,出县级以上地方人民政府卫生行政主管部门依照职责分工暂停其6个月以上1年以下执业活动;情节特别严重的,由原发证部门吊销其执业证书:

(1)未经人体器官移植技术临床应用与伦理委员会审查同意摘取人体器官的;

(2)摘取活体器官前未依照规定履行说明、查验、确认义务的;

(3)对摘取器官完毕的尸体未进行符合伦理原则的医学处理,恢复尸体原貌的。

对于从事人体器官移植的医务人员违反规定,泄露人体器官捐献人、接受人或者申请人体器官移植手术患者个人资料的,依照《执业医师法》或者国家有关护士管理的规定予以处罚。

3. 违反法律、法规的规定,买卖人体器官或者从事与买卖人体器官有关活动的,由设区的市级以上地方人民政府卫生主管部门依照职责分工没收违法所得,并处交易额8倍以上10倍以下的罚款;医疗机构参与上述活动的,还应当对负有责任的主管人员和其他直接责任人员依法给予处分,并由原登记部门撤销该医疗机构人体器官移植诊疗科目登记,该医疗机构3年内不得再申请人体器官移植诊疗科目登记;医务人员参与上述活动的,由原发证部门吊销其执业证书。

从事人体器官移植的医务人员参与尸体器官捐献人的死亡判定的,由县级以上地方人民政府卫生主管部门依照职责分工暂停其6个月以上1年以下执业活动;情节严重的,由原发证部门吊销其执业证书。

二、民事责任

在人体器官移植的过程中,如果相关人员违反《人体器官移植条例》《人体器官移植技术临床应用管理暂行规定》等规定,给他人造成损害的,应当依法承担相应的民事责任。

三、刑事责任

对于违反《人体器官移植条例》规定,未经公民本人同意摘取其活体器官的,或者公民生前表示不同意捐献其人体器官而摘取其尸体器官的,或者摘取未满18周岁公民的活体器官的,构成犯罪的,依法追究刑事责任。

根据《刑法》第234条及《刑法修正案(八)》的规定,"组织他人出卖人体器官的,处5年以下有期徒刑,并处罚金;情节严重的,处5年以上有期徒刑,并处罚金或者没收财产。未经本人同意摘取其器官,或者摘取不满18周岁的人的器官,或者强迫、欺骗他人捐献器官的,依照本法第234条、第232条的规定定罪处罚。违背本人生前意愿摘取其尸体器官,或者本人生前未表示同意,违反国家规定,违背其近亲属意愿摘取其尸体器官的,依照本法第302条的规定定罪处罚"。

此外,行为人还可能构成故意杀人罪、故意伤害罪、过失致人死亡罪或者过失致人重伤罪、侮辱尸体罪等。对于不具备执业医师资格或虽具备执业医师资格但未依法获得从事器官移植许可证的人非法进行器官移植的,可能构成非法行医罪;对医师在器官移植过程中违反医疗规章制度或严重不负责任造成器官移植供体或受体重伤或死亡的,可能构成医疗事故罪。

根据《人体捐献器官获取与分配管理规定(试行)》第 22 条的规定,违反本规定,有下列情形之一的,依照《中华人民共和国执业医师法》《医疗机构管理条例》《人体器官移植条例》等法律、法规的规定,由县级以上卫生(卫生计生)行政部门依法予以处理。涉嫌构成犯罪的,依照《刑法修正案(八)》《人体器官移植条例》等法律、法规规定,移交公安机关和司法部门查处:

(1)未严格按照死亡判定程序进行死亡判定的;

(2)违背公民生前意愿获取其尸体器官,或者公民生前未表示同意,违背其近亲属意愿获取其尸体器官的;

(3)未通过器官分配系统分配捐献器官的;

(4)未执行器官分配结果的;

(5)伪造医学数据,骗取捐献器官的;

(6)OPO 在服务范围外获取捐献器官的;

(7)医疗机构及其医务人员向指定的 OPO 以外的机构、组织和个人转介潜在捐献人的;

(8)涉嫌买卖捐献器官或者从事与买卖捐献器官有关活动的;

(9)其他违反本管理规定的行为。

第八章 血液管理法律制度

第一节 血液管理概述

一、献血制度

血液是一种复杂的维持生命不可缺少的物质,被称为"生命之源"。从1900年被誉为"血型之父"的奥地利血液学专家兰特斯坦纳(Landsteiner)首先发现人类红细胞 ABO 血型系统,并创立科学的输血理论后,输血已经成为现代医疗的重要手段,在临床医学领域中为拯救生命、治疗疾病发挥着其他药物不可替代的重要作用。

现代医学、生物科学技术日新月异,发展飞速,但至今能够完全替代人体血液全部功能的物质还没有发明。因此临床治疗、急救等需要的用血还只能依靠健康公民的血液捐献来解决。但是来源不洁被"污染"的血液及血制品,又可成为严重危害人类生命健康的杀手。以各型病毒型肝炎(甲型除外)、艾滋病、梅毒等为主的经血液传播的疾病不仅威胁献血者,而且威胁输血者的生命与健康,其危害广泛而严重。法国、德国、日本等国的血液污染及输血感染,一度成为严重的社会问题,造成政局动荡,导致政府下台。血的教训使世界各国达成共识:血液事业必须在无偿献血的基础上发展,无论是献血者、献血组织者还是献血管理者,都应遵循人道主义精神,互相帮助,无私奉献,而不能受利益的驱动,以营利为目的,把这项事业作为一项"营业"来进行。

和许多国家一样,我国的血液管理制度的发展也是一个以法制化进程推动有偿供血向无偿供血过渡,并最终将实现全部自愿无偿献血的过程。自20世纪70年代末,我国开始采用无偿献血制度,随着我国人民群众健康需求逐步提高,医疗技术的不断发展,近几年临床用血需求量以10%—15%的速度快速增长。但当前我国人口献血率仅为0.84%,远远低于世界高收入国家的4.54%和中等收入国家的1.01%。我国无偿献血事业仍然处于一个初级阶段,还需要建立起一个稳定的无偿献血的队伍和满足快速增长临床用血需求的机制。

二、血液管理的立法

1978年11月24日,国务院批转卫生部《关于加强输血工作的请示报告》,正式提出实行公民义务献血制度。1979年,《全国血站工作条例(试行草案)》提出、确定"统一制定献血计划,统一管理血源,统一组织采血的血液管理"的"三统一"的初步设想。1984年,卫生部和中国红十字总会在全国倡导自愿无偿献血,使我国的献血制度迈进了一步。但由于缺乏宣传以及人们长期受"滴血如金"错误观念束缚,成效并不大。为了保障用血需要和安全,保障献血、输血者的身体健康,我国政府陆续颁布了一系列加强血液管理的法规和规章,如《加强输血工作管理的若干规定》(1990年4月12日由卫生部、国家物价局印发)、《关于进一步加强血液制品生产管理的报告》(1990年6月5日由国务院办公厅发布)、《采供血机构和血液管理办法》(1993年3月20日卫生部发布)等,对血液管理工作规定了统一管理、统一采血和统一供血的"三统一"原则。1993年,卫生部下发了《采供血机构和血液管理办法》(2005年2月28日被宣布废止)、《血站基本标准》(2000年被修订),进一步细化了对血站和单采血浆站的管理。1996年12月30日,国务院又发布了《血液制品管理条例》,是我国第一个有关血液制品管理的行政法规。《中华人民共和国献血法》(以下简称《献血法》)于1997年12月29日颁布并于1998年10月1日起施行,其以法律形式确立了我国临床用血实行无偿献血制度,对公民献血、用血,血站采血、储血、供血,以及医疗机构临床用血等活动作了规范。

此后,卫生部陆续制定发布了《血站管理办法(暂行)》《医疗机构临床用血管理办法(试行)》《临床用血技术规范》《单采血浆站基本标准》《中国输血技术操作规程》等一系列血液管理规章、技术标准和规范。除西藏外,各省级人大或政府也相继制定了《献血法》的实施办法或者实施细则。2002年起,卫生部开始按照WHO《安全和血液制品》四项方针,加强对血液工作的管理和监督,以确保血液安全。为确保血液安全,规范血站执业行为,促进血站的建设和发展,卫生部2005年发布了修订后的《血站管理办法》,又相继发布了《血站实验室质量管理规范》(2006年5月9日)、《血站质量管理规范》(2006年4月25日),《单采血浆站管理办法》(2008年1月4日)等,进一步从法律上、制度上、技术上保证了我国采血供血机构规范地管理和执业。各省、直辖市、自治区以及一些市,都制定了地方性献血条例或献血管理办法的地方性法规、规章。

三、我国无偿献血制度

(一)无偿献血的含义

无偿献血是指公民向血站自愿、无报酬地提供自身血液的行为。《献血法》以法律的形式确立了我国临床用血,国家实行无偿献血制度。对献血者,发给国务院卫生行政部门制作的无偿献血证书,有关单位可以给予适当补贴。

(二)无偿献血的主体

《献血法》规定,国家提倡18周岁至55周岁的健康公民自愿献血。根据我国公民的身体素质和满足用血的需要,并考虑到与其他法律规定相一致等综合因素,对献血者的年龄限制在18周岁到55周岁。

国家鼓励国家工作人员、现役军人和高等学校在校学生率先献血,为树立社会新风尚作表率。国家机关、军队、社会团体、企业事业组织、居民委员会、村民委员会,应当动员和组织本单位或者本居住区的适龄公民参加献血。无偿献血者或其配偶、直系亲属用血时实行减免血液采集、储存、分离、检验等费用的优惠措施;各级人民政府和红十字会对积极参加献血和在献血工作中作出显著成绩的单位和个人,给予奖励。卫生部于1999年7月27日发布了《全国无偿献血表彰奖励办法》,并陆续在2009年、2014年进行了修订。

(三)献血工作的组织

《献血法》规定,地方各级人民政府领导本行政区域内的献血工作,统一规划并负责组织、协调有关部门共同做好献血工作。县级以上各级人民政府卫生行政部门监督管理献血工作;各级红十字会依法参与、推动献血工作。由此明确了各级地方政府、卫生行政部门和红十字会在献血工作中的地位、责任及其相互关系。

为鼓励人们树立无偿献血的爱心,《献血法》特别规定各级人民政府要加强对无偿献血宣传教育工作的领导,普及献血的科学知识。同时,还规定新闻媒介要进行献血的社会公益性宣传,使广大公民掌握"献血对身体无害"的卫生知识和正确观念,提高公民自愿无偿献血的积极性,使自愿无偿献血成为社会新风尚。根据卫生部发布的数据,2009年中国内地年献血总人次超过1100万,自愿无偿献血占临床用血比例从1998年的不足5%上升到99%以上,已有超过二分之一城市临床用血100%来自自愿无偿献血,采血量也从《献血法》实施前的800余吨上升到2009年的3600吨,献血人次也超过1100万。目前,我国已基本实现由计划无偿献血到自愿无偿献血的转轨。

《献血法》实施后,我国建立了无偿献血制度,在几年之内实现了从有偿献血向无偿献血的平稳过渡,完成了西方国家需要二十年以上的发展道路,血液供应能力不断增强,血液安全得到较好保障。1998年,全国无偿献血人次仅为5万,2013年,已达1278万。

四、卫生行政部门和红十字会的职责

(一)卫生行政部门的职责

县级以上各级人民政府卫生行政部门监督管理献血工作,对血源、血液、献血工作进行监督管理。我国的血液管理以省、自治区、直辖市为区域实行血液管理的"三统一"的原则,即统一规划设置血站、统一管理采供血和统一管理临床用血。国务院卫生行政部门作为国家最高卫生行政机关,其在血液管理工作中的主要职责是制定献血者的健康标准,制定血站技术操作规程、血液质量标准,制定血站的设立条件和管理办法等。

(二)红十字会的职责

《献血法》规定,各级红十字会依法参与、推动献血工作。红十字会组织的职责之一是"参与输血、献血工作,推动无偿献血"。《中华人民共和国红十字会法》以及有关献血工作的法律、法规规定,配合各级政府和卫生行政部门进行无偿献血的宣传、动员和组织工作,是各级红十字会的重要职责。

第二节 血站管理

一、血站的概念

血站是采集、提供临床用血的机构,是不以营利为目的的公益性卫生机构。在我国,采供血机构分为血站和单采血浆站。血站包括一般血站和特殊血站,一般血站分为血液中心、中心血站和中心血库;特殊血站包括脐带血造血干细胞库和卫生部根据医学发展需要设置的其他类型血库。

二、血站的设置

根据《献血法》和《血站管理办法》的规定,血站的建设和发展纳入当地国民经济和社会发展计划。

卫生部根据全国医疗资源配置、临床用血需求,制定全国采供血机构设置规划指导原则,并负责全国血站建设规划的指导。省、自治区、直辖市人民政府卫生行政部门应当根据相关规定,结合本行政区域人口、医疗资源、临床用血需求等实际情况和当地区域卫生发展规划,制定本行政区域血站设置规划,报同级人民政府批准,并报卫生部备案。

设立血站向公民采集血液,必须经国务院卫生行政部门或者省、自治区、直辖市人民政府卫生行政部门批准。

（一）一般血站的设置

属于一般血站的血液中心、中心血站和中心血库由地方人民政府设立。在省、自治区人民政府所在地的城市和直辖市,应该规划设置一所相应规模的血液中心。在设区的市级人民政府所在地的城市,可规划设置一所相应规模的中心血站。在血液中心或中心血站3个小时车程不能提供血液的县(市),可根据实际需要在县级综合医院内设置一所中心血库,其任务是完成本区域的采供血任务,供血半径应在60公里左右。距血液中心或中心血站3小时车程内的县(市)原则上不予设置中心血库。

同一行政区域内不得重复设置血液中心、中心血站。血站与单采血浆站不得在同一县级行政区域内设置。血液中心和中心血站可根据服务区域实际需要,设立非独立的分支机构、固定采血点、储血点。固定采血点、储血点不得进行血液检测。

(二) 特殊血站的设置

特殊血站包括脐带血造血干细胞库和卫生部根据医学发展需要批准、设置的其他类型血库。国家对特殊血站的设置进行规划。国家不批准设置以营利为目的的脐带血造血干细胞库等特殊血站。

三、血站的职责

不同类型的血站在其执业活动中承担的职责是不同的。

1. 血液中心应当具有较高综合质量评价的技术能力,其主要职责包括:

(1) 按照省级人民政府卫生行政部门的要求,在规定范围内开展无偿献血者的招募、血液的采集与制备、临床用血供应以及医疗用血的业务指导等工作;

(2) 承担所在省、自治区、直辖市血站的质量控制与评价;

(3) 承担所在省、自治区、直辖市血站的业务培训与技术指导;

(4) 承担所在省、自治区、直辖市血液的集中化检测任务;

（5）开展血液相关的科研工作；

（6）承担卫生行政部门交办的任务。

2．中心血站的主要职责包括：

（1）按照省级人民政府卫生行政部门的要求，在规定范围内开展无偿献血者的招募、血液的采集与制备、临床用血供应以及医疗用血的业务指导等工作；

（2）承担供血区域范围内血液储存的质量控制；

（3）对所在行政区域内的中心血库进行质量控制；

（4）承担卫生行政部门交办的任务。

直辖市、省会市、自治区首府市已经设置血液中心的，不再设置中心血站；尚未设置血液中心的，可以在已经设置的中心血站基础上加强能力建设，履行血液中心的职责。

3．中心血库的主要职责是按照省级人民政府卫生行政部门的要求，在规定范围内开展无偿献血者的招募、血液的采集与制备、临床用血供应以及医疗用血业务指导等工作。

四、血站的执业登记

（一）登记机关

血站开展采供血活动，应当向所在省、自治区、直辖市人民政府卫生行政部门申请办理执业登记，取得《血站执业许可证》。没有取得《血站执业许可证》的，不得开展采供血活动。《血站执业许可证》有效期为3年。

（二）登记程序

血站申请办理执业登记必须履行以下程序：

（1）申请：填写《血站执业登记申请书》。

（2）审查：省级人民政府卫生行政部门在受理血站执业登记申

请后,应当组织有关专家或者委托技术部门,根据《血站质量管理规范》和《血站实验室质量管理规范》的要求,对申请单位进行技术审查,并提交技术审查报告。

(3)审核:省级人民政府卫生行政部门应当在接到专家或者技术部门的技术审查报告后 20 日内对申请事项进行审核。审核合格的,予以执业登记,发给卫生部统一样式的《血站执业许可证》及其副本。

(三) 不予登记的情形

有下列情形之一的,不予执业登记:

(1)《血站质量管理规范》技术审查不合格的;

(2)《血站实验室质量管理规范》技术审查不合格的;

(3)血液质量检测结果不合格的。

执业登记机关对审核不合格、不予执业登记的,将结果和理由以书面形式通知申请人。

(四) 再次执业登记

《血站执业许可证》有效期满前 3 个月,血站应当办理再次执业登记,并提交《血站再次执业登记申请书》及《血站执业许可证》。省级人民政府卫生行政部门应当根据血站业务开展和监督检查情况进行审核,审核合格的,予以继续执业。未通过审核的,责令其限期整改;经整改仍审核不合格的,注销其《血站执业许可证》。未办理再次执业登记手续或者被注销《血站执业许可证》的血站,不得继续执业。

(五) 血站分支机构和储血点的设立

血站因采供血需要,在规定的服务区域内设置分支机构,应当报所在省、自治区、直辖市人民政府卫生行政部门批准;设置固定采血点(室)或者流动采血车的,应当报省、自治区、直辖市人民政府卫生行政部门备案。

为保证辖区内临床用血需要,血站可以设置储血点储存血液。储血点应当具备必要的储存条件,并由省级卫生行政部门批准。

(六) 注销执业登记

根据规划予以撤销的血站,应当在撤销后 15 日内向执业登记机关申请办理注销执业登记。逾期不办理的,由执业登记机关依程序予以注销,并收回《血站执业许可证》及其副本和全套印章。

第三节 采血管理

血站的执业活动应当遵守有关法律、行政法规、规章和技术规范,必须按照注册登记的项目、内容、范围开展采供血业务,并根据医疗机构临床用血需求制定血液采集、制备、供应计划,保障临床用血安全、及时、有效,为献血者提供各种安全、卫生、便利的条件。

一、采血

1. 献血者管理

为了保障献血者和用血者的身体健康,血站应当按照国家有关规定对献血者必须进行免费、必要的健康检查和血液采集。若身体状况不符合献血条件的,血站应当向其说明情况,不得采集血液;血站采集前应当对献血者身份进行核对并进行登记;严禁采集冒名顶替者的血液;遵循自愿和知情同意的原则,并对献血者履行规定的告知义务;建立献血者信息保密制度,为献血者保密。

2. 严格遵守采血量和采血间隔规定

血站对献血者每次采集的血液量一般为 200 毫升,最多不得超过 400 毫升,两次采集间隔期不少于 6 个月。严格禁止血站违反相关规定对献血者超量、频繁采集血液。

3．实行全面质量管理

采血必须由具有采血资格的医务人员进行。血站采集血液必须严格遵守《中国输血技术操作规程》《血站质量管理规范》和《血站实验室质量管理规范》等有关操作规程和制度。

4．一次性采血器材管理

血站采集血液必须使用有生产单位名称和批准文号的一次性采血器材,一次性采血器材使用后必须销毁,不得重复使用。

5．血液检测

血站对采集的血液必须进行检测,未经检测或者检测不合格的血液,不得向医疗机构提供。

二、供血

1．血站应当保证发出的血液质量符合国家有关标准,其品种、规格、数量、活性、血型无差错。

2．血站向医疗机构提供的血液,其包装、储存、运输应当符合《血站质量管理规范》的要求。

3．无偿献血的血液必须用于临床,不得买卖。血站不得将无偿献血的血液出售给单采血浆站或者血液制品生产单位。

血站只有在确保临床用血的前提下,才可以将剩余的成分血浆特别分离,并由省、自治区、直辖市人民政府卫生行政部门报卫生部主管司局批准调配给血液制品生产单位,但不得以此牟利。

三、原始记录和标本保存

血站采集献血者的血液,必须在《无偿献血证》及献血档案中记录献血者的姓名、出生日期、血型、献血时间、地点、献血量、采血者签名,并加盖该血站采血专用章,对献血者发给《无偿献血证》。

献血、检测和供血的原始记录应当至少保存10年,法律、行政法规和卫生部另有规定的,依照有关规定执行。血液检测的全血标本的保存期应当与全血有效期相同;血清(浆)标本的保存期应当在全血有效期满后半年。

第四节 用血管理

一、临床用血的概念和原则

医疗机构临床用血,是指用于临床的全血、成分血。医疗机构不得使用原料血浆,除批准的科研项目外,不得直接使用脐带血。

医疗机构临床用血应当遵照合理、科学的原则,制定用血计划,不得浪费和滥用血液。

医疗机构应当根据自己的规模、床位以及平均每天的用血量严格掌握输血指征,定期向当地血站提出自己的用血计划,同时做好输血记录。避免不必要的输血,严禁无输血适应症的输血。为了能更加合理、科学地利用血液,国家鼓励临床用血新技术的研究和推广。

医疗机构应当设立由医院领导、业务主管部门及相关科室负责人组成的临床输血管理委员会,负责临床用血的规范管理和技术指导,开展临床合理用血、科学用血的教育和培训。

二级以上医疗机构设立输血科(血库),在本院临床输血管理委员会领导下,负责本单位临床用血的计划申报,储存血液,对本单位临床用血制度执行情况进行检查,并参与临床有关疾病的诊断、治疗与科研,负责临床用血的技术指导和技术实施,确保贮血、配血和其他科学、合理用血措施的执行。

二、临床用血要求

(一) 血液核查

医疗机构的临床用血,由县级以上人民政府卫生行政部门制定的血站供给,其包装、储存、运输,必须符合国家规定的卫生标准和要求。医疗机构对血站低通的血液不再检测,但医疗机构对临床用血必须进行核查,核查内容包括血液的包装是否完整,血液的物理外观是否正常,血液是否在有效期内等,不得将不符合国家规在标准的血液用于临床。

(二) 应急用血

为保证应急用血,医疗机构可以临时采集血液,但应当依照《献血法》和《医疗机构临床用血管理办法(试行)》的规定,确保采血、用血安全。

(三) 患者自身储血

为保障公民临床急救用血的需要,国家提倡并指导择期手术的患者自身储血,动员家庭、亲友、所在单位以及社会互助献血。

(四) 临床用血的费用

公民临床用血时只交付用于血液的采集、储存、分离、检验等费用。无偿献血者临床需要用血时,免交血液的采集、储存、分离、检验等费用;无偿献血者的配偶和直系亲属临床需要用血时,可以按照省、自治区、直辖市人民政府的规定免交或者减交采集、储存、分离、检验等费用。

(五) 不得买卖无偿献血者的血液

无偿献血者的血液必须用于临床,不得买卖。医疗机构不得将无偿献血的血液出售给单采血浆站或者血液制品生产单位。

第五节 法律责任

一、行政责任

1. 血站违反有关操作规程和制度采集血液，由县级以上地方人民政府卫生行政部门责令改正，给献血者健康造成损害的，应当依法赔偿；对直接负责的主管人员和其他直接责任人员，依法给予行政处分。

2. 临床用血的包装、储存、运输，不符合国家规定的卫生标准和要求的，由县级以上地方人民政府卫生行政部门责令改正，给予警告，可以并处1万元以下的罚款。

3. 血站违反规定向医疗机构提供不符合国家规定标准的血液的，由县级以上人民政府卫生行政部门责令改正；情节严重，造成经血液途径传播的疾病传播或者有传播严重危险的，限期整顿；对直接负责的主管人员和其他直接责任人员，依法给予行政处分。

4. 血站出售无偿献血的血液的，由县级以上地方人民政府予以取缔，没收违法所得，可以并处10万元以下的罚款；医疗机构出售无偿献血的血液的，由县级以上地方人民政府予以取缔，没收违法所得，可以并处10万元以下的罚款。

5. 医疗机构的医务人员违反《献血法》的规定，将不符合国家规定标准的血液用于患者的，由县级以上地方人民政府卫生行政部门责令改正；给患者健康造成损害的，应当依法赔偿，对直接负责的主管人员和其他直接责任人员，依法给予行政处分。

二、民事责任

血站违反有关操作规程和制度采集血液,给献血者健康造成损害的,应当依法赔偿。医疗机构的医务人员违反《献血法》的规定,将不符合国家规定标准的血液用于患者的,给患者健康造成损害的,应当依法赔偿。《侵权责任法》第59条规定,因药品、消毒药剂、医疗器械的缺陷,或者输入不合格的血液造成患者损害的,患者可以向生产者或者血液提供机构请求赔偿,也可以向医疗机构请求赔偿。患者向医疗机构请求赔偿的,医疗机构赔偿后,有权向负有责任的生产者或者血液提供机构追偿。

三、刑事责任

1. 非法组织卖血罪和强迫卖血罪

《刑法》第333条规定:"非法组织他人出卖血液的,处5年以下有期徒刑,并处罚金;以暴力、威胁方法强迫他人出卖血液的,处5年以上10年以下有期徒刑,并处罚金。有前款行为,对他人造成伤害的,依照本法第234条的规定定罪处罚。"《刑法》第234条规定:"故意伤害他人身体的,处3年以下有期徒刑、拘役或者管制。犯前款罪,致人重伤的,处3年以上10年以下有期徒刑;致人死亡或者以特别残忍手段致人重伤造成严重残疾的,处10年以上有期徒刑、无期徒刑或者死刑。本法另有规定的,依照规定。"

2. 采集、供应血液、制作、供应血液制品事故罪

《刑法》第334条第2款规定:"经国家主管部门批准采集、供应血液或者制作、供应血液制品的部门,不依照规定进行检测或者违背其他操作规定,造成危害他人身体健康后果的,对单位判处罚金,并对其直接负责的主管人员和其他直接责任人员,处5年以下

有期徒刑或者拘役。"

3. 非法采集、供应血液、制作、供应血液制品罪

《刑法》第334条第1款规定："非法采集、供应血液或者制作、供应血液制品,不符合国家规定的标准,足以危害人体健康的,处5年以下有期徒刑或者拘役,并处罚金;对人体健康造成严重危害的,处5年以上10年以下有期徒刑,并处罚金;造成特别严重后果的,处10年以上有期徒刑或者无期徒刑,并处罚金或者没收财产。"

4. 医疗事故罪

《刑法》第335条规定,医务人员由于严重不负责任,造成就诊人死亡或者严重损害就诊人身体健康的,处3年以下有期徒刑或者拘役。

第九章　处方管理法律制度

第一节　处方及处方权的概念

建设良好的处方管理制度,有利于保护患者和相关权利人的合法权益,也有利于规范我国的医疗管理制度。2004年9月1日,卫生部、国家中医药管理局颁布、施行了《处方管理办法(试行)》;2005年11月14日,颁布、施行了《麻醉药品、精神药品处方管理规定》;2007年5月1日,卫生部施行了《处方管理办法》,废止了《处方管理办法(试行)》。

处方是指由注册的执业医师和执业助理医师(以下简称医师)在诊疗活动中为患者开具的并由取得药学专业技术职务任职资格的药学专业技术人员(以下简称药师)审核、调配、核对,并作为患者用药凭证的医疗文书。处方包括医疗机构病区用药医嘱单。

按部门的不同,处方可分为门诊处方、急诊处方和病房处方;按药物分类的不同,可分为普通处方、麻醉药品和第一类精神药品处方、第二类精神药品处方、毒性药品处方、放射性药品处方。已经废止《处方管理办法(试行)》曾规定处方分为麻醉药品处方、急诊处方、儿科处方、普通处方,印刷用纸应分别为淡红色、淡黄色、淡绿色和白色,并在处方右上角以文字注明。

第二节 医师处方权

一、处方权的获得

(一) 一般处方权的获得

我国医师处方权包括两类:一类是完整处方权。医师只要在注册的医疗机构签名留样或者专用签章备案后,就可以独立地行使处方权,不需要他人的审查、签字同意;另一类是不完整处方权,就是开具的处方要经有处方权的医师审核签字或盖章同意才有效。

完整处方权的获得有三种情况:

(1) 取得执业医师资格后注册在执业地点取得相应的处方权;

(2) 经注册的执业助理医师在乡、民族乡、镇、村的医疗机构独立从事一般的执业活动,在注册的执业地点取得相应的处方权;

(3) 进修医师由接收进修的医疗机构对其胜任本专业工作的实际情况进行认定后授予相应的处方权。

不完整处方权获得有两种情况:

(1) 取得执业助理医师资格注册后在注册的执业地点取得;

(2) 具备一定条件被医疗机构聘用处于试用期人员在试用医疗机构取得。

(二) 特殊处方权的获得

特殊处方权是指对麻醉药品和精神药品的处方权。医疗机构应当按照有关规定,对本机构执业医师进行麻醉药品和精神药品使用知识和规范化管理培训,经考核合格后取得麻醉药品和第一类精神药品的处方权。医师取得麻醉药品和第一类精神药品处方权后,方可在本机构开具麻醉药品和第一类精神药品处方,但不得为自己开具该类药品处方。

二、处方的书写规则

1. 处方标准和处方格式符合有关规定。

2. 患者一般情况、临床诊断填写清晰、完整，并与病历记载相一致。

3. 每张处方限于一名患者的用药。

4. 字迹清楚，不得涂改；如需修改，应当在修改处签名并注明修改日期。

5. 药品名称应当使用规范的中文名称书写，没有中文名称的可以使用规范的英文名称书写；医疗机构或者医师、药师不得自行编制药品缩写名称或者使用代号；书写药品名称、剂量、规格、用法、用量要准确规范，药品用法可用规范的中文、英文、拉丁文或者缩写体书写，但不得使用"遵医嘱""自用"等含糊不清的字句。

6. 患者年龄应当填写实足年龄，新生儿、婴幼儿写日、月龄，必要时要注明体重。

7. 西药和中成药可以分别开具处方，也可以开具一张处方，中药饮片应当单独开具处方。

8. 开具西药、中成药处方，每一种药品应当另起一行，每张处方不得超过5种药品。

9. 中药饮片处方的书写，一般应当按照"君、臣、佐、使"的顺序排列；调剂、煎煮的特殊要求注明在药品右上方，并加括号，如布包、先煎、后下等；对饮片的产地、炮制有特殊要求的，应当在药品名称之前写明。

10. 药品用法用量应当按照药品说明书规定的常规用法用量使用，特殊情况需要超剂量使用时，应当注明原因并再次签名。

11. 除特殊情况外,应当注明临床诊断。

12. 开具处方后的空白处划一斜线以示处方完毕。

13. 处方医师的签名式样和专用签章应当与院内药学部门留样备查的式样相一致,不得任意改动,否则应当重新登记留样备案。

14. 药品剂量与数量用阿拉伯数字书写。剂量应当使用法定剂量单位:重量以克(g)、毫克(mg)、微克(μg)、纳克(ng)为单位;容量以升(L)、毫升(ml)为单位;国际单位(IU)、单位(U);中药饮片以克(g)为单位。片剂、丸剂、胶囊剂、颗粒剂分别以片、丸、粒、袋为单位;溶液剂以支、瓶为单位;软膏及乳膏剂以支、盒为单位;注射剂以支、瓶为单位,应当注明含量;中药饮片以剂为单位。

三、开具处方的规则

1. 医师应当根据医疗、预防、保健需要,按照诊疗规范、药品说明书中的药品适应证、药理作用、用法、用量、禁忌、不良反应和注意事项等开具处方。开具医疗用毒性药品、放射性药品的处方应当严格遵守有关法律、法规和规章的规定。

2. 医师开具处方应当使用经药品监督管理部门批准并公布的药品通用名称、新活性化合物的专利药品名称和复方制剂药品名称。医师开具院内制剂处方时应当使用经省级卫生行政部门审核、药品监督管理部门批准的名称。医师可以使用由卫生部公布的药品习惯名称开具处方。

3. 医师应当按照卫生部制定的麻醉药品和精神药品临床应用指导原则,开具麻醉药品、第一类精神药品处方。

4. 医师利用计算机开具、传递普通处方时,应当同时打印出纸质处方,其格式与手写处方一致;打印的纸质处方经签名或者加盖签章后有效。药师核发药品时,应当核对打印的纸质处方,无误后发给药品,并将打印的纸质处方与计算机传递处方同时收存备查。

四、开具处方的要求

1. 处方开具当日有效。特殊情况下需延长有效期的,由开具处方的医师注明有效期限,但有效期最长不得超过3天。

2. 处方一般不得超过7日用量;急诊处方一般不得超过3日用量;对于某些慢性病、老年病或特殊情况,处方用量可适当延长,但医师应当注明理由。医疗用毒性药品、放射性药品的处方用量应当严格按照国家有关规定执行。

3. 门(急)诊癌症疼痛患者和中、重度慢性疼痛患者需长期使用麻醉药品和第一类精神药品的,首诊医师应当亲自诊查患者,建立相应的病历,要求其签署《知情同意书》。病历中应当留存下列材料复印件:

(1) 二级以上医院开具的诊断证明;

(2) 患者户籍簿、身份证或者其他相关有效身份证明文件;

(3) 为患者代办人员身份证明文件。

4. 除需长期使用麻醉药品和第一类精神药品的门(急)诊癌症疼痛患者和中、重度慢性疼痛患者外,麻醉药品注射剂仅限于医疗机构内使用。

5. 为门(急)诊患者开具的麻醉药品注射剂,每张处方为一次常用量;控缓释制剂,每张处方不得超过7日常用量;其他剂型,每张处方不得超过3日常用量。

第一类精神药品注射剂,每张处方为一次常用量;控缓释制剂,每张处方不得超过7日常用量;其他剂型,每张处方不得超过3日常用量。哌醋甲酯用于治疗儿童多动症时,每张处方不得超过15

日常用量。

第二类精神药品一般每张处方不得超过7日常用量;对于慢性病或某些特殊情况的患者,处方用量可以适当延长,医师应当注明理由。

6. 为门(急)诊癌症疼痛患者和中、重度慢性疼痛患者开具的麻醉药品、第一类精神药品注射剂,每张处方不得超过3日常用量;控缓释制剂,每张处方不得超过15日常用量;其他剂型,每张处方不得超过7日常用量。

7. 为住院患者开具的麻醉药品和第一类精神药品处方应当逐日开具,每张处方为1日常用量。

8. 对于需要特别加强管制的麻醉药品,盐酸二氢埃托啡处方为一次常用量,仅限于二级以上医院内使用;盐酸哌替啶处方为一次常用量,仅限于医疗机构内使用。

9. 医疗机构应当要求长期使用麻醉药品和第一类精神药品的门(急)诊癌症患者和中、重度慢性疼痛患者,每3个月复诊或者随诊一次。

五、处方的保管

1. 调剂处方药品的医疗机构妥善保存处方。普通处方、急诊处方、儿科处方保存期限为1年,医疗用毒性药品、第二类精神药品处方保存期限为2年,麻醉药品和第一类精神药品处方保存期限为3年。处方保存期满后,经医疗机构主要负责人批准、登记备案,方可销毁。

2. 医疗机构应当根据麻醉药品和精神药品处方开具情况,按照麻醉药品和精神药品品种、规格对其消耗量进行专册登记,登记内容包括发药日期、患者姓名、用药数量。专册保存期限为3年。

第三节 药师调剂权

一、药师调剂权的取得

（一）一般调剂权的取得

取得调剂资格的人员对医师开具的处方可以并且负责进行审核、评估、核对、发药以及安全用药指导，药师只能从事处方调配工作，但非经医师处方不得调剂。取得这类资格人员只能对医师的一般处方权开具的处方进行调剂。一般调剂资格取得的条件是：药学专业技术人员取得药学专业技术职务任职资格。

（二）特殊调剂权的取得

取得特殊调剂资格，可以对医师特殊处方权开具的处方进行调剂，即对麻醉药品和精神药品处方的调剂资格。取得特别调剂资格条件是：医疗机构按照有关规定，对本执业机构的药师进行麻醉药品和精神药品使用知识和规范化管理培训，经考核合格后取得调剂资格。药师取得麻醉药品和第一类精神药品调剂资格后，方可在本机构调剂麻醉药品和第一类精神药品。

二、调剂处方的原则

1. 药师应当按照操作规程调剂处方药品：认真审核处方，准确调配药品，正确书写药袋或粘贴标签，注明患者姓名和药品名称、用法、用量、包装；向患者交付药品时，按照药品说明书或者处方用法，进行用药交待与指导，包括每种药品的用法、用量、注意事项等。

2. 药师应当认真逐项检查处方前记、正文和后记书写是否清晰、完整,并确认处方的合法性。

3. 药师应当对处方用药适宜性进行审核,审核内容包括:

(1) 规定必须做皮试的药品,处方医师是否注明过敏试验及结果的判定;

(2) 处方用药与临床诊断的相符性;

(3) 剂量、用法的正确性;

(4) 选用剂型与给药途径的合理性;

(5) 是否有重复给药现象;

(6) 是否有潜在临床意义的药物相互作用和配伍禁忌;

(7) 其他用药不适宜情况。

4. 药师经处方审核后,认为存在用药不适宜时,应当告知处方医师,请其确认或者重新开具处方。药师发现严重不合理用药或者用药错误,应当拒绝调剂,及时告知处方医师,并应当记录,按照有关规定报告。

5. 药师调剂处方时必须做到"四查十对":查处方,对科别、姓名、年龄;查药品,对药名、剂型、规格、数量;查配伍禁忌,对药品性状、用法用量;查用药合理性,对临床诊断。

6. 药师在完成处方调剂后,应当在处方上签名或者加盖专用签章。

7. 药师应当对麻醉药品和第一类精神药品处方,按年月日逐日编制顺序号。

8. 药师对于不规范处方或者不能判定其合法性的处方,不得调剂。

9. 医疗机构应当将本机构基本用药供应目录内同类药品相关信息告知患者。

第四节 法律责任

一、行政法律责任

1. 县级以上地方卫生行政部门定期对本行政区域内医疗机构处方管理情况进行监督检查。发现医师出现以下情形的,责令医疗机构取消医师处方权:

(1) 被责令暂停执业;

(2) 考核不合格离岗培训期间;

(3) 被注销、吊销执业证书;

(4) 不按照规定开具处方,造成严重后果的;

(5) 不按照规定使用药品,造成严重后果的;

(6) 因开具处方牟取私利。

2. 县级以上地方卫生行政部门发现医疗机构有下列情形之一的,按照《医疗机构管理条例》第48条的规定,责令限期改正,并可处以5000元以下的罚款;情节严重的,吊销其《医疗机构执业许可证》:

(1) 使用未取得处方权的人员、被取消处方权的医师开具处方的;

(2) 使用未取得麻醉药品和第一类精神药品处方资格的医师开具麻醉药品和第一类精神药品处方的;

(3) 使用未取得药学专业技术职务任职资格的人员从事处方调剂工作的。

3. 县级以上地方卫生行政部门发现医疗机构未按照规定保管麻醉药品和精神药品处方,或者未依照规定进行专册登记的,按照

《麻醉药品和精神药品管理条例》第72条的规定,由设区的市级卫生行政部门责令限期改正,给予警告;逾期不改正的,处5000元以上1万元以下的罚款;情节严重的,吊销其印鉴卡;对直接负责的主管人员和其他直接责任人员,依法给予降级、撤职、开除的处分。

4．县级以上地方卫生行政部门发现医师和药师出现下列情形之一的,按照《麻醉药品和精神药品管理条例》第73条的规定予以处罚:

(1)未取得麻醉药品和第一类精神药品处方资格的医师擅自开具麻醉药品和第一类精神药品处方的;

(2)具有麻醉药品和第一类精神药品处方医师未按照规定开具麻醉药品和第一类精神药品处方,或者未按照卫生部制定的麻醉药品和精神药品临床应用指导原则使用麻醉药品和第一类精神药品的;

(3)药师未按照规定调剂麻醉药品、精神药品处方的。

5．县级以上地方卫生行政部门发现医师出现下列情形之一的,按照《执业医师法》第37条的规定,给予警告或者责令暂停6个月以上1年以下执业活动;情节严重的,吊销其执业证书:

(1)未取得处方权或者被取消处方权后开具药品处方的;

(2)未按照《处方管理办法》规定开具药品处方的;

(3)违反《处方管理办法》其他规定的。

6．县级以上地方卫生行政部门发现药师未按照规定调剂处方药品,情节严重的,由县级以上卫生行政部门责令改正、通报批评,给予警告;并由所在医疗机构或者其上级单位给予纪律处分。

7．医疗机构应当对出现超常处方3次以上且无正当理由的医师提出警告,限制其处方权;限制处方权后,仍连续2次以上出现超常处方且无正当理由的,取消其处方权。

8. 医师出现下列情形之一的,处方权由其所在医疗机构予以取消:

(1) 被责令暂停执业;

(2) 考核不合格离岗培训期间;

(3) 被注销、吊销执业证书;

(4) 不按照规定开具处方,造成严重后果的;

(5) 不按照规定使用药品,造成严重后果的;

(6) 因开具处方牟取私利。

9. 药师未按照规定调剂处方药品,情节严重的,由所在医疗机构或者其上级单位给予纪律处分。

二、刑事法律责任

违反处方管理制度可以构成非法提供麻醉药品、精神药品罪。该罪是指依法从事生产、运输、管理、使用国家管制的麻醉药品、精神药品的单位和个人,明知他人是吸毒者,而向其提供国家管制的能够使人成瘾的麻醉药品、精神药品的行为。自然人犯本罪的,处3年以下有期徒刑或者拘役,并处罚金,情节严重的,处3年以上7年以下有期徒刑,并处罚金。单位犯本罪的,对单位判处罚金,对其直接负责的主管人员和其他直接责任人员,依照上述规定处罚。

第十章 医疗纠纷处理

第一节 医患关系

一、医患关系的概念

医患关系是"医"与"患"之间在诊治过程中形成的权利义务、伦理道德、社会心理、医学心理等方面的关系。"医"主要是指医疗机构和医务人员。医疗机构包括各级各类医院、疗养院、乡(镇)卫生院、医务室、个体诊所等有医治功能的并取得医疗机构执业许可证的组织;医务人员包括医师、药剂师、护士、管理人员等为医治病人而工作的医疗机构的工作人员。医患关系产生于有合法行医资格的医疗活动中,没有行医资格的组织或个人开展非法医疗活动与患者之间产生的关系不属于医患关系。医患关系内容包括权利和义务、伦理道德、社会心理、医疗心理等。

二、医患关系的分类

医患之间有涉及诊疗方面的法律关系、医学伦理道德方面的关系、社会心理方面的关系、医疗心理方面的关系等。因此,医患关系按其内容可分为:

1. 医疗法律关系

医疗法律关系是医患双方在医疗活动中通过法律来调整的医患之间的关系。

2. 医疗伦理关系

医疗伦理关系是医患双方在医疗活动中通过善恶评价的方式，依靠社会舆论、医患双方的内心信念和传统习惯来调整的关系。这是医患之间最原始的调整方式。医患之间的关系不可能完全通过法律的形式调整，需要医患双方遵守医疗活动中的伦理道德、执业道德规范，自觉约束自己的行为。

3. 医疗心理关系

医疗心理关系是医患双方在医疗活动中对医疗方式、药品、服务态度、病情及其变化等的主观反映而形成的心理关系。在医疗过程中，医患双方的心理状况关系到疾病的治疗和医患双方的协调配合。医患之间建立健康的医疗心理关系是现代医学十分重要的问题。

第二节 医疗法律关系

医疗法律关系是指由我国医疗法所调整的，在医疗机构及其医务人员与患者及其关系人之间所形成的以权利义务为内容的社会关系。医疗法律关系是卫生法律关系的组成部分，由三个要素构成，即医疗法律关系的主体、客体、内容。医疗法律关系具有产生、变更、消灭的过程。

一、医疗法律关系的产生、变更或消灭

法律关系存在产生、变更或消灭的过程。它的产生、变更或消灭，需要具备一定的条件。其中，最主要的条件是法律规范和法律事实。法律规范是法律关系形成、变更或消灭的法律依据，没有法律规范就不会有相应的法律关系。但法律规范只是主体权利和义

务关系的一般模式,还不是现实的法律关系本身。法律关系的产生、变更和消灭还必须具备直接的前提条件,这就是法律事实。法律事实是法律规范所规定的、能够引起法律关系产生、变更或消灭的客观情况。法律事实分为法律事件和法律行为两大类。法律事件是法律规范规定的、不以当事人的意志为转移而引起法律关系产生、变更或消灭的客观事实。法律行为是能够引起法律关系产生、变更或消灭的作为或不作为。

一方面,医疗法律规范的不断增多和完善,为医疗法律关系产生、变更或消灭提供了法律依据。《中华人民共和国执业医师法》《中华人民共和国侵权责任法》《医疗事故处理条例》《医疗机构管理条例》等法律、法规的制定和完善,使我国的医疗活动更多纳入到法律规范的调整范围。医疗法律关系的产生、变更或消灭具备了相应的法律依据。

另一方面,医疗法律规范为医疗法律关系的产生、变更或消灭提供了一般模式,医疗法律事实的出现,就引起了医疗法律关系的产生、变更或消灭。例如,地震、交通事故、煤厂安全事故等法律事件造成人员的伤害,医患之间就会产生紧急救治医疗法律关系;甲类传染病人的出现、精神病人造成危害结果、对吸毒成瘾人员强制隔离戒毒的情形等法律事件,使医患之间就会产生强制治疗医疗法律关系;因签订医疗合同等行为,医患之间产生医疗合同法律关系。医疗法律关系产生以后,医疗机构组织医务人员为患者实施诊疗行为,可能因病情的变化,患者从强制治疗转为自愿治疗,从紧急救治转为一般的诊治,从而引起医疗法律关系的变更。医患双方已经建立的医疗法律关系可能因疾病治愈出院、自请出院、患者转院、患者死亡而消灭。

二、医疗法律关系的构成要素

(一)医疗法律关系主体

医疗法律关系主体是参加到医疗法律关系中承担一定义务享有一定权利的当事人,主要包括医疗机构、医务人员、患者、患者的监护人以及与患者的诊疗有利害关系的其他人。医务人员对患者的诊疗行为是医疗机构的职务行为,医务人员与患者不产生直接的法律关系,只有在医疗刑事法律关系中可以成为犯罪主体。

(二)医疗法律关系的客体

医疗法律关系的客体是医疗法律关系主体的权利义务共同指向的对象,主要包括医疗技术服务(医疗行为)、医疗后勤服务(一般服务行为)、医用物品(医疗器械、药品等)、非医用物品。医疗技术服务包含了智力成果客体和行为客体,是医疗法律关系的主要客体。医疗技术服务客体具有危险性、损害性、试验性、科学性优先于自愿性等特点。

(三)医疗法律关系的内容

医疗法律关系的内容就是医疗法律关系主体之间的法律权利和法律义务。医疗法律关系主体之间的法律权利和法律义务来源于医疗合同的约定、法律的规定、诊疗规范和常规。在以上来源中,一般的医疗法律关系,医疗合同约定的内容是比较少的,主要来源于法律的规定、诊疗规范和常规。此外,中华医学会制定了《临床技术操作规范》《临床诊疗指南》,地方医学会也制定了有关规诊疗规范,高等医学院校编写了医学教科书。虽然有关国家机关对记载的内容没有明确是诊疗规范,但实践中已经成为医疗行为的标准,是诊疗规范的来源。

医疗合同是一种特殊的无名合同,具有以下的特点:

（1）内容具有不确定性、变化性。医疗合同的内容在产生医疗法律关系的初期是难以确定的,其内容会随着病情的变化和诊疗活动的开展不断的变化,如检查的内容、治疗的手段等。

（2）合同的属性具有多样性。医疗合同是医患之间建立的总的合同关系,其中包含了技术服务合同、一般服务合同和买卖合同等不同法律属性的合同。

（3）合同形式的不确定性和多样性。医疗机构与患者一般以挂号（较大的医疗机构一般都采用这种形式）、口头协议（个体诊所、乡村卫生所、职工医院等）、签订完整书面的合同（如医疗美容、实验性医疗等）等形式建立医疗合同后,在诊疗过程中,医疗机构会因诊断或治疗的需要为患者提供各种各样的技术服务（检查、化验等）或产品销售（如医疗器械、药品等）,从而产生新的合同或变更原来的合同内容。形式上就是医师开具检查或化验单,患者同意检查或化验,并按标明的服务费价格交费;医师开具处方,患者同意购买处方上的药品或医疗器械,并按标明的销售价格交费。

（4）合同订立具有强制性。在医疗机构的执业许可范围内,无权拒绝他人的诊治要求,只要他人有诊治的要求,医疗机构就必须与之建立医疗合同关系。患方可以随时解除医疗合同,医疗机构只能因法定事由解除合同。患者的自主权、选择权、转诊权决定患者可以随时与医疗机构解除或终止合同,但医疗机构只能根据病情或法律规定的情形决定是否可与患者解除或终止合同,如病已经治愈、发现不属于本医疗机构执业范围内的疾病需要转院等。

1. 患者的权利和义务

（1）患者的权利。患者的权利是医疗法律关系中的核心问题,主要包括:

① 生命健康权。该项权利除法律特别规定以外,患者是自己

生命健康权的唯一行使主体。

② 医疗保健的自主权。患者有权决定接受或不接受医疗机构提供的医疗服务,除法律、法规规定的以外,患者有出院或转院的权利,有遗体或器官处理的决定权等。

③ 知情同意权。该项权利是指患者有权知晓自己的病情及医疗措施,并可以对医务人员所采取的医疗措施取舍的权利,包括了解权、被告知权、选择权、拒绝权和同意权。

④ 隐私权。该项权利是个人的情况、私事等非公共利益的信息有不被他人知悉、干涉的权利。包括身体的隐私权、个人生活情况的隐私权、个人通讯的隐私权等。在医疗活动中,要注意尊重患者的知情同意权,不要涉及与患者疾病的诊治无关的患者隐私,不要让与诊疗无关人员涉及患者的隐私,不要未经同意进行可能侵犯患者隐私权的教学科研活动,不要公开患者的病情和病历档案。

(2) 患者的义务。患者享有权利就应当履行相应的义务,主要包括:

① 遵守医院规章制度的义务;

② 配合医务人员治疗的义务;

③ 支付医药费的义务;

④ 接受检查的义务;

⑤ 接受强制治疗的义务;

⑥ 签署有关书面文件的义务;

⑦ 如实陈述病史的义务。

2. 医疗机构的权利和义务

(1) 医疗机构的权利。医疗机构的医疗活动是通过医务人员履行职务来实现的,医疗机构在医疗活动中享有的权利绝大多数是通过医务人员的权利来体现,主要包括:

① 治疗权。治疗权包括诊断权、处方权、对身体的检查权等。

② 知情权。主要体现在患者要如实告诉医务人员病情和病史等。

③ 医学研究权。医学研究权包括申报科研项目、进行临床试验等。

④ 人格尊严权。人格尊严权包括医疗机构不被冲击,医务人员不被谩骂和殴打等。

⑤ 医药费支付的请求权。医药费支付的请求权包括有权向患者或监护人、继承要求支付医药费等。

⑥ 紧急治疗权。紧急治疗既是医疗机构的权利,也是应尽的义务。

(2) 医疗机构的义务。医疗机构对患者的义务主要通过专业技术服务来体现。由于医疗行为的特殊性,履行什么义务难以具体的规定或约定,法律、法规只作了原则性规定,主要包括:

① 依法开业、执业、执行医疗的义务。主要是指医疗机构要有执业许可证,医务人员要有执业资格和相应执业证,并且医疗机构不得随意停业,医务人员不得拒绝为患者诊治。

② 告知义务。告知的内容主要包括诊断的结果、预计的治疗效果、治疗费用、对患者身体的损害程度以及可选择的其他方案等。

③ 医疗转诊的义务。主要是指根据患者的病情需要,及时告知患者及监护人转移到其他医院或其他科室治疗,并且为转移过程提供必要的医疗服务。

④ 医疗危险的注意义务。主要是指对患者诊治过程中可能或已经出现的危险及时发现或密切观察。

⑤ 特殊情况的报告义务。主要是指发现传染疫情或刑事犯罪

等法律、法规规定的情形,有义务向有关机关或部门报告。

⑥ 提供安全医疗服务的义务。主要是指医疗机构提供的医疗技术服务和一般性的医疗服务要具备安全性。

⑦ 紧急治疗的义务。主要是指对急危患者,医疗机构及医务人员应当采取紧急措施进行诊治,不得拒绝急救处置。

⑧ 书写和保管病历以及提供客观病历的义务。主要是是指医务人员按病历书写规范认真书写病历,医疗机构按规定妥善保管病历,在患者需要时为其复印或复制病历。

⑨ 保密的义务。主要是指有保护患者隐私权和涉及国家安全医疗信息的义务。

第三节 医疗纠纷

一、医疗纠纷的概念和分类

医疗纠纷是指因患方对医方的诊疗护理行为(医疗行为)不满意,要求承担法律责任而与医方发生的争执。其特征表现为:

(1) 主体为医患双方;

(2) 客观上患者出现了不良状况;

(3) 出现在诊疗护理过程中;

(4) 患者对诊疗护理行为不满意。

医疗纠纷以医方在诊疗护理过程中有无过失可以分为:医疗过失纠纷和非医疗过失纠纷。

医疗过失纠纷是指因医方在诊疗护理过程中的过失行为所引起的纠纷。根据过失行为是否造成人身损害,又可以进一步分为医疗事故纠纷和非医疗事故纠纷。前者有人身损害的发生,医方应承担人身损害的赔偿责任和其他法律责任;后者虽然存在过失,但是没有造成明显的人身损害或没有造成损害,不能依据《医疗事故处理条例》承担法律责任,可能依据其他法律要求承担法律责任。

非医疗过失纠纷是指因医疗意外、医疗并发症、疾病自然转归等原因造成患者死亡或健康危害引起的纠纷。非医疗过失纠纷虽然存在患者的不良状况,但是,由于医方没有过失,因此,不承担法律责任。

二、医疗纠纷的处理方式

(一)医疗纠纷的协商处理

医疗纠纷发生后,医患双方可协商达成处理的一致意见,签订处理协议。

(二)医疗纠纷的行政调解处理

医疗纠纷发生后,医患双方可以共同委托医疗机构所在地的卫生行政机关主持调解,可以在未通过医疗事故技术鉴定明确责任的情况主持调解,也可以在有鉴定结论的情况主持调解。卫生行政机关主持调解达不成一致意见的,可以建议双方向人民法院起诉,达成一致意见的应制作解调书。

卫生行政机关制作的调解书与双方自愿协商签订的协议书具有同样的性质,不具有强制执行力。

(三)医疗纠纷的诉讼程序处理

医疗纠纷发生后,双方都可直接向人民法院提起诉讼。一种是根据医疗事故技术鉴定结论提起诉讼,另一种直接向人民法院提起诉讼,在诉讼中申请鉴定。诉讼中的鉴定,当事人可以选择申请医疗事故技术鉴定,也可以选择申请其他司法鉴定。

（四）医疗纠纷仲裁

仲裁是争议双方当事人在争议发生前或争议发生后达成协议，自愿将他们之间的争议提交给双方所同意的第三者进行裁决，当事人双方有义务执行裁决的一种解决争议的方法。医疗纠纷仲裁也称医事仲裁。医患双方可以在纠纷发生前或发生后约定提供给某一仲裁委员会裁决。仲裁委员会下达的裁决书具有强制执行的法律效力，当事人可向人民法院申请强制执行。

三、我国处理医疗纠纷历史的演变

（一）第一阶段（1950—1959年）

该阶段医疗纠纷主要是通过司法裁决，不经医学事故鉴定。这一时期由于彻底废除了国民党政府的伪法统，没有立法的条文依据，只能借鉴原苏联的立法经验裁决，后来中国专家结合实践编写了中国的民法教科书，在司法实践中，借鉴教科书的内容作为判案的依据。

（二）第二阶段（1959—1987年）

该阶段医疗纠纷的处理没有较为固定的程序和方式。人民法院不受理，主要由卫生行政部门处理。在"文化大革命"期间，由于司法制度被破坏，加之因阶级斗争而对知识分子的歧视，部分医院被冲击，医疗纠纷处理实际已经没有特定的形式。在"文化大革命"以后，各地卫生行政部门及公安部门为了维护医疗秩序，制定办法或规定处理医疗纠纷。

（三）第三阶段（1987—2002年）

该阶段医疗纠纷主要是通过行政处理程序处理医疗纠纷。国务院于1987年6月29日发布了《医疗事故处理办法》，就医疗纠纷的处理方式和程序作出了明确的规定，对医疗事故作出了明确的定义。医疗纠纷的处理程序和方式都有了明确的法律依据。前期基本上是根据《医疗事故处理办法》的规定,按行政处理程序处理,人民法院对未进行医疗事故技术鉴定的案件都不受理。但到后一阶段,人民法院开始直接受理医疗纠纷案件,出现了行政处理与人民法院直接处理的双程序处理。

(四) 第四个阶段(2002—2010年)

该阶段医疗纠纷主要以医疗事故为案由通过司法程序处理。2002年9月1日,国务院颁布、实施《医疗事故处理条例》,明确医疗纠纷当事人可申请卫生行政机关处理,但卫生行政机关只有主持调解的权利,制作的调解书没有强制执行力;也可以直接向人民法院提起诉讼。实际上,卫生行政机关主持的调解本质上属于双方协商处理,人民法院的判决是解决医疗纠纷最终的方式。后期出现了案由上的区别:一种是以医疗事故为案由起诉,人民法院参照《医疗事故处理条例》判决;另一种是以医疗损害为案由起诉,人民法院适用《最高人民法院关于审理人身损害赔偿案件适用法律若干问题的解释》的规定判决。

(五) 第五阶段(2010年以来)

该阶段主要以医疗损害赔偿处理医疗纠纷。2011年颁布、实施的《中华人民共和国侵权责任法》专章十一个条文规定了医疗侵权责任,这标志着医疗纠纷处理具有法律层面的规定,并作为我国民事侵权责任中的一种特殊侵权责任明确纳入了民法的范畴。构成医疗事故的侵权是医疗侵权的一个组成部分,医疗活动中的医疗侵权都要适用《中华人民共和国侵权责任法》来承担责任,除协商处理的外,通过医疗损害赔偿司法程序处理纠纷成为了主要形式。

第四节 医疗事故

一、医疗事故的定义

1987年6月29日,国务院发布的《医疗事故处理办法》(已废止)对医疗事故的定义是:在诊疗护理过程中,因医务人员诊疗护理过失造成病员死亡、残废、组织器官损伤导致功能障碍的行为。这一定义忽视了医疗机构在医疗法律关系中的主体身份,医务人员的医疗行为是职务行为,医疗机构应是医疗事故的构成主体;把"过失造成病员死亡、残废、组织器官损伤导致功能障碍"规定为构成医疗事故的必备条件,医疗事故的范围较小,未达到必备条件的过失损害不能被认定为医疗事故,从而无法获得补偿。之后,国务院修改颁布了《医疗事故处理条例》,将医疗事故定义为:医疗机构及其医务人员在医疗活动中,违反医疗卫生管理法律、行政法规、部门规章和诊疗护理规范、常规,过失造成患者人身损害的事故。该定义有以下特征:

(1)把医疗机构和医务人员规定为医疗事故的当事人;

(2)明确构成医疗事故必须有违反医疗卫生管理法律、行政法规、部门规章和诊疗护理规范、常规情形;

(3)过失与损害结果之间存在因果关系;

(4)对造成的损害结果没有作具体严格的要求,只规定造成人身损害。

2002年9月1日施行的《医疗事故分级标准(试行)》规定,最低等次的四级医疗事故是"指造成患者明显人身损害的其他后果的医疗事故"。这一规定说明,认定为医疗事故的人身损害最轻要达到出现明显的人身损害结果。医疗事故是达到明显人身损害后果的医疗侵权,是医疗侵权的一种特殊的情况。《医疗事故处理条例》对医疗事故的分类、认定、法律责任等作了具体的规定。根据对人身造成的损害程度,医疗事故分为四级:

一级医疗事故:造成患者死亡、重度残疾的;

二级医疗事故:造成患者中度残疾、器官组织损伤导致严重功能障碍的;

三级医疗事故:造成患者轻度残疾、器官组织损伤导致一般功能障碍的;

四级医疗事故:造成患者明显人身损害的其他后果的。

二、医疗事故的预防

(一) 加强学习和培训,提高管理人员、医务人员的法律意识、管理能力和职业道德水平

医疗机构的管理直接关系医疗活动的质量。预防医疗事故首先应当从医疗机构管理抓起,通过学习和培训提高医疗机构管理人员的法律意识,建立依法管理的法制观念,提高管理能力;医务人员直接开展医疗活动,要加强卫生法律知识和业务水平的学习和培训,使之了解我国的医疗卫生管理法律、行政法规、部门规章,牢固掌握诊疗护理规范、常规,树立高尚的医疗服务职业道德。

(二) 规范病历的书写,妥善保管病历

病历是指医务人员在医疗活动过程中形成的文字、符号、图表、影像、切片等资料的总和,包括门(急)诊病历和住院病历。它是发生医疗事故争议后认定医疗机构或医务人员是否有过错的重要依据。因此,《医疗事故处理条例》明确规定,医务人员应当按照国务院卫生行政部门规定的要求认真书写,严禁涂改、伪造、隐匿、销毁

或者抢夺病历资料。因抢救急危患者,未能及时书写病历的,有关医务人员应当在抢救结束后6小时内据实补记,并加以注明。《医疗机构病历管理规定》还规定,医疗机构应当妥善保管病历资料。医疗机构应当建立病历管理制度,设置专门部门或者配备专(兼)职人员,具体负责本机构病历和病案的保存与管理工作。在医疗机构建有门(急)诊病历档案的,其门(急)诊病历由医疗机构负责保管;没有在医疗机构建立门(急)诊病历档案的,其门(急)诊病历由患者负责保管。门(急)诊病历档案的保存时间自患者最后一次就诊之日起不少于15年。住院病历由医疗机构负责保管,《医疗机构管理条例实施细则》规定,住院病历的保存期不得少于30年。

(三)加强医患沟通,让患方充分享有知情同意权

知情同意权是患者在医疗活动中的重要权利,医疗机构或医务人员侵犯患者的这一权利就可能会造成医疗事故。医疗活动医师主导患者诊治的传统观念需要改变。医疗机构及其医务人员应当将患者的病情、医疗措施、医疗风险等如实告知患者,及时解答其咨询,并且应当避免告知对患者产生不利后果。患者在医疗活动中具有自主权和选择权,医疗机构和医务人员要尊重患者这些权利,在实施诊疗行为前征得患者的同意。

三、医疗事故争议的处置

(一)医疗机构制定预案

医疗机构应当制定防范、处理医疗事故的预案,预防医疗事故的发生,减轻医疗事故的损害。而且,应当设置医疗服务质量监控部门或者配备专(兼)职人员,具体负责监督本医疗机构的医务人员的医疗服务工作,检查医务人员执业情况,接受患者对医疗服务

的投诉,向其提供咨询服务。

(二) 医疗机构和医务人及时报告

医务人员在医疗活动中发生或者发现医疗事故、可能引起医疗事故的医疗过失行为或者发生医疗事故争议的,应当立即向所在科室负责人报告,科室负责人应当及时向本医疗机构负责医疗服务质量监控的部门或者专(兼)职人员报告;负责医疗服务质量监控的部门或者专(兼)职人员接到报告后,应当立即进行调查、核实,将有关情况如实向本医疗机构的负责人报告,并向患者通报、解释。

可能构成医疗事故的,医疗机构应当按照规定向所在地卫生行政部门报告。发生下列重大医疗过失行为的,医疗机构应当在12小时内向所在地卫生行政部门报告:

(1) 导致患者死亡或者可能为二级以上的医疗事故;

(2) 导致3人以上人身损害后果;

(3) 国务院卫生行政部门和省、自治区、直辖市人民政府卫生行政部门规定的其他情形。

(三) 医患双方保留证据

对于已经发生或可能发生医疗事故的争议情况,为了查清事实,医患双方或鉴定专家作出正确的判断,要进行如下的证据保留工作:

(1) 发生医疗事故争议后,死亡病例讨论记录、疑难病例讨论记录、上级医师查房记录、会诊意见、病程记录应当在医患双方在场的情况下封存和启封。封存的病历资料可以是复印件,由医疗机构保管。疑似输液、输血、注射、药物等引起不良后果的,医患双方应当共同对现场实物进行封存和启封,封存的现场实物由医疗机构保管。

（2）需要检验的，应当由双方共同指定的、依法具有检验资格的检验机构进行检验；双方无法共同指定时，由卫生行政部门指定。

（3）疑似输血引起不良后果，需要对血液进行封存保留的，医疗机构应当通知提供该血液的采供血机构派员到场。

（4）患者死亡，医患双方当事人不能确定死因或者对死因有异议的，应当在患者死亡后 48 小时内进行尸检；具备尸体冻存条件的，可以延长至 7 日。尸检应当经死者近亲属同意并签字。尸检应当由按照国家有关规定取得相应资格的机构和病理解剖专业技术人员进行。承担尸检任务的机构和病理解剖专业技术人员有进行尸检的义务。医疗事故争议双方当事人可以请法医病理学人员参加尸检，也可以委派代表观察尸检过程。拒绝或者拖延尸检，超过规定时间，影响对死因判定的，由拒绝或者拖延的一方承担责任。

(四) 在规定的时间内提出申请处理

患方应当自知道或者应当知道其身体健康受到损害之日起 1 年内，可以向卫生行政部门提出医疗事故争议处理申请。发生医疗事故争议，当事人申请卫生行政部门处理的，由医疗机构所在地的县级人民政府卫生行政部门受理。医疗机构所在地是直辖市的，由医疗机构所在地的区、县人民政府卫生行政部门受理。有下列情形之一的，县级人民政府卫生行政部门应当自接到医疗机构的报告或者当事人提出医疗事故争议处理申请之日起 7 日内移送上一级人民政府卫生行政部门处理：

（1）患者死亡；

（2）可能为二级以上的医疗事故；

（3）国务院卫生行政部门和省、自治区、直辖市人民政府卫生行政部门规定的其他情形。

卫生行政部门收到医疗事故争议处理申请之日起 10 日内进行审查,作出是否受理的决定。对符合《医疗事故处理条例》的规定予以受理,需要进行医疗事故技术鉴定的,应当自作出受理决定之日起 5 日内将有关材料交由负责医疗事故技术鉴定工作的医学会组织鉴定并书面通知申请人;对不符合规定不受理的,书面通知申请人并说明理由。卫生行政机关受理后可组织双方进行调解,既可以在医疗事故技术鉴定前调解,也可以根据鉴定结果调解。达成调解协议的应制作调解协议书。

四、医疗事故争议的鉴定组织及分工

医患双方发生医疗事故争议后,可以不经过鉴定,通过协商的方式来确定医疗纠纷是否是医疗事故,是哪一级的医疗事故,并在此基础上协商处理医疗纠纷。另外,卫生行政部门接到医疗机构关于重大医疗过失行为的报告后组织调查,判定是否属于医疗事故,对不能判定是否属于医疗事故的,可委托负责医疗事故技术鉴定工作的医学会组织鉴定;医患双方也可共同委托医学会组织鉴定。

医疗事故技术鉴定由医学会组织鉴定,分为首次鉴定、再次鉴定和中华医学会鉴定。医疗事故技术鉴定实行的是地域管辖,与医疗机构的大小、级别、性质、等无关。首次鉴定由设区的市级地方医学会和省、自治区、直辖市直接管辖的县(市)地方医学会负责组织;再次医疗事故技术鉴定由省、自治区、直辖市地方医学会组织;疑难、复杂并在全国有重大影响医疗事故争议技术鉴定由中华医学会组织。

五、医疗事故技术鉴定的提起

(一) 首次鉴定的提起

医疗事故争议的首次鉴定可以由以下主体委托鉴定:

1. 卫生行政部门委托鉴定

主要包括三种情况:一是医方或患方直接向卫生行政机关申请委托进行医疗事故技术鉴定的;二是医方或患方或医患双方请求卫生行政机关处理医疗纠纷,卫生行政机关认定需要进行医疗事故技术鉴定的;三是接到医疗机构关于重大医疗过失行为的报告后组织调查,认为需要进行医疗事故技术鉴定的。

2. 双方当事人共同委托鉴定

医患双方协商解决医疗事故争议,需要进行医疗事故技术鉴定的,由双方当事人共同委托负责医疗事故技术鉴定工作的医学会组织鉴定。

3. 人民法院委托鉴定。

人民法院受理医疗侵权案件后,可以根据原告或被告的申请委托医学会进行鉴定。

(二) 再次鉴定的提起

医方或患方不服首次鉴定,包括对事实的认定、法律的适用和鉴定程序等事项不服,可在收到首次鉴定书之日起的 15 日内,在医疗机构所在地的卫生行政部门申请再次鉴定。

(三) 中华医学会鉴定的提起

《医疗事故处理条例》并未规定必须经首次鉴定或首次鉴定、再次鉴定后才能提起中华医学会鉴定。但在实践中,双方当事人可以共同委托向省级卫生行政机关申请委托中华医学会组织鉴定,或县级卫生行政机关通过省级卫生行政机关委托中华医学会组织鉴定,人民法院受理的案件可以通过高级人民法院委托中华医学会组织鉴定。

（四）重新鉴定的提起

重新鉴定是在否定原鉴定结论的基础上进行的。卫生行政机关经审核,发现医疗事故技术鉴定不符合《医疗事故处理条例》的规定,有权要求重新鉴定；当事人发现医疗事故技术鉴定违反《医疗事故处理条例》规定的程序,有权申请重新鉴定。

六、鉴定专家库和鉴定专家组

医疗事故技术鉴定由医学会组织专家鉴定组来进行鉴定。医疗卫生专业技术人员和法医有义务受聘进入专家库,并承担医疗事故技术鉴定工作。医学会选聘具备下列条件的医疗卫生专业技术人员建立专家库,选聘人员不受行政区域的限制：

（1）有良好的业务素质和执业品德；

（2）受聘于医疗卫生机构或者医学教学、科研机构并担任相应专业高级技术职务3年以上；

（3）符合第(1)项规定的条件并具备高级技术任职资格的法医可以受聘进入专家库。

医疗事故争议案件的专家鉴定组由医患双方在医学会主持下从专家库中随机抽取组成。在特殊情况下,医学会根据医疗事故技术鉴定工作的需要,可以组织医患双方在其他医学会建立的专家库中随机抽取相关专业的专家参加鉴定或者函件咨询。

专家鉴定组进行医疗事故技术鉴定,实行合议制,每人一票,少数服从多数。专家鉴定组人数为单数,涉及的主要学科的专家一般不得少于鉴定组成员的二分之一；涉及死因、伤残等级鉴定的,并应当从专家库中随机抽取法医参加专家鉴定组。抽取的专家与医患双方或一方有利害关系的应当回避,医患双方也有权申请回避。专家鉴定组依照医疗卫生管理法律、行政法规、部门规章和诊疗护理规范、常规,运用医学科学原理和专业知识,独立进行医疗事故技术鉴定,对医疗事故争议进行鉴别和判定。

七、鉴定程序和依据

医学会应当自受理医疗事故技术鉴定之日起5日内通知医疗事故争议双方当事人提交进行医疗事故技术鉴定所需的材料。当事人应当自收到医学会的通知之日起10日内提交有关医疗事故技术鉴定的材料、书面陈述及答辩。医疗机构提交的有关医疗事故技术鉴定的材料应当包括下列内容:

(1)住院患者的病程记录、死亡病例讨论记录、疑难病例讨论记录、会诊意见、上级医师查房记录等病历资料原件;

(2)住院患者的住院志、体温单、医嘱单、化验单(检验报告)、医学影像检查资料、特殊检查同意书、手术同意书、手术及麻醉记录单、病理资料、护理记录等病历资料原件;

(3)抢救急危患者,在规定时间内补记的病历资料原件;

(4)封存保留的输液、注射用物品和血液、药物等实物,或者依法具有检验资格的检验机构对这些物品、实物作出的检验报告;

(5)与医疗事故技术鉴定有关的其他材料。

在医疗机构建有病历档案的门诊、急诊患者,其病历资料由医疗机构提供;没有在医疗机构建立病历档案的,由患者提供。医患双方应当依照《医疗事故处理条例》的规定提交相关材料。医疗机构不如实提供相关材料或不配合相关调查,导致医疗事故技术鉴定不能进行的,应当承担医疗事故责任。患者向卫生行政部门提出判定医疗事故等级及责任程度请求的,卫生行政部门可以委托医学会按照《医疗事故分级标准(试行)》,对患者人身损害的后果进行等级判定,若二级、三级医疗事故无法判定等级的,按同级甲等定。责任程度按照完全责任判定应当承担责任。患方不配合鉴定造成医疗事故技术鉴定无法进行的,按放弃医疗事故技术鉴定处理。

医学会在接到当事人提交的有关医疗事故技术鉴定的材料、书面陈述及答辩之日起45日内组织鉴定并出具医疗事故技术鉴定书。专家鉴定组在事实清楚、证据确凿的基础上,综合分析患者的病情和个体差异的基础上作出鉴定结论,并制作医疗事故技术鉴定书。以下情形不属于医疗事故:

(1)在紧急情况下为抢救垂危患者生命而采取紧急医学措施造成不良后果的;

(2)在医疗活动中由于患者病情异常或者患者体质特殊而发生医疗意外的;

(3)在现有医学科学技术条件下,发生无法预料或者不能防范的不良后果的;

(4)无过错输血感染造成不良后果的;

(5)因患方原因延误诊疗导致不良后果的;

(6)因不可抗力造成不良后果的。

八、医疗事故的法律责任

解决医疗事故涉及卫生行政机关及其工作人员、医疗机构和医务人员,它们的违法行为根据情节可能承担相应的行政法律责任、民事法律责任、刑事法律责任。

(一)行政法律责任

卫生行政部门根据医疗事故等级和情节,可对医疗机构给予警告;情节严重的,责令限期停业整顿直至由原发证部门吊销执业许可证。并且,可以由卫生行政部门对相关医务人员责令暂停6个月以上1年以下执业活动;情节严重的,吊销其执业证书。医务人员可由医疗机构依法给予行政处分或者纪律处分。

(二) 民事法律责任

《医疗事故处理条例》规定承担医疗事故赔偿的主体是医疗机构,医务人员不承担赔偿责任。医疗事故的民事赔偿坚持以下原则:

(1) 赔偿数额与医疗事故等级相一致的原则。除造成死亡的一级甲等医疗事故外,《医疗事故分级标准(试行)》把医疗事故一级乙等至三级戊等对应伤残等级一至十级。

(2) 赔偿数额与医疗过失行为责任程度相一致的原则。《医疗事故技术鉴定暂行办法》把医疗事故中医疗过失行为责任程度分为:完全责任、主要责任、次要责任、轻微责任。

(3) 赔偿数额应当考虑到医疗事故损害后果与患者原有疾病状况之间的关系。

《医疗事故处理条例》规定医疗事故赔偿项目共11项:医疗费、误工费、住院伙食补助费、陪护费、残疾生活补助费、丧葬费、被扶养人生活费、交通费、住宿费、精神损害抚慰金。

(三) 刑事法律责任

医务人员由于严重不负责任,造成就诊人死亡或者严重损害就诊人身体健康的,构成医疗事故罪。承担刑事责任的主体是医务人员,医疗机构不是承担刑事责任的适格主体。构成医疗事故罪的,可根据情节判处3年以下有期徒刑或拘役。

第五节 医疗损害责任

医疗损害责任是指医疗机构及其医务人员在医疗活动中,违法或违反约定或未尽到与当时医疗水平相应的诊疗义务以及使用有缺陷或不合格的医疗产品,过失造成患者人身损害应承担的法律责任。我国相关法律、行政法规、规章强制规定医疗机构及其医务人员在医疗活动中要对患者履行相应法律义务,法律、行政法规、规章还规定医疗机构及其医务人员要遵守诊疗技术规范、常规,保证使用的医疗产品安全可靠;除此之外,医患双方还可以约定医方对患方应尽的义务。医疗机构及其医务人员在医疗活动中要履行以上义务,未尽相应的义务就可能对患者造成医疗损害,承担医疗损害责任。因此,根据医疗机构及其医务人员未尽义务的种类的不同,把医疗损害责任分为医疗违法损害责任、医疗技术损害责任、医疗违约损害责任、医疗产品损害责任。

一、医疗违法损害责任

(一) 医疗违法损害责任的概念和构成

医疗违法损害责任,是指医疗机构及其医务人员在医疗活动中,医疗行为违反国家法律、行政法规、规章和诊疗规范,过失造成患者人身损害或其他权益损害应承担的法律责任。从历史角度来看,医疗活动开始是用医学伦理道德规范来调整的,调整医疗活动的医学伦理道德规范被国家认可后转化为法律规范。所以,有学者借鉴法国"医学伦理过错"的概念把这类损害称为"医学伦理损害"。但是,既然伦理道德规范已经转变为法律规范,并且也只有成为了法律规范才能设定法律责任,因此,称为医疗违法损害责任较为科学。构成医疗违法损害责任应具备以下条件：

1. 行为主体是合法的医疗机构及其医务人员

医疗机构执业资格的标志是医疗机构执业许可证，医务人员执业应具备相应的执业资格，不具备行医主体资格的组织的工作人员或医疗机构使用不具备执业资格的医务人员或个人非法行医给患者造成人身损害应承担的法律责任不属于医疗损害责任，只能是一般侵权责任。

2. 行为主体实施了违法的过失行为

规范医疗行为的法律规范包括法律、行政法规、规章以及地方性法规，但是，《中华人民共和国侵权责任法》规定，医疗机构违反法律、行政法规、规章和诊疗规范的，直接推定有过错，《医疗事故处理条例》也没有规定违反地方性法规、规章的构成医疗事故，因此，构成医疗违法损害责任的违法是指违反国家法律、行政法规、规章。《中华人民共和国侵权责任法》第55条规定侵犯患方的知情权、同意权和第58条第1项规定违反法律、行政法规、规章和诊疗规范承担损害责任的情形，都属于医疗违法损害责任范围。

3. 有损害事实发生，并且医疗违法行为与损害结果之间存在因果关系

虽然《中华人民共和国侵权责任法》规定对医疗违法行为推定医疗机构有过错，但是，对患方发生的损害事实，医疗机构有权举证证明是否与自己的医疗违法行为存在因果关系。因为医疗行为本身具有损害性特点，一般情况是用小的损害来避免大的损害发生；另外，由于疾病本身的特殊性，有些疾病只能通过治疗延缓它向坏的方向发展的速度或减少病痛，并不可能治愈。因此，对患者损害事实是否发生的判断，不能只看患者身体是否出现不良状况，而是要分析出现不良状况的原因，医疗违法行为是否与不良状况

之间存在因果关系。只要医疗机构不能证明医疗违法行为与不良状况之间不存在因果关系，就应认定存在因果关系，医疗违法损害责任成立。

（二）医疗违法损害责任的归责原则

《中华人民共和国侵权责任法》第55条规定侵犯患方的知情权、同意权和第58条第1项规定违反法律、法规、规章直接推定医疗机构有过错，因此，医疗违法损害责任适用过错推定原则。患方证明损害事实出现和医方有违法行为存在，就完成了举证责任，推定医疗机构有过错。

二、医疗技术损害责任

（一）医疗技术损害责任概念和构成

医疗技术损害责任，是指医疗机构及其医务人员在医疗活动中，未尽到与当时医疗水平相应的诊疗义务，过失造成患者人身损害应承担的法律责任。构成医疗技术损害责任应具备以下条件：

1. 行为主体是合法的医疗机构或医务人员

医疗机构执业资格的标志是医疗机构执业许可证，医务人员执业应具备相应的执业资格，不具备行医主体资格的组织的工作人员或医疗机构使用不具备执业资格的医务人员或个人非法行医给患者造成人身损害应承担的法律责任不属于医疗损害责任。

2. 行为主体实施了医疗技术过失行为

首先，虽然《中华人民共和国侵权责任法》第54条规定"医疗机构及其医务人员有过错"，但是，在医疗活动中故意伤害他人不属于医疗技术损害；其次，医疗技术损害是医疗技术过失行为所造成的，即行为人虽然没有违法和违反诊疗规范的情况，但没有尽到当时医疗水平的注意义务。

3. 医疗技术过失行为与损害事实之间存在因果关系

医疗技术过失行为一般会造成患者人身损害,包括身体和精神上的伤害。如致死、致残或给患者造成不必要机体组织损伤等。因医疗行为本身具有损害性特点,一般情况下是用小的损害来避免大的损害发生;另外,由于疾病本身的特殊性,有些疾病只能通过治疗延缓它向坏的方向发展的速度或减少病痛,并不可能治愈。因此,对患者损害事实是否发生的判断,不能只看患者身体是否出现了不良状况,而是要分析出现不良状况的原因。有可能出现的不良状况是疾病本身的原因造成的,也可能是医疗技术过失行为所造成的,还有可能是疾病本身的原因和医疗技术过失医疗行为共同造成的。

(二) 医疗技术损害责任的归责原则

《中华人民共和国侵权责任法》明确规定:"患者在诊疗活动中受到损害,医疗机构及其医务人员有过错的,由医疗机构承担赔偿责任。"因此,医疗技术损害责任适用的是过错责任原则,患方承担举证责任。

三、医疗违约损害责任

(一) 医疗违约损害责任的概念和构成

医疗违约损害责任,是指医疗机构及医务人员在医疗活动中,违反双方的约定,造成患者人身损害应承担的法律责任。除法律、法规、规章规定医疗机构和医务人员在医疗活动中对患者的义务外,医患双方还可以通过签订合同的方式约定医疗机构和医务人员对患者的义务。医疗机构和医务人员违反合同的约定,就可能对患者造成损害,从而承担损害责任。构成医疗违约损害责任应具备以下条件:

1. 医疗合同一方一定是合法的医疗机构

医疗合同中一方主体必须是医疗机构，非医疗机构不能与他人签订医疗合同，因此，医疗违约损害责任只能依据有效的医疗合同认定。非法行医者与患者签订的"医疗合同"无效，违约造成的损害责任不属于医疗违约损害责任。

2. 医方违反约定

医疗机构一定与患者有合同的约定，医方要有违法行为。医患双方的约定不能违反法律、行政法规、规章和诊疗规范的禁止性规定，构成医疗违约损害责任的约定应当是国家法律、法规、规章和诊疗规定未作规定，但又不禁止的行为。

3. 有损害事实存在，并且医方的违约行为与损害事实之间存在因果关系

医疗违约造成的损害与医疗违法和医疗技术过失造成的损害存在不同之处。前者造成的损害可以是实际的生命健康损害，也可以是患者没有达到预期目的，如医疗整容没有达到预期的效果，而后者是一种实际的生命健康损害。

（二）医疗违约损害责任的归责原则

医疗违约损害责任是因合同约定而产生，因此，应当适用严格责任原则。严格责任原则是指不论违约方主观是否有过错，只要不履行合同义务或者履行合同义务不符合约定，就应当承担违约责任。

四、医疗产品损害责任

（一）医疗产品损害责任的概念和构成

医疗产品损害责任，是指医疗机构及医务人员在医疗活动中，对患者使用有缺陷的或不合格医疗产品，造成患者人身损害应承

担的法律责任。医疗产品包括药品、消毒药剂、医疗器械、血液及血液制品。构成医疗产品责任应具备以下条件:

1. 医疗产品有缺陷或不合格

产品是通过加工、制作后,可以用于流通领域销售的物品。医疗产品是用于预防、诊断、治疗、康复、医疗美容等方面的产品,如药品、消毒药剂、医疗器械、血液及血液制品。《中华人民共和国侵权责任法》规定,医疗机构使用有缺陷的药品、消毒药剂、医疗器械造成患者损害的,应承担赔偿责任,给患者输入不合格血液造成损害的,应承担赔偿责任。缺陷与不合格是有区别的。有缺陷的医疗产品是获得生产、销售有关批文,生产程序、工艺、产品的成分都符合有关规定并且经检验合格的产品,可能因使用的对象的特异性在使用中造成损害,或新科学技术发现对使用者有人身损害,而成为有缺陷医疗产品。医疗产品缺陷可分为设计缺陷、制造缺陷、警示说明缺陷和跟踪观察缺陷。

2. 有损害事实,并且与医疗产品的缺陷或不合格之间存因果关系

发生损害事实是构成损害责任的前提条件,对患者的损害包括身体和精神方面的损害,损害的程度并没有限制,可以造成死亡、残疾,也可以造成轻微的伤害。医疗活动是多方面的,患者损害的事实可能是技术过失造成的,也有可能是医疗产品造成的,还有可能是多方面的原因造成的。因此,判定医疗产品损害责任需要证明医疗产品缺陷或不合格与损害事实之间是否存在因果关系。只有因果关系成立,才能认定医疗产品损害责任成立。

(二) 医疗产品损害责任的归责原则

医疗产品损害责任适用无过错责任原则。《中华人民共和国民法通则》第106条第3款规定:"没有过错,但法律规定应当承

民事责任的,应当承担民事责任。"就是不论当事人在主观上有无过错,都应当承担民事责任民事责任。医疗产品的缺陷或不合格造成患者人身损害,无论医疗机构是否存主观过错,无论是生产者的原因,还是销售者的原因造成的,患者都有权利对使用医疗产品的医疗机构追究民事责任,医疗机构赔偿后,有权向负有责任的生产者或血液提供机构行使追偿权。

五、医疗损害民事法律责任

承担医疗损害民事责任的方式主要包括:停止侵害、排除妨碍、消除危险、返还财产、恢复原状、赔偿损失、赔礼道歉、消除影响、恢复名誉。以上承担责任的方式,可以单独适用,也可以合并适用。医疗损害责任的承担方式主要是赔偿损失,即人身损害的赔偿。根据《最高人民法院关于审理人身损害赔偿案件适用法律若干问题的解释》的规定,人身损害赔偿包括15个项目:

1. 医疗费

医疗费是指受害人在遭受人身伤害后接受医学上检查、治疗、康复训练所必须支出的费用,包括挂号费、医药费、检查费、治疗费、住院费、其他医疗费用。

2. 误工费

误工费是指受害人从遭受伤害到完全治愈期间(误工时间)内,因无法从事正常工作而实际减少的收入。误工时间根据受害人接受治疗的医疗机构出具的证明确定。受害人因伤致残持续误工的,误工时间可以计算至定残日前一天。受害人有固定收入的,误工费按照实际减少的收入计算。受害人无固定收入的,按照其最近3年的平均收入计算;受害人不能举证证明其最近3年的平均收入状况的,可以参照受诉法院所在地相同或者相近行业上一年度职工的平均工资计算。

3. 护理费

护理费是指受害人因遭受人身损害,生活无法自理需要他人护理而支出的费用。护理人员有收入的,参照误工费的规定计算;护理人员没有收入或者雇佣护工的,参照当地护工从事同等级别护理的劳务报酬标准计算。护理人员原则上为一人,但医疗机构或者鉴定机构有明确意见的,可以参照确定护理人员人数。护理期限应计算至受害人恢复生活自理能力时止。受害人因残疾不能恢复生活自理能力的,可以根据其年龄、健康状况等因素确定合理的护理期限,但最长不超过20年。受害人定残后的护理,应当根据其护理依赖程度并结合配制残疾辅助器具的情况确定护理级别。

4. 交通费

交通费是指受害人及其必要陪护人员因就医、转院治疗实际发生的用于交通的费用。

5. 住院伙食补助费

住院伙食补助费是指受害人遭受人身损害后,因其在医院治疗期间支出的伙食费用超过平时在家的伙食费用,而由加害人就其合理的超出部分予以赔偿的费用。住院伙食补助费可以参照当地国家机关一般工作人员的出差伙食补助标准予以确定。

6. 住宿费、伙食费

受害人确有必要到外地治疗,因客观原因不能住院,受害人实际发生的住宿费和伙食费。

7. 营养费

营养费是指受害人在遭受损害后,为辅助治疗或使身体尽快康复而购买日常饮食以外的营养品所支出的费用。根据受害人伤残情况参照医疗机构的意见确定。

8. 残疾赔偿金

残疾赔偿金是指对受害人因人身遭受损害致残而丧失全部或者部分劳动能力的财产赔偿。残疾赔偿金根据受害人丧失劳动能力程度或者伤残等级，按照受诉法院所在地上一年度城镇居民人均可支配收入或者农村居民人均纯收入标准，自定残之日起按20年计算。但60周岁以上的，年龄每增加1岁减少1年;75周岁以上的，按5年计算。受害人因伤致残但实际收入没有减少，或者伤残等级较轻但造成职业妨害严重影响其劳动就业的，可以对残疾赔偿金作相应调整。

9. 残疾辅助器具费

残疾辅助器具费是指因伤致残的受害人为补偿其遭受创伤的肢体器官功能、辅助其实现生活自理或者从事生产劳动而购买、配制的生活自助器具所需费用。残疾辅助器具费按照普通适用器具的合理费用标准计算。伤情有特殊需要的，可以参照辅助器具配制机构的意见确定相应的合理费用标准。

10. 被扶养人生活费

被扶养人生活费是指加害人非法剥夺他人生命权，或者侵害他人健康权致其劳动能力丧失（致残），造成受害人生前或丧失劳动能力以前扶养的人扶养来源的丧失，应依法向其赔偿必要的费用。根据扶养人丧失劳动能力程度，按照受诉法院所在地上一年度城镇居民人均消费性支出和农村居民人均年生活消费支出标准计算。被扶养人为未成年人的，计算至18周岁;被扶养人无劳动能力又无其他生活来源的，计算20年。但60周岁以上的，年龄每增加1岁减少1年;75周岁以上的，按5年计算。被扶养人是指受害人依法应当承担扶养义务的未成年人或者丧失劳动能力又无其他生活来源的成年近亲属。被扶养人还有其他扶养人的，赔偿义务人只赔偿受害人依法应当负担的部分。被扶养人有数人的,年赔偿总额累计不超过上一年度城镇居民人均消费性支出额或者农村居民人均年生活消费支出额。

11. 因康复护理、继续治疗实际发生的必要的康复费、护理费、后续治疗费。

12. 丧葬费

丧葬费是指侵害自然人的生命权致使受害人死亡的,受害人的亲属对死亡的受害人进行安葬所产生的丧葬费用的支出。丧葬费实行定额赔偿,一次性给付,没有城乡区别。丧葬费按照受诉法院所在地上一年度职工月平均工资标准,以6个月总额计算。

13. 死亡赔偿金

死亡赔偿金是死者因他人致害死亡后由加害人给其近亲属所造成的物质性收入损失的一种补偿。死亡赔偿金按照受诉法院所在地上一年度城镇居民人均可支配收入或者农村居民人均纯收入标准,按20年计算。但60周岁以上的,年龄每增加1岁减少1年;75周岁以上的,按5年计算。

14. 受害人亲属交通费、住宿费和误工损失

受害人亲属交通费、住宿费和误工损失包括办理丧葬发生的和受害人确有必要到外地治疗,因客观原因不能住院实际发生的交通费、住宿费等损失。

15. 精神抚慰金

精神抚慰金是指受害人或者死者近亲属遭受精神损害,获得的精神损害赔偿。

第十一章 现代医学新技术的法律问题

第一节 脑死亡法律问题

一、死亡判定标准的演进

死亡是所有生物生命活动的终止,人当然也不能例外。人的死亡同他的出生、成长、衰老等生命过程一样,表现为一系列的生命过程。在人类历史上,如何判断人的死亡经历了一个漫长的演进过程,具体表现为三个阶段,每一个阶段均是用某些对于人而言十分重要的器官功能丧失为判定标准。

(一) 第一个阶段:肺死亡阶段

这是人类历史上判断死亡的最原始的方法,即通过观察人的呼吸是否存在来判断人是否已死亡,如用手指或柔软的羽毛放在鼻前来感知人是否有呼吸运动,以此来判定人是否死亡。但这种方法比较粗糙,并且发现有些呼吸停止的人并没有真正死亡,因而人们对这种方法渐渐产生了怀疑。

(二) 第二个阶段:心肺死亡阶段

随着医学尤其是解剖学的发展,人们发现了心脏在人体中的重要地位,只要心跳停止的人不可能复活,从而开始用心跳停止、呼吸停止等指标来判定人是否死亡,取代了单一的靠呼吸停止判定死亡的标准。

（三）第三个阶段：脑死亡阶段

由于近现代医学技术的发展，尤其是生命维持技术如呼吸机等的出现，人们发现在这些医学技术的支持下，大脑、脑干等全脑功能完全丧失的人的呼吸和心跳有可能维持较长时间，但这些人却不可能复活，同死亡的人没有什么区别，故可通过脑死亡来判定人的死亡。

二、脑死亡的提出

1959年，来自法国的学者Mollaret和Goulon以"深度昏迷"为名在第二十三届国际神经学会上报道了23例病人，指出凡是诊断为"深度昏迷"的人，苏醒的可能性几乎为零，这些病人的临床表现同以后报道的"脑死亡"完全相同。

1968年，美国哈佛大学医学院在第二十二届世界医学大会上，首次提出了以"包括脑干功能在内的全脑功能丧失的不可逆状态"为新的死亡标准，并提出了具体的判断标准，即"哈佛标准"，包括：没有感受性和反应性；没有运动和呼吸；没有反射；脑电图平直。要求对这4条标准的测试在24小时内反复多次结果无变化即可宣布死亡，但有两个例外，即体温过低（低于32.2℃）或刚服用过巴比妥类中枢神经系统抑制药物。

1976年，英国皇家医学会提出了脑干死亡即为脑死亡，脑干死亡的判断标准包括：深昏迷；自主呼吸极微弱或停止，需呼吸机维持；所有脑干反射消失。1971年，美国的Mohandas等认为脑干反射消失就可以诊断为脑死亡。1979年，英国皇家医学会明确提出一旦发生脑干死亡即可宣布死亡。脑干死亡即是脑死亡的观点只有在英国、比利时、德国、中国台湾等国家和地区被采纳，大多数国家和地区仍沿用哈佛标准或自订标准，他们认为脑干死亡是"正在走向死亡",而不是全脑死亡。

美国 Youngner 和 Bartlett 在 20 世纪 80 年代提出了"高级脑死亡"的概念,即"当人的知觉和认知不可逆地丧失就是死亡,而不论脑的某些部分还保留一定的功能"。他们认为人的生命活动有生物性的属性,也有社会性的属性,而人的社会属性是人区别于其他生物的特征,也是人能够改造自然的基础,如果人丧失了社会属性,也就丧失了人的基本特征。这在一定程度上混淆了脑死亡和植物状态,并不为多数学者所接受。

三、脑死亡的判定

脑死亡自问世以来,就引起了医学界、伦理学界、法学界等社会各界广泛的关注。由于受传统思想的影响,脑死亡尚未被广泛接受,对脑死亡的判定是一个非常严谨的医学课题,必须谨慎对待,不允许有丝毫的差错,应该遵循严格的程序。

1. 脑死亡判定的先决条件:患者深度昏迷的原因必须明确,必须排除可能引起类似脑死亡的情况,如低温、各类中枢抑制药物的过量使用等。

2. 脑死亡判定的临床指标:各国脑死亡的诊断标准并不完全相同,但深昏迷、脑干反射消失和无自主呼吸是最主要的临床表现。当患者处于深昏迷状态时,肢体无自主活动,但由于脊髓可能尚存一定功能,可以出现脊髓的反射活动,如手指跳动、足趾阵发性屈曲等。脑干是意识的"开关"系统,又是呼吸、循环功能的中枢,所以脑干功能丧失必然导致深昏迷和呼吸心跳停止,各国一般都选择瞳孔对光反射、角膜反射等脑干反射来测定脑干功能是否丧失。无自主呼吸是判定脑死亡时最重要的体征,常通过呼吸暂停试验来测试。

3. 脑死亡判定的实验室指标：判定脑死亡的实验室指标主要包括脑电生理检查和脑血流检查，前者如脑电图和各种诱发电位，后者如经颅多普勒超声检查、核素脑扫描、脑血管造影等。①

脑死亡的诊断应该由两名医生进行，其中一名必须是神经科医生，最好是通过一个专家组来进行诊断，参加脑死亡诊断的医生不能参加器官移植工作，参加器官移植工作的医生也不能参与脑死亡的诊断工作。②

四、脑死亡的法律意义

1. 有利于节约卫生资源

对脑死亡立法可以在一定程度上节约有限的卫生资源。我国每年为"抢救"那些实际上已经脑死亡的病人而进行的安慰性、仪式性医疗活动费用支出高达数百亿元。如果对终末期病人适用脑死亡标准对其进行死亡诊断，则可对这些病人结束生命支持技术的支持，对于患者或其家庭来说，将节约大量的经济支出，对于整个社会来说，可以将这些卫生资源进行重新分配，用于更为需要的病人身上，于私于公都有利。

2. 有利于减轻患者和亲属的痛苦

身患不可治愈的疾病并处于极端痛苦状态的患者，其遭受的肉体和精神上的痛苦是难以忍受的。适用传统的心肺死亡标准，将延长患者所遭受的痛苦，其亲属对自己的亲人所遭受的痛苦，内心也极其难受。而适用脑死亡标准对患者进行死亡诊断，可以缩短患者遭受痛苦的时间，也可以减轻其亲属的痛苦。

---

① 李舜伟、张国瑾：《国外脑死亡研究近况》，载《中华医学杂志》2003年第20期。
② 邱仁宗：《脑死亡的伦理问题》，载《华中科技大学学报》(社会科学版)2004年第2期。

3. 有利于法律的实施

死亡是很多法律行为或事件的临界点,如死亡决定着主体权利能力的丧失、继承的开始、婚姻关系的终止、杀人罪的成立等,故确定死亡的时间在司法实践中具有重要的意义。进行脑死亡立法,必然引起法律实施过程中两种死亡标准的冲突,由于脑死亡标准对于判定人的死亡更加科学合理,更能够准确地判定人的死亡时间,有利于法律的正确适用。

4. 有利于器官移植

器官移植面临的最大问题就是器官来源不足和质量不足。脑死亡为器官移植开辟了广阔的前景,如果继续使用传统的死亡标准,将会使大量无意识的病人长期浪费有限的医疗资源,也使许多终末期病人丧失了器官移植的机会。[①] 运用脑死亡标准来判定死亡,将获得一定数量的、优质的人体器官,推动器官移植工作。但基于医学伦理的要求,器官移植不应作为脑死亡立法的理由,而只能是它的效果之一,并且应当是受益最小的领域。[②]

五、我国脑死亡的立法

基于传统死亡标准的深远影响,我国脑死亡的立法举步维艰。虽然我国在20世纪80年代就开始了脑死亡判定的理论探讨和临床实践,但迄今为止并没有产生相应的立法文本。

2003年,卫生部脑死亡判定标准起草小组起草制定了《脑死亡判定标准(成人)(征求意见稿)》和《脑死亡判定技术规范(成人)(征求意见稿)》,并刊登在《中华医学杂志》《中华神经外科杂志》

[①] 郭自力:《死亡标准的法律与伦理问题》,载《政法论坛》2001年第3期。
[②] 陈忠华:《论脑死亡立法的生物医学基础、社会学意义及推动程序》,载《医学伦理学》2002年第5期。

《中华急诊医学杂志》等刊物,广泛征求医务工作者的修改意见。2004年,中华医学会第七次全国神经病学学术会议上,《脑死亡判定标准》和《脑死亡判定技术规范》通过专家审定。但随后卫生部发表声明指出:脑死亡是医学界提出的判定死亡的一种方式,与现行判定死亡的标准不同。制定脑死亡判定标准和技术规范与实施脑死亡判定是两回事,实施脑死亡判定必须以相应的法律法规为前提条件。

2009年,卫生部脑死亡判定标准起草小组发布了《脑死亡判定标准(成人)(修订稿)》和《脑死亡判定技术规范(成人)(修订稿)》,刊登在2009年第4期《中国脑血管病杂志》上。同时建议在临床应用时,卫生行政部门应制定相关管理办法,医疗机构应严格按照相关管理办法的要求进行操作以确保医疗质量和医疗安全。医疗实践中也出现了对脑死亡患者的器官进行摘取用于器官移植的多起案例,这也引发了广泛的争议。

我国脑死亡判定的一个主要目的是解决目前器官移植临床实践中供体器官来源的缺乏,具有较强的功利性。脑死亡不仅仅是一个医学课题,还是一个法学课题、伦理学课题,必须谨慎对待,单从医学实践进行研究尚不足以论证脑死亡立法的正当性与合法性。

第二节 安乐死法律问题

一、安乐死的概念

安乐死源自希腊文"euthanasia",原意为"舒服的死亡"(easy death),包含了模棱两可的含义,意味着引起死亡的方法是无痛苦的,所以这种方法引起的死亡是舒服的。现在安乐死的英语表达除了用"euthanasia"这个词外,还可用"mercy killing"来表示。

关于安乐死的定义,目前仍争论不休,尚没有一个定义能被多数人接受。《布莱克法律词典》(第9版)对安乐死的定义为:"出于怜悯,引起或加速身患不治之症或终末期疾病的人,或处于某种状态尤其是痛苦的状态的人死亡的行为或实践。"《中国大百科全书·法学卷》对安乐死的解释是:"对于现代医学无可挽救的逼近死亡的患者,医生在患者本人真诚委托的前提下,为减少患者难以忍受的剧烈痛苦,可以采取措施提前结束患者的生命。"

本书认为,安乐死是相对于正常死亡过程而言的一种不正常死亡过程,是对处于身患难以治愈的、极度痛苦的疾病状态下的人实施的一种加速其死亡过程的行为,并且这种过程是无痛苦的或较轻痛苦的。

安乐死根据不同的标准可以进行不同的分类。常用的分类是,根据执行安乐死行为方式的不同,将安乐死分为积极安乐死和消极安乐死两类。所谓积极安乐死,是指以作为的方式结束身患难以治愈的、极度痛苦的患者的生命的行为,又称主动安乐死,如给患者注射某种致命的药物以结束其生命;所谓消极安乐死,是指以不作为的方式结束患者生命的行为,又称被动安乐死,如拔除危重患者的呼吸、循环支持设备而任其自然死亡的行为。

二、安乐死的历史演变

从最广泛的意义上来理解,安乐死的理论和实践可谓古已有之。在西方,有些原始部落为了其整体的生存和健康强盛,常把病人、老人击杀或埋葬,通过这种方式来减少病弱者的痛苦和部落的负担。① 古希腊哲学家柏拉图认为,医生延长那些最终仍不免死亡的危重病人的痛苦是不合伦理的,并赞同不堪忍受病痛折磨的病人自己结束生命。斯巴达人为了保证士兵的健康和战斗力,也有处死患有先天性疾病或生理缺陷的新生儿的习俗。

17世纪,弗兰西斯·培根在他的作品中主张人们有权控制自己的生命过程,并多次提到无痛致死术。20世纪初,安乐死合法化运动与人权运动结合在一起正式走上了历史舞台,1935年在英国出现了第一个"安乐死合法化委员会",其后在美国、法国、丹麦、瑞典、荷兰等国也陆续出现了类似的组织以推动安乐死合法化。当时的安乐死运动在西方社会产生了较大的影响,引起了广泛的讨论和关注。

但在第二次世界大战期间,德国纳粹打着安乐死的旗号,推行"安乐死计划",屠杀所谓的劣等人、慢性病人、精神病人、犹太人、吉普赛人等,本质上是实施种族灭绝政策。从1938年纳粹分子滥用安乐死到20世纪50年代后期,安乐死声名狼藉,关于安乐死的讨论和社会运动也因德国纳粹的行为而暂时平息,以至于到了今天人们还对安乐死心有余悸。

进入20世纪60年代,随着现代医学技术的高速发展,生命维持技术不断进步,人的生命过程由于医学技术的影响而发生改变。但对于那些身患现代医学难以治愈疾病的、处于极端痛苦的人来说,他们的生存质量是低下的,对于这些人,能不能结束他们低质量的生命,选择一种有尊严的死亡方式,这时人们又开始重新讨论安乐死的合法性。

1976年,在日本东京召开了首届安乐死国际会议,参与会议的

---

① 许士凯:《安乐死启示录》,上海科技教育出版社1992年版,第38页。

美国、日本、荷兰、英国、澳大利亚等国家的代表共同签署了《东京宣言》,强调应当尊重"人生的意义"和"庄严的死",主张在特殊情况下,人应当有选择死的权利。1980年,国际死亡权利联合会成立,不断推动安乐死的立法进程。1996年,澳大利亚北部地区议会通过了《垂死病人权利法》,该法规定了严格的安乐死条件,不过,该法实施不到8个月即被废止。①

2001年,经过激烈的辩论,荷兰议会上议院以46票赞成、28票反对、1票弃权的结果通过了安乐死法案,这使得荷兰成为世界上第一个承认安乐死合法化的国家。在此之后,比利时众议院于2002年5月16日也通过了安乐死法案,允许医生在特殊情况下对病人实行安乐死,从而成为世界上第二个承认安乐死合法化的国家。荷、比两国的这一举动再次使"安乐死"能否合法化成为国际性的话题。

三、我国安乐死的演变

我国安乐死的学术讨论始于20世纪70年代末期。最早的一篇含有安乐死的学术论文是由王维平翻译的原载于日本《警察时报》杂志的《所谓安乐死的必要条件》,刊载于1979年第2期《环球法律评论》上。1980年,著名生命伦理学家邱仁宗在1980年第1期《医学与哲学》上发表论文《死亡概念和安乐死》,以这篇论文为起点,拉开了我国学术界讨论安乐死的序幕,此后陆续有大量关于安乐死的学术论文发表,观点之间也是针锋相对。

正当学术界对安乐死争论激烈之时,1986年发生了我国首例安乐死案件。该案发生在陕西省汉中市,有一名肝硬化腹水的患

---

① 韩大元:《论安乐死立法的宪法界限》,载《清华法学》2011年第5期。

者在病危期间,其子请求医生对其实施安乐死,医生对其分两次注射了复方冬眠灵175毫克,在本身病情恶化,加上药物的作用下,患者很快死亡。在安葬了死者后,死者的大女儿和二女儿为了让医院赔偿其母的医疗费用和埋葬费用,找医院理论无果,遂向当地公安机关和检察院控告当事医生故意杀人,次日,当事医生所在医院的4名医生也联名向检察院作了控告。汉中市公安局对此案进行立案侦查,不久即对两名当事医生和两名死者子女收容审查。此时,死者的大女儿和二女儿见自己的弟弟和妹妹被收审,感到后悔,多次要求撤诉,公安机关和检察院以该案属于公诉案件而拒绝。

在该案的审理过程中,法院内部也产生了严重的分歧,第一种意见认为被告人的行为均已构成故意杀人罪,但该案的社会危害性较小,属于比较轻微的犯罪,对二被告人均应免于刑事处分;第二种意见认为被告人的行为不构成犯罪,不具有犯罪必备的构成要件,情节显著轻微,对社会危害性不大,对被告人应宣告无罪;第三种意见认为,本案不应直接以故意杀人罪论处,而应类推为"安乐死"致人死亡罪。该案经过三次鉴定,历经5年的审理,一审判决被告人无罪。一审宣判后,当地检察院以法院"行为定性错误,适用法律不当"为由向上级法院提出抗诉,两被告人对判决书中认定的"其行为属剥夺公民生命权利的故意行为"不服,也提起了上诉。二审法院最终依法裁定维持一审判决,至此,我国首例安乐死案件的审理才尘埃落定。

在安乐死第一案审理期间,在1987年召开的第六届全国人民代表大会第五次会议上,王群等32名代表就提出了在我国制定"安乐死条例"的议案。1988年,严仁英和胡亚美两位医学专家也向全国人大提出安乐死议案。当年,全国和上海的各界专家学者分别组织了一次关于安乐死的研讨会,虽然意见不一,但与会者多主张无论在医学上还是立法上都应谨慎对待。1989 年,曾有公证机关对于能否为病人的"安乐死请求书"办理公证证明而请示司法部,司法部经商有关部门后认为我国对安乐死尚无法律规定,遂复函表示公证机关不宜办理无法律依据的"安乐死"方面的公证事项。

1994 年全国"两会"召开期间,广东省 32 名人大代表联名提出"要求结合中国国情尽快制定安乐死立法"的议案。1995 年第八届人大二次会议上,170 名人大代表递交了 4 份有关安乐死立法的议案。1996 年,上海市人大代表再次提出安乐死相关的议案,呼吁国家在上海首先进行安乐死立法尝试。2007 年,全国人大代表郭新志提交了一份安乐死议案,认为安乐死必须符合严格的条件,包括适用病症、判断医生、审查机构、家属签字同意等,而不能随随便便地说做就做。2009 年,上海市政协委员李惠萍提交了一份安乐死议案,建议组织医学专家和法律专家对安乐死进行严格定义,将安乐死立法草案在上海选定某些区域试行 1 至 3 年,充分了解其可操作性和可能出现的问题,待试运行和补充完善后,在上海市率先实施。

四、我国安乐死的立法设想

"生存还是死亡",是人类永恒的话题,由于现代医学技术的发展,人们也开始重新审视人人都将面临的死亡问题。安乐死不仅涉及社会伦理、哲学、医学、法学等多方面的问题,还涉及人们对死亡的理解,操作不当其引发的后果不堪设想。虽然我国的司法实践当中出现了不少的安乐死案例,学术界、实务界也在不断呼吁安乐死的立法,但立法机关始终保持谨慎的立法态度,没有制定相应的法律。

安乐死面临的核心问题是其和故意杀人的界限,必须谨慎对待。对于我国安乐死的立法设想应当注意以下三个问题:

(一) 安乐死的适用条件

适用安乐死必须符合严格的条件,这些条件包括:必须是濒临死亡的、难以治愈的患者;患者必须存在难以忍受的肉体痛苦,并且这种痛苦没有任何减轻的方法;必须出于患者的完全自愿;患者必须是完全民事行为能力人;必须符合法律规定的程序等。

关于安乐死的适用条件,需要说明以下两个问题:

(1) 安乐死必须出于患者的完全自愿,如果患者难以进行意思表达,患者的近亲属要求对患者实施安乐死的,必须设置一定的限制,如进行事前委托、公证等,以排除伦理上的争议。

(2) 对于精神极端痛苦、对生活失去信心的人不可以实施安乐死。在我国为了防止安乐死的滥用,应该将安乐死严格限制在身患难以治愈的、遭受极端痛苦的病人。

(二) 安乐死的适用程序

适用安乐死必须遵循严格的程序,包括申请、审查和执行三个环节。

1. 申请

患者必须向法院提出书面申请,并附有身患严重疾病的医疗证明。该申请应当经两名无利害关系的见证人证明其真实性,并可以随时撤销。如果患者处于昏迷等难以进行意思表达的状态,其近亲属符合一定条件也可申请。

2. 审查

法院收到患者的安乐死申请后,应当组织医学、法学、伦理学等方面的专家组成安乐死伦理委员会进行仔细审查,审查对象包括患者本人的书面申请是否是患者本人真实的意思表达,医疗机构关于患者的医疗证明材料是否真实等。

3. 执行

法院对患者的安乐死申请批准后,进入执行阶段。安乐死的执行必须由医生在安乐死伦理委员会的监督下,按照法院批准的时间、地点、方式实施,执行的医生必须是两名以上。执行前,患者撤回申请或者口头表示反悔的,必须立即停止执行。安乐死实施完毕后,安乐死伦理委员会应当到检察机关履行备案手续,以接受检察机关的监督。

(三) 法律责任

法律应当明确规定违反安乐死法的法律责任。目前多数人认为可以引起安乐死法律责任的情形包括:对不符合安乐死适用条件的患者实施安乐死的行为;擅自实施安乐死的行为;采用诱惑、欺骗、胁迫或其他手段强制患者实施安乐死以达成某种非法目的的行为;在申请、审查、执行中的渎职行为;违反有关保密规定的行为等。对于违反安乐死法律规范的行为,行为人应当承担相应的民事责任、行政责任;构成犯罪的,应当依法追究行为人的刑事责任。不过,由于目前对于安乐死的研究并不是很充分,法律责任部分的内容尚需仔细研究。

第三节 基因工程法律问题

一、基因与基因工程概述

基因(Gene)是 DNA 或 RNA 分子上具有遗传信息的特定的核苷酸序列,是控制生物性状的遗传物质的功能和结构单位,对生物遗传信息的传递、表达和性状控制起着决定性的作用。

1909年，丹麦遗传学家W. L.约翰逊在其所著的《科学遗传学要义》中首次提出"基因"这一概念，用以表示孟德尔所提出的"遗传因子"。1944年，美国细菌学家埃弗里等人证明了基因是由DNA组成的，遗传的载体不是蛋白质而是DNA。1953年，美国分子生物学家沃森和英国分子生物学家克里克共同阐明了DNA分子的双螺旋结构，更说明了基因的组成成分就是DNA分子，标志着遗传学进入分子生物学时代。基因对于认识生命过程的发生、衰老、疾病等起着重要作用，现在人们已经利用基因技术直接或间接阐明了很多疾病的发病机理，从而能够逐步做到从分子生物学水平诊断和治疗疾病。

基因工程(Genetic Engineering)又可译为遗传工程，又叫基因拼接技术或DNA重组技术，是指采用类似于工程设计的方法，按照人们的需要，通过一定的程序将具有遗传信息的基因，在离体条件下进行剪接、组合、拼接，再把经过人工重组的基因转入宿主细胞大量复制，并使遗传信息在新的宿主细胞或个体中高速表达，产生出人们需要的基因产物。20世纪60年代末70年代初，阿尔伯和史密斯发现细胞中有两种"工具酶"能对DNA进行"剪切"和"连接"，而内森斯则使用工具酶首次实现了DNA的切割和组合，这三位科学家因此而获得1978年的诺贝尔生理学或医学奖，此举为基因工程拉开了序幕。经过几十年的发展，现在基因工程已广泛用于疾病的诊断与治疗。

二、基因工程的立法简介

基因工程诞生于20世纪70年代，由于其采用与工程设计相类似的方法，能够产生大量的基因产品，最为重要的是基因工程能够对未来人类的遗传特征进行人为的干预，这不仅涉及技术问题，还涉及伦理问题和法律问题,并且后两者是更为重要的考虑。为了使基因工程更好地为人类服务,最大限度地消除其负面影响,各国都通过相应的法律对其进行规范。

基因工程产生之初,人们高估了它的风险,担心人类将可能因基因工程而毁灭,各国都倾向于制定较为严厉的法律对其进行规范。1976年6月,美国国立卫生研究院(NIH)被授权制定了世界上第一个实验室基因工程应用法规《重组DNA分子实验准则》。此后的几年间,原联邦德国、英国、法国、日本等以美国的《重组DNA分子实验准则》为蓝本,制定了本国的类似法规。1978年,人们认识到基因工程技术的危险性被过分夸大,对其进行过于严厉的限制将不利于科学技术的发展。1980年,美国政府对4年前制定的《重组DNA分子实验准则》进行修改,此后,该准则又经过多次修改,其他国家也在实践的基础上逐渐放宽对基因工程过于严厉的限制。

1982年以来,随着基因工程的产业化、商业化的发展,美国、日本和西欧的一些国家通过基因工程生产胰岛素、人生长激素、乙型肝炎疫苗等,基因工程技术已从实验室走向工厂,其潜在的危险性也明显增加。1986年,美国通过了《国际生物技术产业化准则》,日本、澳大利亚等国家制定了更为具体的《重组DNA技术工业化准则》《重组DNA技术制造药品的准则》等。1997年,联合国教科文卫组织通过了《世界人类基因组与人权宣言》,规定了基因研究应当遵循的基本原则,这对保护人权、防止基因技术的滥用具有重大的指导意义。

我国自20世纪90年代也开始了基因工程的立法。1993年12月24日,原国家科学技术委员会颁布了《基因工程安全管理办法》,其立法目的是为了促进我国生物技术的研究与开发,加强基因工程工作的安全管理,保障公众和基因工程工作人员的健康,防止环境污染,维护生态平衡。以此为起点,我国陆续颁布了多部基因工程方面的法律文本。1998年6月10日,科学技术部、卫生部制定了《人类遗传资源管理暂行办法》,2003年,两部门又颁布了《人胚胎干细胞研究伦理指导原则》,2009年,卫生部颁布了《基因芯片诊断技术管理规范(试行)》。我国有关基因工程的立法主要涉及卫生、农业、科技、林业、食品药品管理等领域。

三、基因工程法律问题

(一) 基因诊断的法律问题

基因诊断,又称为DNA诊断或基因探针技术,是指通过分子生物学和分子遗传学的技术,检测某种基因的存在或缺陷从而对人体的疾病或状态作出判断。经过二十多年的发展,基因诊断已广泛用于许多疾病尤其是遗传性疾病的诊断,目前通过基因诊断技术进行诊断的遗传病已达上百种,一些恶性肿瘤也可以通过基因诊断技术得以诊断。

基因诊断在给患者带来福音的同时,也引发了广泛的法律争议。例如,患者对自己的缺陷基因是否享有隐私权?医生对被诊断出遗传病的患者是否有保密的义务?医生对在诊断中获取的基因信息是否可以利用?对某些患有遗传病的基因信息是否可以基于公共利益的需要而进行公开?一些通过基因诊断查明患有某种遗传病的患者可能在社会上受到某种歧视,如国内基因歧视第一案的三位原告即是被查出携带地中海贫血基因而丧失了被录取为公务员的机会。基因诊断导致的基因隐私的泄露,将对个人在就业、医疗、保险、教育、婚姻等方面的权利造成严重的侵害,所以对有关基因诊断技术进行法律控制十分必要。

(二)基因治疗的法律问题

基因治疗是指通过基因诊断技术诊断出异常的基因后,应用基因工程技术将正常基因导入患者细胞内以代替异常基因,从而达到治疗疾病的目的。基因治疗为医学发展展现了美好的前景,现代医学证明人的一切疾病都与基因有直接或间接的关系,遗传性疾病更是和基因异常具有密切的关系,而这些疾病仅靠普通药物治疗或手术治疗难以达到良好的效果,基因治疗为治疗这些疾病开辟了一个很好的途径。

然而,由于基因治疗导致人类遗传物质的改变,可能产生不可预知的严重后果,所以基因治疗自问世以来,有关的法律争议和伦理争议从未间断。例如,什么是正常基因和异常基因?人能否改变人?基因治疗后人的尊严何在?用什么标准来改变人?人体基因是否允许买卖?是否允许基因增强比如改变人的身高等特征?由于基因治疗面临这些严重的社会问题,目前许多国家对基因治疗都采取审慎的态度,有限度地开放基因治疗的应用。

我国于1993年由卫生部药政管理局下发了《人的体细胞治疗及基因治疗临床研究质控要点》,该文件主要参考了美国食品与药物管理局(FDA)生物制品评估与研究中心(CBER)1991年制定的"人的体细胞治疗及基因治疗条件"、美国国立卫生研究院重组DNA顾问委员会(NIHRAC)关于"人体细胞基因治疗方案考虑要点及管理条例"1990年修订件等,强调体细胞治疗与基因治疗的临床研究比一般基因工程药物或普通药物的应用更为复杂,因此必须有实验室和临床专家的协同和密切配合,提出详细的临床使用方案以及在临床监测和其他治疗方面的具体措施。2012年,国务院发布的《生物产业发展规划》指出,要大力发展基因治疗等新技术。但总体来说,我国关于基因治疗的立法处于比较滞后的状态。

第四编

药事管理法

第一章 药事管理法概述

第一节 药事法的概念和特征

一、药事法的概念

药事即指医药管理事务,药事活动以与药品相关的研制、生产、流通、使用和监督等活动为主,同时包括对医疗器械的使用、管理活动。安全药事活动的开展取决于规范和普遍的药事管理法律规范的制约。药事法是指由国家制定或认可,并由国家强制力保证实施,具有普遍效力和严格程序的医药管理行为规范,是调整和保护公民在药事活动中与维护生命健康权益相关的社会关系的法律规范的总和。

二、药事法的特征

(一)药事法调整对象体现涵盖职能管辖关系和民事平等关系的多层次特点

药事法通过建立药事管理规范组织,形成规范的管理体系和制度,一方面对药事活动的相关主体进行行政管理,另一方面,建立平等的药事服务社会关系。

(二)药事法规适用冲突的调解依赖于特别适用原则的规定

药事法制定主体、适用范围的差异,使得药事法适用存在矛盾和冲突,必须根据特别效力适用规则来调整。

第二节 药事法律体系

一、药事管理立法成果

药事管理立法包括药品管理法律制度和医疗器械管理法律制度,是调整产生于药品和医疗器械的研制、生产、经营、使用和监督管理等活动中的社会关系的法律规范的总和。

药品管理法律制度的立法文件主要包括:《中华人民共和国药品管理法》《中华人民共和国药品管理法实施条例》《药品注册管理办法》《医疗机构制剂注册管理办法》《药品生产质量管理规范》(2010年修订)、《药品召回管理办法》《麻醉药品和精神药品管理条例》《医疗用毒性药品管理办法》《放射性药品管理办法》《血液制品管理办法》《中药品种保护条例》等。对医疗器械的管理主要通过《医疗器械监督管理条例》来实施,国家通过出台相应的行政规章配合实施对医疗器械的管理。

我国药事法律规范包括国家制定和颁布的一切有关药事管理的法律规范,我国参加或承认的国家公约中有关的国际药事法规或条款也在此列。到目前,我国药品管理法律制度已经形成较为完整的体系。

(一) 药事法律

1984年,第六届全国人民代表大会常务委员会第七次会议通过,并于2001年第九届全国人大常务委员会第二十二次会议修订的《药品管理法》,是我国目前具有最高法律效力的药品监督管理规范,是我国药品管理的基本法。

(二) 药事法规、规章

《药品管理法实施条例》通过解释和补充《药品管理法》，是具体实施药品管理的可操作性规范。通过部门规章等立法形式对药品研制、生产、流通、使用环节进行管理，确保药品的安全性、有效性和质量可控制性。

(三) 其他相关法律法规

很大部分医药卫生服务关系如医患关系、医药卫生产品责任关系等是平等的民事关系，严重损害人体生命健康的医药卫生行为则需要承担相应的刑事责任，因此《民法通则》《刑法》等法律中有专门的关于药事管理的法律规定。

二、国家药事政策

根据《中共中央、国务院关于深化医药卫生体制改革的意见》[中发(2009)6号]的内容，2009—2011年重点抓好五项改革：一是加快推进基本医疗保障制度建设，二是初步建立国家基本药物制度，三是健全基层医疗卫生服务体系，四是促进基本公共卫生服务逐步均等化，五是推进公立医院改革试点。新一轮医改的正式启动，将在初步建立国家基本药物制度之上逐步建立健全药品供应保障体系。

国家基本药物是国家为了使本国公众获得基本医疗保障，由国家主管部门从目前应用的各类药物中经过科学评价而遴选出具有代表性、可供临床选择的药物。国家基本药物制度的建立应遵循坚持以人为本，立足本国国情；坚持政府主导，发挥市场机制；突出改革重点，积极稳妥实施；创新体制机制，广泛动员参与的基本原则。

国家基本药物制度以不断提高人民群众健康水平、满足公众基本医疗用药需求、实现覆盖城乡居民的基本卫生保健制度、促进人人享有基本卫生保健为总体目标。到2011年，初步建立国家基本药物制度；到2020年，全面实施规范的、覆盖城乡的国家基本药物制度。建立国家基本药物制度需要对涉及基本药物的多个环节制定相关政策，保证基本药物的生产，提高群众基本药物可及性，促进合理用药。

目前，我国基本药物制度的政策框架，主要包括国家基本药物目录遴选调整管理、保障基本药物生产供应、合理制定基本药物价格和实行零差率销售、促进基本药物优先和合理使用、完善基本药物的报销、加强基本药物质量安全监管、健全完善基本药物制度绩效评估等方面内容。建立国家基本药物制度是党中央、国务院为维护人民健康、保障公众基本用药权益实施的一项惠民工程，是医药卫生领域重大的体制机制改革，对于保证基本药物的足额供应和合理使用，改革医疗机构"以药补医"机制，减轻群众基本用药负担具有重要意义，也有利于促进药品生产流通企业资源的进一步优化和整合。

第二章 药品管理法律制度

第一节 药品管理概述

一、药品

《中华人民共和国药品管理法》第102条规定:"药品,是指用于预防、治疗、诊断人的疾病,有目的地调节人的生理机能并规定有适应症或者功能主治、用法和用量的物质,包括中药材、中药饮片、中成药、化学原料药及其制剂、抗生素、生化药品、放射性药品、血清、疫苗、血液制品和诊断药品等。"

药品的特点主要是:

1. 药品有维系人类健康的特殊目的。

药品的正确研制、开发与使用与人体的健康和生命安全息息相关,药品的直接目的就是为了"预防、治疗、诊断"人的疾病,使人的生理机能保障具有可控性。

2. 药品有危及人类健康的不良反应。

药品自身局限或药品管理的不当,会使治病救人的药品变成危害人类健康的"杀手"。

3. 药品管理控制的严格性。

只有符合药品标准的药品才能保证药品效果,对药品进行严格的控制,才能尽可能保证人们用药的安全和效果。一方面,法律对药品质量安全设置了强制性的标准,以保证药品的安全性和合格性;另一方面,药品的研制、生产和销售等都必须经过相关政府部门的批准。

二、药品标准

药品标准是根据药物来源、制药工艺等生产及贮存过程中的各个环节所制定的、用以检测药品质量是否达到用药要求并衡量其是否稳定均一的技术规定。药品标准是强制性标准,药品必须符合国家药品标准。国务院药品监督管理部门颁布的《中华人民共和国药典》和药品标准为国家药品标准。国务院药品监督管理部门组织药典委员会,负责国家药品标准的制定和修订。国务院药品监督管理部门的药品检验机构负责标定国家药品标准品、对照品。

三、药品管理

为加强药品监督管理,保证药品质量,保障人体用药安全,维护人民身体健康和用药的合法权益,对在中华人民共和国境内从事药品的研制、生产、经营、使用和监督管理的单位或者个人,实施药品管理监督。国务院药品监督管理部门主管全国药品监督管理工作。国务院有关部门在各自的职责范围内负责与药品有关的监督管理工作。省、自治区、直辖市人民政府药品监督管理部门负责本行政区域内的药品监督管理工作。省、自治区、直辖市人民政府有关部门在各自的职责范围内负责与药品有关的监督管理工作。药品监督管理部门设置或者确定的药品检验机构,承担依法实施药品审批和药品质量监督检查所需的药品检验工作。

国务院药品监督管理部门应当配合国务院经济综合主管部门,执行国家制定的药品行业发展规划和产业政策。国家发展现代药和传统药,充分发挥其在预防、医疗和保健中的作用。国家保护野生药材资源,鼓励培育中药材。国家鼓励研究和创制新药,保护公民、法人和其他组织研究、开发新药的合法权益。

从狭义来看,药品管理仅指对药品进行行政监督和管理,广义的药品管理包括对药品及药品有关活动的监管,对药品研制、生产、流通、使用等环节的监督管理,确保药品的安全性、有效性和质量可控制性。

第二节　药品生产和经营的法律监管

一、药品生产企业的法律监管

药品生产企业是生产药品的经营实体,一般以专营或兼营企业为主。由于药品对于公共安全的重要作用,开办药品生产企业必须遵循严格规范。

(一)开办药品生产企业的实体和程序要件

1. 实体条件

(1)具有依法经过资格认定的药学技术人员、工程技术人员及相应的技术工人;

(2)具有与其药品生产相适应的厂房、设施和卫生环境;

(3)具有能对所生产药品进行质量管理和质量检验的机构、人员以及必要的仪器设备;

(4)具有保证药品质量的规章制度。

2. 程序要件

(1)开办药品生产企业,应当由开办药品生产企业的申请人向企业所在地省、自治区、直辖市人民政府药品监督管理部门提出申请,经其批准并发给《药品生产许可证》。凭《药品生产许可证》到工商行政管理部门办理登记注册。无《药品生产许可证》的,不得生产药品。

(2)《药品生产许可证》应当标明有效期和生产范围,到期重新审查发证。《药品生产许可证》有效期为5年,有效期届满前6个月,需要继续生产药品的,按照国务院药品监督管理部门的规定申请换发药品生产许可证。

(3)药品监督管理部门批准开办药品生产企业,应审查企业的实质条件是否符合,同时应审查其是否符合国家制定的药品行业发展规划和产业政策,防止重复建设。

(二)药品生产企业的质量监管

药品生产企业必须按照国务院药品监督管理部门依据《药品管理法》制定的《药品生产质量管理规范》组织生产。药品监督管理部门按照规定对药品生产企业是否符合《药品生产质量管理规范》的要求进行认证;对认证合格的,发给认证证书。

1. 根据《药品管理法》的规定,生产药品必须遵守以下规定:

(1)药品生产应遵循的标准

除中药饮片的炮制外,药品必须按照国家药品标准和国务院药品监督管理部门批准的生产工艺进行生产。中药饮片必须按照国家药品标准炮制;国家药品标准没有规定的,必须按照省、自治区、直辖市人民政府药品监督管理部门制定的炮制规范炮制。省、自治区、直辖市人民政府药品监督管理部门制定的炮制规范应当报国务院药品监督管理部门备案。

(2)药品生产记录必须完整准确

药品生产企业改变影响药品质量的生产工艺的,必须报原批准部门审核批准。

（3）生产药品所需的原料、辅料，必须符合药用要求

（4）药品生产质量检验责任

药品生产企业必须对其生产的药品进行质量检验；不符合国家药品标准或者不按照省、自治区、直辖市人民政府药品监督管理部门制定的中药饮片炮制规范炮制的，不得出厂。

（5）药品生产企业接受药品委托生产

经国务院药品监督管理部门或者国务院药品监督管理部门授权的省、自治区、直辖市人民政府药品监督管理部门批准，药品生产企业可以接受委托生产药品。委托人必须是获得了委托药品批准文号的企业，特殊药品如疫苗、血液制品和国务院药品监督管理部门规定的其他药品，不得委托生产。

2. 2010年，国家食品药品监督管理局对《药品生产质量管理规范》(GMP)进行了修订，2011年3月1日起实施。对《药品生产质量管理规范》的修订突出了以下几个特点：

（1）加强对药品生产质量管理体系建设，大幅提高对企业质量管理软件方面的要求。修订的《药品生产质量管理规范》细化了对构建实用、有效质量管理体系的要求，强化药品生产关键环节的控制和管理，以促进企业质量管理水平的提高。

（2）全面强化了从业人员的素质要求。修订的《药品生产质量管理规范》增加了对从事药品生产质量管理人员素质要求的条款和内容，进一步明确职责。例如，修订的《药品生产质量管理规范》明确药品生产企业的关键人员包括企业负责人、生产管理负责人、质量管理负责人等必须具有的资质和应履行的职责。

（3）细化了操作规程、生产记录等文件管理规定，增加了指导性和可操作性。

（4）进一步完善了药品安全保障措施。修订的《药品生产质

量管理规范》引入了质量风险管理的概念,提高了无菌制剂生产环境标准,增加了生产环境在线监测要求,提高无菌药品的质量保证水平。在原辅料采购、生产工艺变更、操作中的偏差处理、发现问题的调查和纠正、上市后药品质量的监控等方面,增加了供应商审计、变更控制、纠正和预防措施、产品质量回顾分析等新制度和措施,对各个环节可能出现的风险进行管理和控制,主动防范质量事故的发生。

二、药品经营企业的法律监管

药品经营企业是经销药品的专营企业或兼营企业,一般分为药品批发企业和药品零售企业。药品批发主体主要有药品生产企业、药品经营企业、医疗机构的药品经营企业。药品零售企业的主体主要指消费者和药品经营企业。对药品经营流通的监督管理,是保证药品质量的重要环节。

(一)开办药品经营企业的实体和程序要件

1. 实体条件

(1)具有依法经过资格认定的药学技术人员;

(2)具有与所经营药品相适应的营业场所、设备、仓储设施、卫生环境;

(3)具有与所经营药品相适应的质量管理机构或者人员;

(4)具有保证所经营药品质量的规章制度。

2. 程序要件

(1)开办药品批发企业,须经企业所在地省、自治区、直辖市人民政府药品监督管理部门批准并发给《药品经营许可证》;开办药品零售企业,须经企业所在地县级以上地方药品监督管理部门批准并发给《药品经营许可证》。

（2）凭《药品经营许可证》到工商行政管理部门办理登记注册。无《药品经营许可证》的，不得经营药品。

（3）《药品经营许可证》应当标明有效期和经营范围，到期重新审查发证。《药品经营许可证》的有效期为5年，持证企业在有效期届满前6个月需要继续经营药品的，按照国务院药品监督管理部门的规定申请换发药品经营许可证。

（4）药品监督管理部门批准开办药品经营企业，除依据实体条件进行审查外，还应当遵循合理布局和方便群众购药的原则。

（二）药品经营企业的质量监管

药品经营企业必须按照国务院药品监督管理部门制定的《药品经营质量管理规范》经营药品。药品监督管理部门按照规定对药品经营企业是否符合《药品经营质量管理规范》的要求进行认证；对认证合格的，发给认证证书。

为进一步加强药品市场监督管理，做好药品经营许可证和药品经营质量管理工作，2008年，国家食品药品监督管理局药品市场监督司发布食药监市[2008]91号函，征求对《药品经营许可证管理办法》和《药品经营质量管理规范》（征求意见稿）的修改意见。根据我国目前仍生效的《药品经营质量管理规范》（2000年），药品经营应当遵循以下法定条件：

（1）必须建立检查验收制度。药品经营企业购进药品，必须建立并执行进货检查验收制度，验明药品合格证明和其他标识；不符合规定要求的，不得购进。

（2）必须建立真实完整的购销记录。药品经营企业购销药品，必须有真实完整的购销记录。购销记录必须注明药品的通用名称、剂型、规格、批号、有效期、生产厂商、购（销）货单位、购（销）货数量、购销价格、购（销）货日期及国务院药品监督管理部门规定的其他内容。

（3）必须准确辨别经销药品。药品经营企业销售药品必须准确无误，并正确说明用法、用量和注意事项；调配处方必须经过核对，对处方所列药品不得擅自更改或者代用。对有配伍禁忌或者超剂量的处方，应当拒绝调配；必要时，经处方医师更正或者重新签字，方可调配。药品经营企业销售中药材，必须标明产地。

（4）必须制定和执行药品保管制度。药品经营企业必须制定和执行药品保管制度，采取必要的冷藏、防冻、防潮、防虫、防鼠等措施，保证药品质量。

（5）通过互联网经营的主体必须符合《药品管理法》的规定，必须遵守《互联网药品信息服务管理办法》（2004年）的规定。

（6）对城乡集贸市场药品经营种类的限制。城乡集市贸易市场可以出售中药材，国务院另有规定的除外。城乡集市贸易市场不得出售中药材以外的药品，但持有《药品经营许可证》的药品零售企业在规定的范围内可以在城乡集市贸易市场设点出售中药材以外的药品。

三、药品流通管理

为配合国家医药卫生体制改革和基本药物制度实施，保障人民群众安全用药和方便购药，规范药品流通市场秩序，必须加强药品流通行业管理的工作。改革开放以来，我国药品流通行业取得了长足发展，初步形成了覆盖城乡的药品流通市场体系。但仍存在一些问题，如药品流通行业管理比较薄弱、资源配置不尽合理、企业数量过多、经营规模偏小、竞争能力不强、低水平重复建设和经营不规范等，不适应体制改革和市场发展的要求。进一步加强药品流通行业管理，对于规范药品流通行业经营行为，促进药品流通行业健康发展,保障国家医药卫生体制改革顺利实施,完善安全用药和方便购药的市场体系,提高人民群众健康水平具有重大意义。

(一) 商务部对药品流通的管理

根据卫生部、国家发改委等9部门联合印发的《关于印发〈关于建立国家基本药物制度的实施意见〉的通知》[卫药政发(2009)78号]的要求,商务主管部门要配合相关部门加强对基本药物招标采购的管理,确保不同地区、不同所有制企业平等参与、公平竞争,严格按照有关规定做好药品流通配送工作;要加大对药品市场运行的监测力度,了解企业经营情况,协调解决出现的问题。商务主管部门作为药品流通行业的管理部门,负责研究制定药品流通行业发展规划、行业标准和有关政策,配合实施国家基本药物制度,提高行业组织化程度和现代化水平,逐步建立药品流通行业统计制度,推进行业信用体系建设,指导行业协会实行行业自律,开展行业培训,加强国际合作与交流。

(二) 食品监督管理部门对药品流通的管理

食品药品监督管理部门要加强对药品经营企业的质量监管,确保基本药物的质量安全。食品药品监督管理部门负责对药品经营企业进行准入管理,制定药品经营质量管理规范并监督实施,监管药品质量安全;组织查处药品经营的违法违规行为。

1. 监管对象

2007年《药品流通监督管理办法》对在中华人民共和国境内从事药品购销及监督管理的单位或者个人的活动进行规范,规定药品生产、经营企业、医疗机构应当对其生产、经营、使用的药品质量负责。

2. 监管标准

根据《药品流通监督管理办法》(2007年)的规定,药品生产企

业、药品批发企业销售药品时,应当提供下列资料:

(1) 加盖本企业原印章的《药品生产许可证》或《药品经营许可证》和营业执照的复印件;

(2) 加盖本企业原印章的所销售药品的批准证明文件复印件;

(3) 销售进口药品的,按照国家有关规定提供相关证明文件。

药品生产企业、药品批发企业派出销售人员销售药品的,除上述资料外,还应当提供加盖本企业原印章的授权书复印件。授权书原件应当载明授权销售的品种、地域、期限,注明销售人员的身份证号码,并加盖本企业原印章和企业法定代表人印章(或者签名)。销售人员应当出示授权书原件及本人身份证原件,供药品采购方核实。

药品生产、经营企业对其药品购销行为负责,对其销售人员或设立的办事机构以本企业名义从事的药品购销行为承担法律责任。

药品生产、经营企业知道或者应当知道他人从事无证生产、经营药品行为的,不得为其提供药品。药品生产、经营企业不得为他人以本企业的名义经营药品提供场所,或者资质证明文件,或者票据等便利条件。药品生产、经营企业不得以展示会、博览会、交易会、订货会、产品宣传会等方式现货销售药品。药品经营企业不得购进和销售医疗机构配制的制剂。未经药品监督管理部门审核同意,药品经营企业不得改变经营方式。药品经营企业应当按照《药品经营许可证》许可的经营范围经营药品。药品零售企业应当按照国家食品药品监督管理局药品分类管理规定的要求,凭处方销售处方药。经营处方药和甲类非处方药的药品零售企业,执业药师或者其他依法经资格认定的药学技术人员不在岗时,应当挂牌告知,并停止销售处方药和甲类非处方药。药品生产、经营企业不得以搭售、买药品赠药品、买商品赠药品等方式向公众赠送处方药或者甲类非处方药。药品生产、经营企业不得采用邮售、互联网交易等方式直接向公众销售处方药。

商务主管部门和食品药品监管部门要互相支持、配合,建立工作机制,在行业发展规划、企业经营发展和信用状况、企业市场准入基本信息和监督检查执法信息等方面相互交流,实现信息共享,共同做好药品流通行业管理工作。

第三节 医疗机构的药剂管理

为了规范管理医疗机构药事工作,保证用药安全、有效、经济,保障人民身体健康,必须对医疗机构药事活动进行管理。医疗机构药事管理是指医疗机构内以服务病人为中心,临床药学为基础,促进临床科学、合理用药的药学技术服务和相关的药品管理工作。卫生部、国家中医药管理局负责全国医疗机构药事管理工作。

医疗机构药事管理主要包括药物临床应用管理、药品供应与管理、调剂管理、药学研究管理、药学专业技术人员的培养与管理和临床制剂管理。医疗机构是药品流通的主要机构,同时在法律规定的情况下,医疗机构还可以自行配置制剂。因此,必须加强对医疗机构的药剂管理。根据2011年发布的《医疗机构药事管理规定》和《药品管理法》的规定,针对医疗机构药事管理的不同对象,根据管理组织的设置和职能的不同,可以将医疗机构的药事管理分为内部管理和外部管理机制。

一、内部管理机制

(一) 设置药事管理组织

1. 二级以上的医院应成立药事管理和药物治疗学委员会,其他医疗机构可成立药事管理与药物治疗学组。

药事管理委员会(组)监督、指导本机构科学管理药品和合理用药。三级医院药事管理委员会委员由具有高级技术职务任职资格的药学、临床医学、医院感染管理和医疗行政管理等方面的专家组成。二级医院的药事管理委员会,可以根据情况由具有中级以上技术职务任职资格的上述人员组成。其他医疗机构的药事管理组,可以根据情况由具有初级以上技术职务任职资格的上述人员组成。

2. 医疗机构应根据本机构的功能、任务、规模,按照精简高效的原则设置相应的药学部门。

医疗机构药事管理委员会(组)应建立健全相应的工作制度,日常工作由药学部门负责。药学部门在医疗机构负责人领导下,按照《药品管理法》及相关法律、法规和本单位管理的规章制度,具体负责本机构的药事管理工作,负责组织管理本机构临床用药和各项药学服务。

(二) 内部管理主要职责

1. 监管药物临床应用管理

药物临床应用是使用药物进行预防、诊断和治疗疾病的医疗过程。医师和药学专业技术人员在药物临床应用时须遵循安全、有效、经济的原则。医师应尊重患者对应用药物进行预防、诊断和治疗的知情权。医务人员如发现可能与用药有关的严重不良反应,在做好观察与记录的同时,应及时报告本机构药学部门和医疗管理部门,并按规定上报药品监督管理部门和卫生行政部门。药学专业技术人员发现处方或医嘱所列药品违反治疗原则,应拒绝调配;发现滥用药物或药物滥用者应及时报告本机构药学部门和医疗管理部门,并按规定上报卫生行政部门和其他有关部门。

2. 监管药品的供应与管理

药学部门要制定和规范药品采购工作程序,药学部门要掌握新药动态和市场信息,制定药品采购计划,加速周转,减少库存,保证药品供应。同时,做好药品成本核算和账务管理。药学部门应制定和执行药品保管制度。定期对贮存药品质量进行抽检。药品仓库应具备冷藏、防冻、防潮、避光、通风、防火、防虫、防鼠等适宜的仓储条件,保证药品质量。定期对库存药品进行养护,防止变质失效。过期、失效、淘汰、霉烂、虫蛀、变质的药品不得出库,并按有关规定及时处理。

3. 监管医疗机构药品调剂

药品调剂工作是药学技术服务的重要组成部分。医疗机构的药学专业技术人员必须严格执行操作规程和医嘱、处方管理制度,认真审查和核对,确保发出药品的准确、无误。发出药品应注明患者姓名、用法、用量,并交待注意事项。对处方所列药品,不得擅自更改或者代用。对有配伍禁忌、超剂量的处方,药学专业技术人员应拒绝调配。必要时,经处方医师更正或者重新签字,方可调配。

4. 药学研究管理和药学专业技术人员的培养与管理

有条件的医疗机构应支持药学专业技术人员结合临床实际工作需要开展药学研究工作。医疗机构负责对本单位药学专业技术人员进行日常管理和考核。

二、外部管理机制

对临床制剂的管理采用的是典型的外部管理模式,必须经过一定的申请批准程序,医疗机构才能进行医疗机构的制剂配制。医疗机构制剂是指医疗机构根据本单位临床需要而常规配制、自用的固定处方制剂。从 2001 年《医疗机构制剂配制质量管理规范(试行)》出台到 2005 年 4 月《医疗机构制剂配制监督管理办法(试行)》出台,再到 2005 年 6 月颁布的《医疗机构制剂注册管理办法(试行)》,我国对于医疗机构制剂的监管经历了从侧重于监管制剂调配基本过程到加强对制剂调配的特殊环节的监管,对于医疗机构制剂配制的管理更全面和具体。

(一) 主管部门

医疗机构制剂配制监督管理是指(食品)药品监督管理部门依法对医疗机构制剂配制条件和配制过程等进行审查、许可、检查的监督管理活动。国家食品药品监督管理局负责全国医疗机构制剂配制的监督管理工作。省、自治区、直辖市(食品)药品监督管理部门负责本辖区医疗机构制剂配制的监督管理工作。

(二) 医疗机构制剂配制权的实体和程序条件

1. 实体条件

(1) 必须配备依法经过资格认定的药学技术人员。非药学技术人员不得直接从事药剂技术工作。

(2) 医疗机构制剂的申请人,应当是持有《医疗机构执业许可证》并取得《医疗机构制剂许可证》的医疗机构。未取得《医疗机构制剂许可证》或者《医疗机构制剂许可证》无相应制剂剂型的"医院"类别的医疗机构可以申请医疗机构中药制剂,但是必须同时提出委托配制制剂的申请。接受委托配制的单位应当是取得《医疗机构制剂许可证》的医疗机构或者取得《药品生产质量管理规范》认证证书的药品生产企业。委托配制的制剂剂型应当与受托方持有的《医疗机构制剂许可证》或者《药品生产质量管理规范》认证证书所载明的范围一致。

（3）医疗机构配制的制剂,应当是本单位临床需要而市场上没有供应、取得省级药品监督管理部门批准文号的品种。

（4）医疗机构配制制剂必须是不属于以下市场上已有供应的品种种类之一：含有未经国家食品药品监督管理局批准的活性成分的品种；除变态反应原外的生物制品；中药注射剂；中药、化学药组成的复方制剂；麻醉药品、精神药品、医疗用毒性药品、放射性药品；其他不符合国家有关规定的制剂。

（5）医疗机构配制制剂,必须具有能够保证制剂质量的设施、管理制度、检验仪器和卫生条件,必须制定和执行药品质量管理制度,采取必要的冷藏、防冻、防潮、放虫、防鼠等措施保证药品质量。不得与其他单位共用配制场所、配制设备及检验设施。

2. 程序条件

医疗机构配制制剂,须经所在地省、自治区、直辖市人民政府卫生行政部门审核同意,由省级药品监督管理部门批准,取得《医疗机构制剂许可证》后方可配制制剂。无《医疗机构制剂许可证》的,不得配制制剂。《医疗机构制剂许可证》应当标明有效期,到期重新审查发证。

(三) 医疗机构制剂使用监管

1. 医疗机构配制制剂所用的原料、辅料、包装材料必须符合药用标准。医疗机构应制定自配制制剂的质量标准,按照标准进行制剂原料和成品的质量检验。

2. 医疗机构制剂只能在本医疗机构内凭执业医师或者执业助

理医师的处方使用,并与《医疗机构执业许可证》所载明的诊疗范围一致,不得在市场销售。

3. 医疗机构制剂一般不得调剂使用。发生灾情、疫情、突发事件或者临床急需而市场没有供应时,需要调剂使用的,属省级辖区内医疗机构制剂调剂的,必须经所在地省、自治区、直辖市(食品)药品监督管理部门批准;属国家食品药品监督管理局规定的特殊制剂以及省、自治区、直辖市之间医疗机构制剂调剂的,必须经国家食品药品监督管理局批准。

第四节 药品注册管理

一、药品注册

药品注册,是指国家食品药品监督管理局根据药品注册申请人的申请,依照法定程序,对拟上市销售药品的安全性、有效性、质量可控性等进行审查,并决定是否同意其申请的审批过程。为保证药品的安全、有效和质量可控,规范药品注册行为,2007年10月1日起施行的《药品注册管理办法》提高了注册申报门槛,鼓励新药创制,对药品上市把关更严,并强化了对药品注册审批权力的制约。在我国境内申请药物临床试验、药品生产和药品进口以及进行药品审批、注册检验和监督管理,都必须遵守该管理办法的规定。

(一)药品注册的基本原则

1. 遵循公开、公平、公正的原则

国家食品药品监督管理局对药品注册实行主审集体负责制、相关人员公示制和回避制、责任追究制,受理、检验、审评、审批、送达等环节接受社会监督。在药品注册过程中,药品监督管理部门认为涉及公共利益的重大许可事项,应当向社会公告,并举行听证。

行政许可直接涉及申请人与他人之间重大利益关系的,药品监督管理部门在作出行政许可决定前,应当告知申请人、利害关系人享有要求听证、陈述和申辩的权利。

2．保障申请人知情权

药品监督管理部门应当向申请人提供可查询的药品注册受理、检查、检验、审评、审批的进度和结论等信息。药品监督管理部门应当在行政机关网站或者注册申请受理场所公开下列信息:

(1)药品注册申请事项、程序、收费标准和依据、时限,需要提交的全部材料目录和申请书示范文本;

(2)药品注册受理、检查、检验、审评、审批各环节人员名单和相关信息;

(3)已批准的药品目录等综合信息。

3．履行保密义务

药品监督管理部门、相关单位以及参与药品注册工作的人员,对申请人提交的技术秘密和实验数据负有保密的义务。

(二)药品注册申请

1．药品注册的申请人

药品注册申请人是指提出药品注册申请并承担相应法律责任的机构。境内申请人应当是在中国境内合法登记并能独立承担民事责任的机构,境外申请人应当是境外合法制药厂商。境外申请人办理进口药品注册,应当由其驻中国境内的办事机构或者由其委托的中国境内代理机构办理。

两个以上单位共同作为申请人的,应当向其中药品生产企业所在地省、自治区、直辖市药品监督管理部门提出申请;申请人均为药品生产企业的,应当向申请生产制剂的药品生产企业所在地省、自治区、直辖市药品监督管理部门提出申请;申请人均不是药品生产企业的,应当向样品试制现场所在地省、自治区、直辖市药品监督管理部门提出申请。多个单位联合研制的新药,应当由其中的一个单位申请注册,其他单位不得重复申请;需要联合申请的,应当共同署名作为该新药的申请人。新药申请获得批准后每个品种,包括同一品种的不同规格,只能由一个单位生产。

申请人应当提供充分可靠的研究数据,证明药品的安全性、有效性和质量可控性,并对全部资料的真实性负责。申请人应当对其申请注册的药物或者使用的处方、工艺、用途等,提供申请人或者他人在中国的专利及其权属状态的说明;他人在中国存在专利的,申请人应当提交对他人的专利不构成侵权的声明。对他人已获得中国专利权的药品,申请人可以在该药品专利期届满前2年内提出注册申请。对申请人提交的说明或者声明,药品监督管理部门应当在行政机关网站予以公示。

2. 药品注册申请类别

药品注册申请包括新药申请、仿制药申请、进口药品申请及补充申请和再注册申请。境内申请人申请药品注册按照新药申请、仿制药申请的程序和要求办理,境外申请人申请进口药品注册按照进口药品申请的程序和要求办理。

(1)新药申请,是指未曾在中国境内上市销售的药品的注册申请。对已上市药品改变剂型、改变给药途径、增加新适应症的药品注册按照新药申请的程序申报。

(2)仿制药申请,是指生产国家食品药品监督管理局已批准上市的已有国家标准的药品的注册申请,但是生物制品按照新药申请的程序申报。

（3）进口药品申请,是指境外生产的药品在中国境内上市销售的注册申请。

（4）补充申请,是指新药申请、仿制药申请或者进口药品申请经批准后,改变、增加或者取消原批准事项或者内容的注册申请。

（5）再注册申请,是指药品批准证明文件有效期满后申请人拟继续生产或者进口该药品的注册申请。

二、新药管理

（一）新药

新药是指未曾在我国境内上市销售的药品,已上市销售的药品改变剂型、改变给药用途、增加新的适应症或制成新的复方制剂亦按新药管理。新药代表着医药科技的发展水平,国家鼓励研究和创制新药,保护公民、法人和其他组织研究、开发新药的合法权益。

（二）新药管理的基本制度

研制新药,必须按照国务院药品监督管理部门的规定如实报送研制方法、质量指标、药理及毒理试验结果等有关资料和样品,经国务院药品监督管理部门批准后,方可进行临床试验。药物临床试验机构资格的认定办法,由国务院药品监督管理部门、国务院卫生行政部门共同制定。完成临床试验并通过审批的新药,由国务院药品监督管理部门批准,发给新药证书。

1. 新药临床实验申报审批

（1）第一阶段:申请人向省级药品监督管理部门申报。

申请新药注册,应当进行临床试验。申请人完成临床研究后,应当填写《药品注册申请表》,向所在地省、自治区、直辖市药品监督管理部门如实报送有关资料。省、自治区、直辖市药品监督管理部门应当对申报资料进行形式审查,符合要求的,出具药品注册申请受理通知书；不符合要求的，出具药品注册申请不予受理通知书，并说明理由。省、自治区、直辖市药品监督管理部门应当自受理申请之日起5日内组织对药物研制情况及原始资料进行现场核查，对申报资料进行初步审查，提出审查意见。申请注册的药品属于生物制品的，还需抽取3个生产批号的检验用样品，并向药品检验所发出注册检验通知。

（2）第二阶段：国务院药品监督管理部门审批。

省、自治区、直辖市药品监督管理部门应当在规定的时限内将审查意见、核查报告以及申报资料送交国家食品药品监督管理局药品审评中心，并通知申请人。接到注册检验通知的药品检验所应当按申请人申报的药品标准对样品进行检验，对申报的药品标准进行复核，并在规定的时间内将药品注册检验报告送交国家食品药品监督管理局药品审评中心，并抄送申请人。国家食品药品监督管理局药品审评中心收到申报资料后，应在规定的时间内组织药学、医学及其他技术人员对申报资料进行技术审评，必要时可以要求申请人补充资料，并说明理由。完成技术审评后，提出技术审评意见，连同有关资料报送国家食品药品监督管理局。国家食品药品监督管理局依据技术审评意见作出审批决定。符合规定的，发给《药物临床试验批件》；不符合规定的，发给《审批意见通知件》，并说明理由。

2. 新药生产上市申报审批

（1）第一阶段：申请人向省级药品监督管理部门申报。

申请人完成药物临床试验后，应当填写《药品注册申请表》，向所在地省、自治区、直辖市药品监督管理部门报送申请生产的申报资料，并同时向中国药品生物制品检定所报送制备标准品的原材料及有关标准物质的研究资料。省、自治区、直辖市药品监督管理部门应当对申报资料进行形式审查,符合要求的,出具药品注册申请受理通知书;不符合要求的,出具药品注册申请不予受理通知书,并说明理由。

省、自治区、直辖市药品监督管理部门应当自受理申请之日起5日内组织对临床试验情况及有关原始资料进行现场核查,对申报资料进行初步审查,提出审查意见。除生物制品外的其他药品,还需抽取3批样品,向药品检验所发出标准复核的通知。省、自治区、直辖市药品监督管理部门应当在规定的时限内将审查意见、核查报告及申报资料送交国家食品药品监督管理局药品审评中心,并通知申请人。

(2) 第二阶段:国务院药品监督管理部门审批。

药品检验所应对申报的药品标准进行复核,并在规定的时间内将复核意见送交国家食品药品监督管理局药品审评中心,同时抄送通知其复核的省、自治区、直辖市药品监督管理部门和申请人。国家食品药品监督管理局药品审评中心收到申报资料后,应当在规定的时间内组织药学、医学及其他技术人员对申报资料进行审评,必要时可以要求申请人补充资料,并说明理由。经审评符合规定的,国家食品药品监督管理局药品审评中心通知申请人申请生产现场检查,并告知国家食品药品监督管理局药品认证管理中心;经审评不符合规定的,国家食品药品监督管理局药品审评中心将审评意见和有关资料报送国家食品药品监督管理局,国家食品药品监督管理局依据技术审评意见,作出不予批准的决定,发给《审批意见通知件》,并说明理由。国家食品药品监督管理局药品审评中心依据技术审评意见、样品生产现场检查报告和样品检验结果,形成综合意见,连同有关资料报送国家食品药品监督管理局。国家食品药品监督管理局依据综合意见,作出审批决定。符合规定的，发给新药证书，申请人已持有《药品生产许可证》并具备生产条件的，同时发给药品批准文号；不符合规定的，发给《审批意见通知件》，并说明理由。

3. 新药监测期

国家食品药品监督管理局根据保护公众健康的要求，可以对批准生产的新药品种设立监测期。监测期自新药批准生产之日起计算，最长不得超过5年。药品生产、经营、使用及检验、监督单位发现新药存在严重质量问题、严重或者非预期的不良反应时，应当及时向省、自治区、直辖市药品监督管理部门报告。省、自治区、直辖市药品监督管理部门收到报告后应当立即组织调查，并报告国家食品药品监督管理局。

三、进口药品注册管理

(一) 申请进口药品的条件

1. 申请进口的药品，应当获得境外制药厂商所在生产国家或者地区的上市许可；未在生产国家或者地区获得上市许可，但经国家食品药品监督管理局确认该药品安全、有效而且临床需要的，可以批准进口。

2. 申请进口的药品，其生产应当符合所在国家或者地区药品生产质量管理规范及中国《药品生产质量管理规范》的要求。

3. 申请进口药品制剂，必须提供直接接触药品的包装材料和容器合法来源的证明文件、用于生产该制剂的原料药和辅料合法来源的证明文件。原料药和辅料尚未取得国家食品药品监督管理局批准的，应当报送有关生产工艺、质量指标和检验方法等规范的研究资料。

(二) 申请药品进口的申报和审批程序

1. 提出申请

申请进口药品注册,应当填写《药品注册申请表》,报送有关资料和样品,提供相关证明文件,向国家食品药品监督管理局提出申请。

2. 审批程序

国家食品药品监督管理局药品审评中心应当在规定的时间内组织药学、医学及其他技术人员对报送的临床试验等资料进行全面审评,必要时可以要求申请人补充资料,并说明理由。

国家食品药品监督管理局依据综合意见,作出审批决定。符合规定的,发给《进口药品注册证》。中国香港、澳门和台湾地区的制药厂商申请注册的药品,参照进口药品注册申请的程序办理,符合要求的,发给《医药产品注册证》;不符合要求的,发给《审批意见通知件》,并说明理由。

四、补充申请的申报和审批

变更研制新药、生产药品和进口药品已获批准证明文件及其附件中载明事项的,应当提出补充申请。

申请人应当参照相关技术指导原则,评估其变更对药品安全性、有效性和质量可控性的影响,并进行相应的技术研究工作。

(一) 申报

申请人应当填写《药品补充申请表》,向所在地省、自治区、直辖市药品监督管理部门报送有关资料和说明。进口药品的补充申请,申请人应当向国家食品药品监督管理局报送有关资料和说明,提交生产国家或者地区药品管理机构批准变更的文件。

(二) 审批

修改药品注册标准、变更药品处方中已有药用要求的辅料、改变影响药品质量的生产工艺等的补充申请,由省、自治区、直辖市药品监督管理部门提出审核意见后,报送国家食品药品监督管理局审批,同时通知申请人。修改药品注册标准的补充申请,必要时由药品检验所进行标准复核。

进口药品的补充申请,由国家食品药品监督管理局审批。其中改变进口药品制剂所用原料药的产地、变更进口药品外观但不改变药品标准、根据国家药品标准或国家食品药品监督管理局的要求修改进口药说明书、补充完善进口药说明书的安全性内容、按规定变更进口药品包装标签、改变注册代理机构的补充申请,由国家食品药品监督管理局备案。

按规定变更药品包装标签、根据国家食品药品监督管理局的要求修改说明书等的补充申请,报省、自治区、直辖市药品监督管理部门备案。

五、药品再注册

(一) 药品再注册的条件

国家食品药品监督管理局核发的药品批准文号、《进口药品注册证》或者《医药产品注册证》的有效期为5年。有效期届满,需要继续生产或者进口的,申请人应当在有效期届满前6个月申请再注册。

(二) 药品再注册的申报和审批程序

药品再注册申请由药品批准文号的持有者向省、自治区、直辖市药品监督管理部门提出,按照规定填写《药品再注册申请表》,并提供有关申报资料。进口药品的再注册申请由申请人向国家食品药品监督管理局提出。省、自治区、直辖市药品监督管理部门应当自受理申请之日起6个月内对药品再注册申请进行审查,符合规定的,予以再注册;不符合规定的,报国家食品药品监督管理局。进口药品的再注册申请由国家食品药品监督管理局受理,并在6个月内完成审查,符合规定的,予以再注册;不符合规定的,发出不予再注册的通知,并说明理由。

(三) 药品不予再注册的情形

有下列情形之一的药品不予再注册:

(1) 有效期届满前未提出再注册申请的;

(2) 未达到国家食品药品监督管理局批准上市时提出的有关要求的;

(3) 未按照要求完成Ⅳ期临床试验的;

(4) 未按照规定进行药品不良反应监测的;

(5) 经国家食品药品监督管理局再评价属于疗效不确、不良反应大或者其他原因危害人体健康的;

(6) 按照《药品管理法》的规定应当撤销药品批准证明文件的;

(7) 不具备《药品管理法》规定的生产条件的;

(8) 未按规定履行监测期责任的;

(9) 其他不符合有关规定的情形。

对不予再注册的品种,除因法定事由被撤销药品批准证明文件的外,在有效期届满时,注销其药品批准文号、《进口药品注册证》或者《医药产品注册证》。

第五节 与药品管理有关的其他规定

一、药品审评

对药品进行评审,包括通过临床用药评定新药,对老药进行再评价,淘汰危害严重、疗效不确切或不合理的组方是药品管理的重要内容。国务院药品监督管理部门组织药学、医学和其他技术人员,对新药进行审评,对已经批准生产的药品进行再评价。通过新药评定和药品再评价,对于疗效肯定、临床应用广泛的药品或疗效较好或有一定疗效而临床需要的药品应当积极组织生产和科研改进;根据《药品管理法》第42条的规定,药品审评对于疗效不确切、不良反应大或者其他原因危害人民健康的药品,应当撤销其批准文号,已被撤销批准文号的药品,不得继续生产和销售;已经生产的,由当地药品监督管理部门监督销毁或处理。

二、处方药与非处方药的分类管理

按照"应用安全、疗效确切、质量稳定、使用方便"的原则,根据药品品种、规格、适应症、剂量及给药途径不同,对药品分别按处方药与非处方药进行管理,这是药品分类管理的通行办法。《药品管理法》规定,国家对药品实行处方药与非处方药分类管理制度。处方药必须凭执业医师或执业助理医师处方才可调配、购买和使用;非处方药不需要凭执业医师或执业助理医师处方即可自行判断、购买和使用。处方药、非处方药生产企业都必须具有《药品生产企业许可证》,其生产品种必须取得药品批准文号。由于非处方药获得的便捷和随意,因此更应加强引导公众正确辨别和使用非处方药。

(一) 处方药的管理

1. 药品零售企业应当按照国家食品药品监督管理局药品分类管理规定的要求,凭处方销售处方药。

2. 经营处方药和甲类非处方药的药品零售企业,执业药师或者其他依法经资格认定的药学技术人员不在岗时,应当挂牌告知,并停止销售处方药和甲类非处方药。

3. 药品生产、经营企业不得以搭售、买药品赠药品、买商品赠药品等方式向公众赠送处方药或者甲类非处方药。

4. 药品生产、经营企业不得采用邮售、互联网交易等方式直接向公众销售处方药。

5. 处方药只准在专业性医药报刊进行广告宣传,非处方药经审批可以在大众传播媒介进行广告宣传。处方药广告的忠告语是"本广告仅供医学药学专业人士阅读",非处方药广告的忠告语是"请按药品说明书或在药师指导下购买和使用"。

(二) 非处方药的管理

国家药品监督管理局负责非处方药目录的遴选、审批、发布和调整工作。非处方药管理较为灵活,但也有一些特殊的规定:

(1) 申报药品注册要求标明非处方药性质,其药品说明书和包装标签应当符合非处方药的有关规定。

(2) 非处方药标签和说明书除符合规定外,用语应当科学、易懂,便于消费者自行判断、选择和使用。

(3) 非处方药的标签和说明书必须经国家药品监督管理局批准。非处方药的包装必须印有国家指定的非处方药专有标识,必须符合质量要求,方便储存、运输和使用。每个销售基本单元包装必须附有标签和说明书。

(4) 根据药品的安全性,非处方药分为甲、乙两类。

经营处方药、非处方药的批发企业和经营处方药、甲类非处方药的零售企业必须具有《药品经营企业许可证》。经省级药品监督管理部门或其授权的药品监督管理部门批准的其他商业企业可以零售乙类非处方药。非处方药专有标识图案分为红色和绿色,红色专有标识用于甲类非处方药药品,绿色专有标识用于乙类非处方药药品和用作指南性标志。

(5) 使用非处方药专有标识时,药品的使用说明书和大包装可以单色印刷,标签和其他包装必须按照国家药品监督管理局公布的色标要求印刷。单色印刷时,非处方药专有标识下方必须标示"甲类"或"乙类"字样。

(6) 零售乙类非处方药的商业企业必须配备专职的具有高中以上文化程度,经专业培训后,由省级药品监督管理部门或其授权的药品监督管理部门考核合格并取得上岗证的人员。

(7) 医疗机构根据医疗需要可以决定或推荐使用非处方药。消费者有权自主选购非处方药,并须按非处方药标签和说明书所示内容使用。

三、禁止生产、销售假药、劣药

(一) 禁止生产(包括配制)、销售假药

假药是指药品所含成分与国家药品标准规定的成分不符的或者以非药品冒充药品或者以他种药品冒充此种药品的药品。药品存在以下情况之一的,按假药论处:

(1) 国务院药品监督管理部门规定禁止使用的;

(2) 依照本法必须批准而未经批准生产、进口,或者依照本法必须检验而未经检验即销售的;

（3）变质的；

（4）被污染的；

（5）使用依照本法必须取得批准文号而未取得批准文号的原料药生产的；

（6）所标明的适应症或者功能主治超出规定范围的。

（二）禁止生产、销售劣药

药品成分的含量不符合国家药品标准的，为劣药。药品存在以下情况的之一的，按劣药论处：

（1）未标明有效期或者更改有效期的；

（2）不注明或者更改生产批号的；

（3）超过有效期的；

（4）直接接触药品的包装材料和容器未经批准的；

（5）擅自添加着色剂、防腐剂、香料、矫味剂及辅料的；

（6）其他不符合药品标准规定的。

四、药品广告管理

药品广告是指利用各种媒介或者形式发布的含有药品名称、药品适应症（功能主治）的广告或者与药品有关的其他内容的广告。非处方药仅宣传药品名称（含药品通用名称和药品商品名称）的，或者处方药在指定的医学药学专业刊物上仅宣传药品名称（含药品通用名称和药品商品名称）的，无需审查。

（一）药品广告的审批

药品广告必须经药品主管部门的审核批准后才能发布。药品广告须经企业所在地省、自治区、直辖市人民政府药品监督管理部门批准，并发给药品广告批准文号；未取得药品广告批准文号的，不得发布。药品广告批准文号有效期为1年，到期作废。

(二) 药品广告内容的管理

1. 药品广告的内容必须真实、合法,以国务院药品监督管理部门批准的说明书为准,不得含有虚假的内容。

经批准的药品广告,在发布时不得更改广告内容。药品广告内容需要改动的,应当重新申请药品广告批准文号。篡改经批准的药品广告内容进行虚假宣传的,由药品监督管理部门责令立即停止该药品广告的发布,撤销该品种药品广告批准文号,1年内不受理该品种的广告审批申请。对提供虚假材料申请药品广告审批,被药品广告审查机关在受理审查中发现的,1年内不受理该企业该品种的广告审批申请。对提供虚假材料申请药品广告审批,取得药品广告批准文号的,药品广告审查机关在发现后应当撤销该药品广告批准文号,并3年内不受理该企业该品种的广告审批申请。

2. 不得发布广告的药品。

根据《药品广告审查发布标准》的规定,下列药品不得发布广告:

(1) 麻醉药品、精神药品、医疗用毒性药品、放射性药品;

(2) 医疗机构配制的制剂;

(3) 军队特需药品;

(4) 国家食品药品监督管理局依法明令停止或者禁止生产、销售和使用的药品;

(5) 批准试生产的药品。

3. 药品广告不得出现的情形。

根据《药品广告审查发布标准》的规定,药品广告中有关药品功能疗效的宣传应当科学准确,不得出现下列情形:

(1) 含有不科学地表示功效的断言或者保证的;

(2) 说明治愈率或者有效率的;

(3) 与其他药品的功效和安全性进行比较的;

(4) 违反科学规律,明示或者暗示包治百病、适应所有症状的;

(5) 含有"安全无毒副作用""毒副作用小"等内容的;含有明示或者暗示中成药为"天然"药品,因而安全性有保证等内容的;

(6) 含有明示或者暗示该药品为正常生活和治疗病症所必需等内容的;

(7) 含有明示或暗示服用该药能应付现代紧张生活和升学、考试等需要,能够帮助提高成绩、使精力旺盛、增强竞争力、增高、益智等内容的;

(8) 其他不科学的用语或者表示,如"最新技术""最高科学""最先进制法"等。

五、药品价格管理

依法实行政府定价、政府指导价的药品,政府价格主管部门应当依照《中华人民共和国价格法》规定的定价原则,依据社会平均成本、市场供求状况和社会承受能力合理制定和调整价格,做到质价相符,消除虚高价格,保护用药者的正当利益。药品的生产企业、经营企业和医疗机构必须执行政府定价、政府指导价,不得以任何形式擅自提高价格。药品生产企业应当依法向政府价格主管部门如实提供药品的生产经营成本,不得拒报、虚报、瞒报。依法实行市场调节价的药品,药品的生产企业、经营企业和医疗机构应当按照公平、合理和诚实信用、质价相符的原则制定价格,为用药者提供价格合理的药品。药品的生产企业、经营企业和医疗机构应当遵守国务院价格主管部门关于药价管理的规定,制定和标明药品零售价格,禁止暴利和损害用药者利益的价格欺诈行为。药品的生产企业、经营企业、医疗机构应当依法向政府价格主管部门提供其药品的实际购销价格和购销数量等资料。医疗机构应当向患者提供所用药品的价格清单；医疗保险定点医疗机构还应当按照规定的办法如实公布其常用药品的价格，加强合理用药的管理。具体办法由国务院卫生行政部门规定。

六、药品包装的管理

直接接触药品的包装材料和容器，必须符合药用要求，符合保障人体健康、安全的标准，并由药品监督管理部门在审批药品时一并审批。药品生产企业不得使用未经批准的直接接触药品的包装材料和容器。对不合格的直接接触药品的包装材料和容器，由药品监督管理部门责令停止使用。

药品包装必须适合药品质量的要求，方便储存、运输和医疗使用。发运中药材必须有包装。在每件包装上，必须注明品名、产地、日期、调出单位，并附有质量合格的标志。药品包装必须按照规定印有或者贴有标签并附有说明书。标签或者说明书上必须注明药品的通用名称、成分、规格、生产企业、批准文号、产品批号、生产日期、有效期、适应症或者功能主治、用法、用量、禁忌、不良反应和注意事项。

麻醉药品、精神药品、医疗用毒性药品、放射性药品、外用药品和非处方药的标签，必须印有规定的标志。

七、违反药品管理法律法规的法律责任

(一) 行政责任

根据《行政处罚法》《药品管理法》及《药品管理法实施条例》，违反药品管理法律法规的行政处罚主要形式有六种：警告、罚款、没收药品和违法所得、责令停产、停业整顿、吊销《药品生产企业许

可证》《药品经营企业许可证》《医疗机构制剂许可证》。

（二）民事责任

《药品管理法》规定，药品的生产企业、经营企业、医疗机构违反法律规定，给药品使用者造成损害的，依法承担赔偿责任。药品检验机构出具的检验结果不实造成损失的，应当承担相应的赔偿责任。

（三）刑事责任

《刑法》第141条生产、销售假药罪，第142条生产、销售劣药罪，第355条非法提供麻醉药品、精神药品罪规定了药品生产、经营企业或个人违反《药品管理法》的有关规定，触犯刑律，应当承担刑事责任的情形。于2011年5月1日起施行的《刑法修正案（八）》对《刑法》第141条进行了修正，即对违反药品管理法的规定，从事违法生产、销售假药行为的，处3年以下有期徒刑或者拘役，并处罚金；对人体健康造成严重危害或者有其他严重情节的，处3年以上10年以下有期徒刑，并处罚金；致人死亡或者有其他特别严重情节的，处10年以上有期徒刑、无期徒刑或者死刑，并处罚金或者没收财产。

第三章　特殊管理药品管理法律制度

《药品管理法》第35条规定:"国家对麻醉药品、精神药品、医疗用毒性药品、放射性药品,实行特殊管理。管理办法由国务院制定。"特殊管理药品,是指麻醉药品、精神药品、医疗用毒性药品和放射性药品。国家对麻醉药品、精神药品、医疗用毒性药品、放射性药品,实行特殊管理,保证合法、安全、合理使用、防止流入非法渠道,构成对人体健康、公共卫生和社会的危害。为了加强这四类药品的管理,国务院制定颁布了《麻醉药品和精神药品管理条例》《医疗用毒性药品管理办法》《放射性药品管理办法》,制定了严格的特殊管理要求。

第一节　麻醉药品和精神药品管理

一、麻醉药品和精神药品的含义

麻醉药品和精神药品,是指列入麻醉药品目录、精神药品目录(以下称目录)的药品和其他物质。精神药品分为第一类精神药品和第二类精神药品。上市销售但尚未列入目录的药品和其他物质或者第二类精神药品发生滥用,已经造成或者可能造成严重社会危害的,国务院药品监督管理部门会同国务院公安部门、国务院卫生主管部门应当及时将该药品和该物质列入目录或者将该第二类精神药品调整为第一类精神药品。

二、麻醉药品和精神药品的管理

国家对麻醉药品药用原植物以及麻醉药品和精神药品实行管制。除《麻醉药品和精神药品管理条例》另有规定的外,任何单位、个人不得进行麻醉药品药用原植物的种植以及麻醉药品和精神药品的实验研究、生产、经营、使用、储存、运输等活动。

(一)麻醉药品和精神药品的生产经营管理

1. 国家对麻醉药品的生产实行总量控制和定点生产制度

国务院药品监督管理部门应当根据麻醉药品和精神药品的需求总量,确定麻醉药品和精神药品定点生产企业的数量和布局,并根据年度需求总量对数量和布局进行调整、公布。麻醉药品药用原植物种植企业应当根据年度种植计划,种植麻醉药品药用原植物。

麻醉药品药用原植物种植企业应当向国务院药品监督管理部门和国务院农业主管部门定期报告种植情况。麻醉药品药用原植物种植企业由国务院药品监督管理部门和国务院农业主管部门共同确定,其他单位和个人不得种植麻醉药品药用原植物。

从事麻醉药品、第一类精神药品生产以及第二类精神药品原料药生产的企业,应当经所在地省、自治区、直辖市人民政府药品监督管理部门初步审查,由国务院药品监督管理部门批准;从事第二类精神药品制剂生产的企业,应当经所在地省、自治区、直辖市人民政府药品监督管理部门批准。定点生产企业生产麻醉药品和精神药品,应当依照药品管理法的规定取得药品批准文号。

国务院药品监督管理部门应当组织医学、药学、社会学、伦理学和禁毒等方面的专家成立专家组,由专家组对申请首次上市的麻醉药品和精神药品的社会危害性和被滥用的可能性进行评价,并提出是否批准的建议。未取得药品批准文号的,不得生产麻醉药品和精神药品。

2. 国家对麻醉药品和精神药品实行定点经营制度

国务院药品监督管理部门应当根据麻醉药品和第一类精神药品的需求总量,确定麻醉药品和第一类精神药品的定点批发企业布局,并应当根据年度需求总量对布局进行调整、公布。

药品经营企业不得经营麻醉药品原料药和第一类精神药品原料药。但是,供医疗、科学研究、教学使用的小包装的上述药品可以由国务院药品监督管理部门规定的药品批发企业经营。跨省、自治区、直辖市从事麻醉药品和第一类精神药品批发业务的企业（以下称全国性批发企业）,应当经国务院药品监督管理部门批准;在本省、自治区、直辖市行政区域内从事麻醉药品和第一类精神药品批发业务的企业（以下称区域性批发企业）,应当经所在地省、自治区、直辖市人民政府药品监督管理部门批准。

专门从事第二类精神药品批发业务的企业,应当经所在地省、自治区、直辖市人民政府药品监督管理部门批准。全国性批发企业和区域性批发企业可以从事第二类精神药品批发业务。全国性批发企业可以向区域性批发企业,或者经批准可以向取得麻醉药品和第一类精神药品使用资格的医疗机构以及依照《麻醉药品和精神药品管理条例》规定批准的其他单位销售麻醉药品和第一类精神药品。全国性批发企业向取得麻醉药品和第一类精神药品使用资格的医疗机构销售麻醉药品和第一类精神药品,应当经医疗机构所在地省、自治区、直辖市人民政府药品监督管理部门批准。全国性批发企业应当从定点生产企业购进麻醉药品和第一类精神药品。全国性批发企业和区域性批发企业向医疗机构销售麻醉药品和第一类精神药品,应当将药品送至医疗机构,医疗机构不得自行提货。

(二) 麻醉药品和精神药品的研究管理

开展麻醉药品和精神药品实验研究活动应当具备下列条件,并经国务院药品监督管理部门批准:

(1) 以医疗、科学研究或者教学为目的;

(2) 有保证实验所需麻醉药品和精神药品安全的措施和管理制度;

(3) 单位及其工作人员 2 年内没有违反有关禁毒的法律、行政法规规定的行为。

麻醉药品和精神药品的实验研究单位申请相关药品批准证明文件,应当依照《药品管理法》的规定办理;需要转让研究成果的,应当经国务院药品监督管理部门批准。药品研究单位在普通药品的实验研究过程中,产生《麻醉药品和精神药品管理条例》规定的管制品种的,应当立即停止实验研究活动,并向国务院药品监督管理部门报告。国务院药品监督管理部门应当根据情况,及时作出是否同意其继续实验研究的决定。麻醉药品和第一类精神药品的临床试验,不得以健康人为受试对象。

(三) 医疗机构使用麻醉药品和精神药品的管理

1. 印鉴卡管理制度

医疗机构需要使用麻醉药品和第一类精神药品的,应当经所在地设区的市级人民政府卫生主管部门批准,取得麻醉药品、第一类精神药品购用印鉴卡(以下称印鉴卡)。医疗机构应当凭印鉴卡向本省、自治区、直辖市行政区域内的定点批发企业购买麻醉药品和第一类精神药品。

设区的市级人民政府卫生主管部门发给医疗机构印鉴卡时,应当将取得印鉴卡的医疗机构情况抄送所在地设区的市级药品监督管理部门,并报省、自治区、直辖市人民政府卫生主管部门备案。省、自治区、直辖市人民政府卫生主管部门应当将取得印鉴卡的医疗机构名单向本行政区域内的定点批发企业通报。

医疗机构取得印鉴卡应当具备下列条件:

(1) 有专职的麻醉药品和第一类精神药品管理人员;

(2) 有获得麻醉药品和第一类精神药品处方资格的执业医师;

(3) 有保证麻醉药品和第一类精神药品安全储存的设施和管理制度。

2. 执业资格管理制度

医疗机构应当按照国务院卫生主管部门的规定,对本单位执业医师进行有关麻醉药品和精神药品使用知识的培训、考核,经考核合格的,授予麻醉药品和第一类精神药品处方资格。执业医师取得麻醉药品和第一类精神药品的处方资格后,方可在本医疗机构开具麻醉药品和第一类精神药品处方,但不得为自己开具该种处方。

医疗机构应当将具有麻醉药品和第一类精神药品处方资格的执业医师名单及其变更情况,定期报送所在地设区的市级人民政府卫生主管部门,并抄送同级药品监督管理部门。

3. 执业制度

医务人员应当根据国务院卫生主管部门制定的临床应用指导原则,使用麻醉药品和精神药品。具有麻醉药品和第一类精神药品处方资格的执业医师,根据临床应用指导原则,对确需使用麻醉药品或者第一类精神药品的患者,应当满足其合理用药需求。在医疗机构就诊的癌症疼痛患者和其他危重患者得不到麻醉药品或者第一类精神药品时,患者或者其亲属可以向执业医师提出申请。具有麻醉药品和第一类精神药品处方资格的执业医师认为要求合理的,应当及时为患者提供所需麻醉药品或者第一类精神药品。

执业医师应当使用专用处方开具麻醉药品和精神药品,单张处方的最大用量应当符合国务院卫生主管部门的规定。对麻醉药品和第一类精神药品处方,处方的调配人、核对人应当仔细核对,签署姓名,并予以登记;对不符合《麻醉药品和精神药品管理条例》规定的,处方的调配人、核对人应当拒绝发药。

医疗机构应当对麻醉药品和精神药品处方进行专册登记,加强管理。麻醉药品处方至少保存3年,精神药品处方至少保存2年。医疗机构抢救病人急需麻醉药品和第一类精神药品而本医疗机构无法提供时,可以从其他医疗机构或者定点批发企业紧急借用;抢救工作结束后,应当及时将借用情况报所在地设区的市级药品监督管理部门和卫生主管部门备案。对临床需要而市场无供应的麻醉药品和精神药品,持有医疗机构制剂许可证和印鉴卡的医疗机构需要配制制剂的,应当经所在地省、自治区、直辖市人民政府药品监督管理部门批准。医疗机构配制的麻醉药品和精神药品制剂只能在本医疗机构使用,不得对外销售。

(四)携带麻醉药品和精神药品出入境放行

因治疗疾病需要,个人凭医疗机构出具的医疗诊断书、本人身份证明,可以携带单张处方最大用量以内的麻醉药品和第一类精神药品;携带麻醉药品和第一类精神药品出入境的,由海关根据自用、合理的原则放行。医务人员为了医疗需要携带少量麻醉药品和精神药品出入境的,应当持有省级以上人民政府药品监督管理部门发放的携带麻醉药品和精神药品证明。海关凭携带麻醉药品和精神药品证明放行。

第二节 医疗用毒性药品管理

医疗用毒性药品(以下简称毒性药品),是指毒性剧烈、治疗剂量与中毒剂量相近,使用不当会致人中毒或死亡的药品。

一、生产经营管理

毒性药品年度生产、收购、供应和配制计划,由省、自治区、直辖市医药管理部门根据医疗需要制定,经省、自治区、直辖市卫生行政部门审核后,由医药管理部门下达给指定的毒性药品生产、收购、供应单位,并抄报卫生部、国家医药管理局和国家中医药管理局。生产单位不得擅自改变生产计划,自行销售。药厂必须由医药专业人员负责生产、配制和质量检验,并建立严格的管理制度,严防与其他药品混杂。所有工具、容器要处理干净,以防污染其他药品。标示量要准确无误,包装容器要有毒药标志。毒性药品的收购、经营,由各级医药管理部门指定的药品经营单位负责;配方用药由国营药店、医疗单位负责。其他任何单位或者个人均不得从事毒性药品的收购、经营和配方业务。生产毒性药品及其制剂,必须严格执行生产工艺操作规程,在本单位药品检验人员的监督下准确投料,并建立完整的生产记录,保存5年备查。在生产毒性药品过程中产生的废弃物,必须妥善处理,不得污染环境。

二、医疗机构使用医疗用毒性药品的管理

医疗单位供应和调配毒性药品,凭医生签名的正式处方。国营药店供应和调配毒性药品,凭盖有医生所在的医疗单位公章的正式处方。每次处方剂量不得超过2日剂量。

调配处方时,必须认真负责,计量准确,按医嘱注明要求,并由配方人员及具有药师以上技术职称的复核人员签名盖章后方可发出。对处方未注明"慎用"的毒性中药,应当依方调制制品。如发现处方有疑问时,须经原处方医生重新审定后再行调配。处方当次有效,取药后处方保存2年备查。

第三节 放射性药品管理

一、放射性药品的含义

放射性药品是指用于临床诊断或者治疗的放射性核素制剂或者其标记药物。卫生部主管全国放射性药品监督管理工作。能源部主管放射性药品生产、经营管理工作。

二、医疗机构使用放射性药品的管理

医疗单位设置核医学科、室(内位素室),必须配备与其医疗任务相适应的并经核医学技术培训的技术人员。非核医学专业技术人员未经培训,不得从事放射性药品使用工作。医疗单位使用放射性药品,必须符合国家放射性同位素卫生防护管理的有关规定。所在地的省、自治区、直辖市的公安、环保和卫生行政部门,应当根据医疗单位核医疗技术人员的水平、设备条件,核发相应等级的《放射性药品使用许可证》,无许可证的医疗单位不得临床使用放射性药品。

《放射性药品使用许可证》有效期为5年,期满前6个月,医疗单位应当向原发证的行政部门重新提出申请,经审核批准后,换发新证持有《放射性药品使用许可证》的医疗单位,在研究配制放射

性制剂并进行临床验证前,应当根据放射性药品的特点,提出该制剂的药理、毒性等资料,由省、自治区、直辖市卫生行政部门批准,并报卫生部备案。该制剂只限本单位内使用。持有《放射性药品使用许可证》的医疗单位,必须负责对使用的放射性药品进行临床质量检验,收集药品不良反应等项工作,并定期向所在地卫生行政部门报告。由省、自治区、直辖市卫生行政部门汇总后报卫生部。放射性药品使用后的废物(包括患者排出物),必须按国家有关规定妥善处置。

第四章 血液制品管理法律制度

第一节 血液制品管理概述

一、血液制品的概念

血液制品,是指各种人血浆蛋白制品。加强对原料血浆的采集、供应以及血制品的生产,经营活动的管理,对于预防和控制经血液途径传播的疾病,保证血液制品的质量,维护人体健康有重要意义。

二、血液制品生产企业重点监管制度

《血液制品管理条例》是我国血液制品管理的主要法规。2005年,国家食品药品监督管理局发布"国食药监安[2005]288号"文件,强调我国当前应当加强对血液制品生产的日常监管,各省、自治区、直辖市食品药品监督管理局(药品监督管理局)应当对本行政区域内列入重点监管的血液制品生产企业进行重点监督和检查,指导企业依法生产、经营。

第一,确立联系人制度。各省级食品药品监督管理局应确定一名局领导和一名负责血液制品监管的工作人员联系血液制品企业。

第二,确立定期检查制度。组织企业所在地设区的市级食品药品监督管理局共同参与,对企业执行有关法律、法规情况及血液制品生产、销售等情况定期进行检查。

第三,确立质量监管强化制度。加强对原料血浆来源和质量的监管,防止血液制品生产的交叉污染。

第四,确立监管责任制度。将监管任务和职责予以分解,落实到人;同时明确设区的市级食品药品监督管理局的监管职责,共同做好重点监管企业的监督管理工作。

第二节 血液制品管理

一、血液制品生产和经营管理

(一)血液制品生产单位的审批

开办血液制品经营单位,由省、自治区、直辖市人民政府卫生行政部门审核批准。

新建、改建或者扩建血液制品生产单位,经国务院卫生行政部门根据总体规划进行立项审查同意后,由省、自治区、直辖市人民政府卫生行政部门依照《药品管理法》的规定审核、批准。血液制品生产单位必须达到国务院卫生行政部门制定的《药品生产质量管理规范》规定的标准,经国务院卫生行政部门审查合格,并依法向工商行政管理部门申领营业执照后,方可从事血液制品的生产活动。

2007年,国家食品药品监督管理局发布"国食药监安[2007]447号"文件,规定血液制品生产企业应当在2008年6月底以前建立原料血浆检疫期。自2008年7月1日起,血液制品生产所使用的原料血浆必须使用检疫期后的合格原料血浆,未实行检疫期的原料血浆不得投料生产。

(二) 原料血浆采集

血液制品生产单位不得向无《单采血浆许可证》的单采血浆站或者未与其签订质量责任书的单采血浆站及其他任何单位收集原料血浆。血液制品生产单位不得向其他任何单位供应原料血浆。血液制品生产单位在原料血浆投料生产前，必须使用有产品批准文号并经国家药品生物制品检定机构逐批检定合格的体外诊断试剂，对每一人份血浆进行全面复检，并作检测记录。

原料血浆经复检不合格的，不得投料生产，并必须在省级药品监督员监督下按照规定程序和方法予以销毁，并作记录。原料血浆经复检发现有经血液途径传播的疾病的，必须通知供应血浆的单采血浆站，并及时上报所在地省、自治区、直辖市人民政府卫生行政部门。

"国食药监安[2007]447号"文件规定原料血浆检疫期规定为不少于90天，即将采集并检测合格的原料血浆放置90天后，经对献浆员的血浆样本再次进行病毒检测并合格后，方可将90天前采集合格的原料血浆投入生产。

(三) 血液制品的生产和经营

血液制品生产单位应当积极开发新品种，提高血浆综合利用率。血液制品生产单位生产国内已经生产的品种，必须依法向国务院卫生行政部门申请产品批准文号；国内尚未生产的品种，必须按照国家有关新药审批的程序和要求申报。严禁血液制品生产单位出让、出租、出借以及与他人共用《药品生产企业许可证》和产品批准文号。

"国食药监安[2007]447号"文件还规定自2008年7月1日起，血液制品生产企业申请血液制品批签发时，应在批记录摘要中增加原料血浆实施检疫期的相关信息,未提供相关信息的,其产品不予批签发。

二、单采血浆站的管理

单采血浆站由血液制品生产单位设置或者由县级人民政府卫生行政部门设置,专门从事单采血浆活动,具有独立法人资格。其他任何单位和个人不得从事单采血浆活动。

(一)单采血浆站的设置审批

国家实行单采血浆站统一规划、设置的制度。在一个采血浆区域内,只能设置一个单采血浆站。国务院卫生行政部门根据核准的全国生产用原料血浆的需求,对单采血浆站的布局、数量和规模制定总体规划。省、自治区、直辖市人民政府卫生行政部门根据总体规划制定本行政区域内单采血浆站设置规划和采集血浆的区域规划,并报国务院卫生行政部门备案。

申请设置单采血浆站的,由县级人民政府卫生行政部门初审,经设区的市、自治州人民政府卫生行政部门或者省、自治区人民政府设立的派出机关的卫生行政机构审查同意,报省、自治区、直辖市人民政府卫生行政部门审批;经审查符合条件的,由省、自治区、直辖市人民政府卫生行政部门核发《单采血浆许可证》,并报国务院卫生行政部门备案。

(二)设置单采血浆站的条件

设置单采血浆站,必须具备下列条件:

(1)符合单采血浆站布局、数量、规模的规划;

(2)具有与所采集原料血浆相适应的卫生专业技术人员;

(3)具有与所采集原料血浆相适应的场所及卫生环境;

(4)具有识别供血浆者的身份识别系统;

（5）具有与所采集原料血浆相适应的单采血浆机械及其他设施；

（6）具有对所采集原料血浆进行质量检验的技术人员以及必要的仪器设备。

（三）单采血浆站开展业务规则

1. 单采血浆站只能对省、自治区、直辖市人民政府卫生行政部门划定区域内的供血浆者进行筛查和采集血浆。严禁单采血浆站采集非划定区域内的供血浆者和其他人员的血浆。

2. 单采血浆站在采集血浆前，必须对供血浆者进行身份识别并核实其《供血浆证》，确认无误的，方可按照规定程序进行健康检查和血液化验；对检查、化验合格的，按照有关技术操作标准及程序采集血浆，并建立供血浆者健康检查及供血浆记录档案；对检查、化验不合格的，由单采血浆站收缴《供血浆证》，并由所在地县级人民政府卫生行政部门监督销毁。严禁采集无《供血浆证》者的血浆。

3. 单采血浆站只能向一个与其签订质量责任书的血液制品生产单位供应原料血浆，严禁向其他任何单位供应原料血浆。

4. 单采血浆站必须使用单采血浆机械采集血浆，严禁手工操作采集血浆。采集的血浆必须按单人份冰冻保存，不得混浆。

5. 严禁单采血浆站采集血液或者将所采集的原料血浆用于临床。

6. 单采血浆站采集的原料血浆的包装、储存、运输，必须符合国家规定的卫生标准和要求。单采血浆站必须依照《传染病防治法》及其实施办法等有关规定，严格执行消毒管理及疫情上报制度。国家禁止出口原料血浆。

第五章 疫苗法律制度

第一节 疫苗概述

一、疫苗的概念

疫苗(vaccine),是指为了预防、控制传染病的发生、流行,用于人体预防接种的疫苗类预防性生物制品。生物制品,是指用微生物或其毒素、酶,人或动物的血清、细胞等制备的供预防、诊断和治疗用的制剂。预防接种用的生物制品包括疫苗、菌苗和类毒素。其中,由细菌制成的为菌苗;由病毒、立克次体、螺旋体制成的为疫苗,有时也统称为疫苗。

二、疫苗的起源

英国医师爱德华·金纳(Edward Jenner)于1796年5月14日对一名儿童接种由感染牛痘的农妇手中抽取的脓汁作为疫苗;3个月后,他将天花接种至儿童身上,并证实该名儿童对天花免疫,这个方法因此传遍整个欧洲,因此在使用拉丁字母的语言中,皆以拉丁文中,代表"牛"的"vacca"作为字源,纪念爱德华·金纳使用牛痘作为疫苗实验的里程碑。法国微生物学家路易·巴斯德(Louis Pasteur)在1881年5月5日成功研发绵羊的霍乱疫苗,并于1885年6月6日让一位儿童接受狂牛病的疫苗注射。

疫苗接种是预防控制传染病发生、流行最重要和有效的手段,也是控制传染病最基础的工作,为了加强对疫苗流通和预防接种的管理,预防、控制传染病的发生,国务院于2005年3月发布了《疫苗流通和预防接种管理条例》。该《条例》详细规定了疫苗流通、预防接种、保障措施、预防接种异常反应处理、法律责任等问题,为实行疫苗接种、免疫规划提供了法律依据。

三、疫苗的分类

为了实现国家免疫规划所要求的疫苗接种率,我国对疫苗实行分类管理。疫苗分为两类:第一类疫苗,是指政府免费向公民提供,公民应当依照政府的规定受种的疫苗,包括国家免疫规划确定的疫苗,省、自治区、直辖市人民政府在执行国家免疫规划时增加的疫苗,以及县级以上人民政府或者其卫生主管部门组织的应急接种或者群体性预防接种所使用的疫苗;第二类疫苗,是指由公民自费并且自愿受种的其他疫苗。

第二节 免疫规划

一、免疫规划

免疫规划是指根据国家传染病防治规划,使用有效疫苗对易感人群进行预防接种所制定的规划、计划和策略,按照国家或者省、自治区、直辖市确定的疫苗品种、免疫程序或者接种方案,在人群中有计划地进行预防接种,以预防和控制特定传染病的发生和流行,通过国家免疫规划的实施,提高群众健康水平和卫生文明水平。

国务院卫生主管部门根据全国范围内的传染病流行情况、人群免疫状况等因素,制定国家免疫规划;会同国务院财政部门拟定纳入国家免疫规划的疫苗种类,报国务院批准后公布。《疫苗流通与预防接种管理条例》规定,国家规划的免疫疫苗全部都是不收费的。

目前,国家免疫规划确定的疫苗包括皮内注射用卡介苗(卡介苗,BCG)、重组乙型肝炎疫苗(乙肝疫苗,HepB)、口服脊髓灰质炎减毒活疫苗(脊灰疫苗,OPV)、吸附百白破联合疫苗(百白破疫苗,DPT)及吸附白喉破伤风联合疫苗(白破疫苗,DT)、麻疹减毒活疫苗(称麻疹疫苗,MV)。根据2007年12月卫生部《扩大国家免疫规划实施方案》的要求,在现行全国范围内使用的乙肝疫苗、卡介苗、脊灰疫苗、百白破疫苗、麻疹疫苗、白破疫苗等6种国家免疫规划疫苗基础上,以无细胞百白破疫苗替代百白破疫苗,将甲肝疫苗、流脑疫苗、乙脑疫苗、麻腮风疫苗纳入国家免疫规划,对适龄儿童进行常规接种。在重点地区对重点人群进行出血热疫苗接种;发生炭疽、钩端螺旋体病疫情或发生洪涝灾害可能导致钩端螺旋体病暴发流行时,对重点人群进行炭疽疫苗和钩体疫苗应急接种。通过接种上述疫苗,预防乙型肝炎、结核病、脊髓灰质炎、百日咳、白喉、破伤风、麻疹、甲型肝炎、流行性脑脊髓膜炎、流行性乙型脑炎、风疹、流行性腮腺炎、流行性出血热、炭疽和钩端螺旋体病等15种传染病。

省、自治区、直辖市人民政府在执行国家免疫规划时,根据本行政区域传染病流行情况,人群免疫状况等因素,可以增加免费向公民提供的疫苗种类,并报国务院卫生行政主管部门备案。

二、实施免疫规划的保障措施

县级以上人民政府应当将与国家免疫规划有关的预防接种工

作纳入本行政区域的国民经济和社会发展计划,对预防接种工作所需经费予以保障,保证达到国家免疫规划所要求的接种率,确保国家免疫规划的实施。县级人民政府应当保证实施国家免疫规划的预防接种所需经费,并依照国家有关规定对从事预防接种工作的乡村医生和其他基层预防保健人员给予适当补助。

省、自治区、直辖市人民政府根据本行政区域传染病流行趋势,在国务院卫生主管部门确定的传染病预防、控制项目范围内,确定本行政区域与预防接种相关的项目,并保证项目的实施;同时应当对购买、运输第一类疫苗所需经费予以保障,并保证本行政区域内疾病预防控制机构和接种单位冷链系统的建设、运转。省、自治区、直辖市人民政府和设区的市级人民政府应当对困难地区的县级人民政府开展与预防接种相关的工作给予必要的经费补助。

国家根据需要对贫困地区的预防接种工作给予适当支持。各级财政安排用于预防接种的经费应当专款专用,任何单位和个人不得挪用、挤占。有关单位和个人使用用于预防接种的经费应当依法接受审计机关的审计监督。

第三节 疫苗流通

一、疫苗使用计划

省级疾病预防控制机构应当根据国家免疫规划和本地区预防、控制传染病的发生、流行的需要,制定本地区第一类疫苗的使用计划,并向依照国家有关规定负责采购第一类疫苗的部门报告,同时报同级人民政府卫生主管部门备案。第一类疫苗的使用计划应当包括疫苗的品种、数量、供应渠道与供应方式等内容。

二、药品企业经营疫苗的条件

药品零售企业不得从事疫苗经营活动。药品批发企业依照《疫苗流通和预防接种管理条例》的规定经批准后可以经营疫苗。药品批发企业申请从事疫苗经营活动的,应当具备下列条件:

(1)具有从事疫苗管理的专业技术人员;

(2)具有保证疫苗质量的冷藏设施、设备和冷藏运输工具;

(3)具有符合疫苗储存、运输管理规范的管理制度。

省、自治区、直辖市人民政府药品监督管理部门对药品批发企业是否符合上述条件进行审查。对符合条件的,在其药品经营许可证上加注经营疫苗的业务。取得疫苗经营资格的药品批发企业,应当对其冷藏设施、设备和冷藏运输工具进行定期检查、维护和更新,以确保其符合规定要求。

三、疫苗供应和疫苗销售

(一)第一类疫苗的供应和销售

疫苗生产企业或者疫苗批发企业应当按照政府采购合同的约定,向省级疾病预防控制机构或者其指定的其他疾病预防控制机构供应第一类疫苗,不得向其他单位或者个人供应。

疫苗生产企业、疫苗批发企业应当在其供应的纳入国家免疫规划疫苗的最小外包装的显著位置,标明"免费"字样以及国务院卫生主管部门规定的"免疫规划"专用标识。具体管理办法由国务院药品监督管理部门会同国务院卫生主管部门制定。

省级疾病预防控制机构应当做好分发第一类疫苗的组织工作,并按照使用计划将第一类疫苗组织分发到设区的市级疾病预防控制机构或者县级疾病预防控制机构。县级疾病预防控制机构应当按照使用计划将第一类疫苗分发到接种单位和乡级医疗卫生机构。乡级医疗卫生机构应当将第一类疫苗分发到承担预防接种工作的村医疗卫生机构。医疗卫生机构不得向其他单位或者个人分发第一类疫苗；分发第一类疫苗，不得收取任何费用。

传染病暴发、流行时，县级以上地方人民政府或者其卫生主管部门需要采取应急接种措施的，设区的市级以上疾病预防控制机构可以直接向接种单位分发第一类疫苗。

（二）第二类疫苗的供应和销售

疫苗生产企业可以向疾病预防控制机构、接种单位、疫苗批发企业销售本企业生产的第二类疫苗。疫苗批发企业可以向疾病预防控制机构、接种单位、其他疫苗批发企业销售第二类疫苗。县级疾病预防控制机构可以向接种单位供应第二类疫苗；设区的市级以上疾病预防控制机构不得直接向接种单位供应第二类疫苗。

四、疫苗流通的质量保障

疾病预防控制机构、接种单位、疫苗生产企业、疫苗批发企业应当遵守疫苗储存、运输管理规范，保证疫苗质量。

疫苗生产企业、疫苗批发企业在销售疫苗时，应当提供由药品检验机构依法签发的生物制品每批检验合格或者审核批准证明复印件，并加盖企业印章；疫苗批发企业经营进口疫苗的，还应当提供进口药品通关单复印件，并加盖企业印章。疫苗生产企业、疫苗批发企业应当依照药品管理法和国务院药品监督管理部门的规定，建立真实、完整的购销记录，并保存至超过疫苗有效期2年备查。

疾病预防控制机构、接种单位在接收或者购进疫苗时，应当向疫苗生产企业、疫苗批发企业索取前述证明文件，并保存至超过疫苗有效期2年备查。疾病预防控制机构应当依照国务院卫生主管部门的规定,建立真实、完整的购进、分发、供应记录,并保存至超过疫苗有效期2年备查。

第四节 疫苗的监督管理

一、疫苗监督管理机构及其职责

药品监督管理部门依照《药品管理法》及其有关规定,对疫苗在储存、运输、供应、销售、分发和使用等环节中的质量进行监督检查,并将检查结果及时向同级卫生主管部门通报。药品监督管理部门根据监督检查需要对疫苗进行抽查检验的,有关单位和个人应当予以配合,不得拒绝。药品监督管理部门在监督检查中,对有证据证明可能危害人体健康的疫苗及其有关材料可以采取查封、扣押的措施,并在7日内作出处理决定。疫苗需要检验的,应当自检验报告书发出之日起15日内作出处理决定。

卫生主管部门应当主要通过对医疗卫生机构依照《疫苗流通和预防接种管理条例》规定所作的疫苗分发、储存、运输和接种等记录进行检查,履行监督管理职责;必要时,可以进行现场监督检查。卫生主管部门对监督检查情况应当予以记录,发现违法行为的,应当责令有关单位立即改正。卫生主管部门、药品监督管理部门的工作人员依法履行监督检查职责时,不得少于2人,并出示证明文件。根据规定,对被检查人的商业秘密应当保密。

二、疫苗流通机构的职责

疾病预防控制机构、接种单位、疫苗生产企业、疫苗批发企业发现假劣或者质量可疑的疫苗,应当立即停止接种、分发、供应、销售,并立即向所在地的县级人民政府卫生主管部门和药品监督管理部门报告,不得自行处理。接到报告的卫生主管部门应当立即组织疾病预防控制机构和接种单位采取必要的应急处置措施,同时向上级卫生主管部门报告。接到报告的药品监督管理部门应当对假劣或者质量可疑的疫苗依法采取查封、扣押等措施。

第六章 药品不良反应报告制度

《药品管理法》规定,国家实行药品不良反应报告制度。药品生产企业、药品经营企业和医疗机构必须经常考察本单位所生产、经营、使用的药品质量、疗效和反应;发现可能与用药有关的严重不良反应,必须及时向上级药品监督管理部门报告。

第一节 药品不良反应概述

一、药品不良反应的概念

药品不良反应(Adverse Drug Reaction,简称ADR)又叫"药物不良反应"或"药害事件"。世界卫生组织(WHO)国际药物监测合作中心认为,药品不良反应是指正常剂量的药物用于预防、诊断、治疗疾病或调节生理机能时出现的有害的和与用药目的无关的反应。该定义排除有意的或意外的过量用药及用药不当引起的反应。据WHO统计,各国住院患者发生药品不良反应的比率在10%—20%,其中5%的患者因为严重的药品不良反应而死亡。在全世界死亡的患者中,约有1/3的患者死于用药不当。药物不良反应不是由于药品质量不合格造成的,而是一种药源性的有害现象。

《药品不良反应报告和检测管理办法》将药品不良反应定义为合格药品在正常用法用量下出现的与用药目的无关的或意外的有害反应。用药发生药品不良反应,轻则使人感到身体不适,重则不仅可以致癌、致畸、致出生缺陷,对人体器官功能产生永久损伤,危害人体健康甚至生命。

二、药品不良反应的类型

药品不良反应有多种分类方法,按其与药理作用有无关联分为两类:A 型和 B 型。A 型药物不良又称为剂量相关的不良反应。该反应为药理作用增强所致,常和剂量有关,可以预测,发生率高而死亡率低,如苯二氮类引起的瞌睡、抗血凝药所致出血等。B 型药物不良反应,又称剂量不相关的不良反应。它是一种与正常药理作用无关的异常反应,一般和剂量无关联,难于预测,发生率低而死亡率高,如氟烷引致的恶性高热、青霉素引起的过敏性休克。常见的药品不良反应主要有以下几种:

1. 对人体有害的不良反应

这是指在治疗剂量下药物所产生的某些与防治目的无关的作用。这类反应常常难以避免。

2. 毒性反应

这是指按照常规使用剂量,但由于使用者年龄、体质状况等因素造成相对药物剂量过大或用药时间过长引起的反应。临床上常见的毒性反应主要有:

(1) 中枢神经反应。如头痛、耳鸣等。

(2) 肝肾损害反应。如肝功能衰退、肝肿大、黄疸等。

(3) 造血系统反应。如再生障碍性贫血等。

(4) 心血管系统反应。如血压下降、心律失常等。

3. 过敏反应

也称变态反应,只是特殊体质的病人才能出现,与药物剂量无关。常见的过敏反应主要有过敏性休克、神经系统反应等。

4. 其他不良反应

其他不良反应包括长期使用抗菌药物而出现的菌群失调、二重感染,某些药物依赖产生的依赖性、致畸、致癌、致突变的"三致反应"等。

第二节 药品不良反应报告和监测

一、药品不良反应报告和监测的发展历程

1963年,WHO建议在世界范围内建立药品不良反应监测系统。1968年,WHO建立了国际药品监测合作中心,该中心是属于咨询性质的国际机构,发挥信息中心的作用。我国卫生部根据《药品管理法》的有关规定,于1968年在北京、上海的10所医院开展了药物不良反应监测试点工作,1989年9月进一步扩大了试点单位。为了加强对该项工作的领导、技术复核和情报资料的汇总交流,1989年11月,卫生部成立了药品不良反应监测中心,之后在北京等省市进行推广,建立了地区性的监测中心。1998年,我国被批准成为WHO国际药品监测合作计划的正式成员国,并开始正式共享药物不良反应监测的信息。2001年颁布的《药品管理法》规定:"国家实行药品不良反应报告制度。药品生产企业、药品经营企业和医疗机构必须经常考察本单位所生产、经营、使用的药品质量、疗效和反应。发现可能与用药有关的严重不良反应,必须及时向当地省、自治区、直辖市人民政府药品监督管理部门和卫生行政部门报告。具体办法由国务院药品监督管理部门会同卫生行政部门制定。"2004年3月4日,卫生部、国务院食品药品监督管理局组织制定了《药品不良反应报告和监测管理办法》,标志着我国药品不

良反应监测工作进入法制化轨道。2011年5月4日,国家卫生部颁布了新修订的《药品不良反应报告和监测管理办法》,于2011年7月1日生效。

药品不良反应监测是药品质量管理的一项重要内容,开展药品不良反应监测,保障了人民用药安全,为评价、整顿、淘汰药品提供依据,在促进临床合理用药的同时,指导新药研发的方向和思路,有利于国际药品信息的交流,有利于提高药物治疗水平和医疗质量。

二、药品不良反应报告和监测的范围

WHO监测中心要求医务人员和药品生产与供应人员报告药品不良反应监测的范围主要为:未知的、严重的、罕见的、异乎寻常的、不可预测的药品不良反应;属于已知的不良反应,其程度和频率有较大改变的,医生认为值得报告的;对新药则要求全面报告,不论该反应是否已在说明书中注明。

《药品不良反应报告和监测管理办法》规定,新药监测期内的药品应报告该药品发生的所有不良反应;其他国产药品,报告该药品引起的新的和严重的不良反应。进口药品自首次获准进口之日起5年内,报告该进口药品发生的所有不良反应;满5年的,报告该进口药品发生的新的和严重的不良反应。

目前,我国药品不良反应的报告范围如下:

(1)对上市5年以内的药品和列为国家重点监测的药品必须报告其引起的所有可疑不良反应。

(2)对上市5年以上的药品主要报告引起的严重、罕见和新的不良反应。

三、药品不良反应报告主体

《药品不良反应报告和监测管理办法》规定:"国家实行药品不良反应报告制度。药品生产企业、药品经营企业、医疗卫生机构应按规定报告所发现的药品不良反应。"根据该规定,药品不良反应报告的法定主体是药品生产企业、药品经营企业和医疗预防保健机构。发生药品不良反应,按照要求向有关机构报告是上述单位的法定义务。《药品不良反应报告和监测管理办法》同时规定:"国家鼓励公民、法人和其他组织报告药品不良反应。"个人发现新的或者严重的药品不良反应,可以向经治医师报告,也可以向药品生产、经营企业或者当地的药品不良反应监测机构报告,必要时提供相关的病历资料。该规定旨在鼓励个人报告,但个人不是药品不良反应法定报告主体,其报告是非强制性的。

四、药品不良反应监测工作的主管部门及其职责

(一) 药品不良反应监测工作的主管部门

1998年6月以前,我国药品不良反应监测工作归卫生部主管。1998年,国家政府机关职能调整,国家食品药品监督管理局主管全国药品不良反应监测工作,省级食品药品监督管理局负责本辖区内的药品不良反应监测工作。各级卫生行政部门负责医疗预防保健机构中的药品不良反应监测工作,国家药品监督管理局和卫生部负责制定药品不良反应监测规章、标准、工作方针、政策和管理制度,并监督、组织实施。

(二) 国家药品不良反应监测专业机构的职责

国家药品不良反应监测专业机构(该机构设在国家食品药品监督管理局药品评价中心)负责全国药品不良反应报告和监测技

术工作。其主要职责包括：

（1）承担国家药品不良反应报告和监测资料的收集、评价、反馈和上报，以及全国药品不良反应监测信息网络的建设和维护；

（2）制定药品不良反应报告和监测的技术标准和规范，对地方各级药品不良反应监测机构进行技术指导；

（3）组织开展严重药品不良反应的调查和评价，协助有关部门开展药品群体不良事件的调查；

（4）发布药品不良反应警示信息；

（5）承担药品不良反应报告和监测的宣传、培训、研究和国际交流工作。

五、发生药品不良反应的报告程序

药品生产、经营企业和医疗预防保健机构，必须指定专（兼）职人员负责本单位生产、经营、使用药品的不良反应报告和监测工作，药品生产、经营企业和医疗机构获知或者发现可能与用药有关的不良反应，应当通过国家药品不良反应监测信息网络报告；不具备在线报告条件的，应当通过纸质报表报所在地药品不良反应监测机构，由所在地药品不良反应监测机构代为在线报告。报告内容应当真实、完整、准确。

（一）个例药品不良反应报告程序

药品生产、经营企业和医疗机构应当主动收集药品不良反应，获知或者发现药品不良反应后应当详细记录、分析和处理，填写《药品不良反应/事件报告表》。新药监测期内的国产药品应当报告该药品的所有不良反应；其他国产药品，报告新的和严重的不良反应。

药品生产、经营企业和医疗机构发现或者获知新的、严重的药品不良反应应当在15日内报告,其中死亡病例必须立即报告;其他药品不良反应应当在30日内报告。有随访信息的,应当及时报告。药品生产企业应当对获知的死亡病例进行调查,详细了解死亡病例的基本信息、药品使用情况、不良反应发生及诊治情况等,并在15日内完成调查报告,报药品生产企业所在地的省级药品不良反应监测机构。

设区的市级、县级药品不良反应监测机构应当对收到的药品不良反应报告的真实性、完整性和准确性进行审核。严重药品不良反应报告的审核和评价应当自收到报告之日起3个工作日内完成,其他报告的审核和评价应当在15个工作日内完成。设区的市级、县级药品不良反应监测机构应当对死亡病例进行调查,详细了解死亡病例的基本信息、药品使用情况、不良反应发生及诊治情况等,自收到报告之日起15个工作日内完成调查报告,报同级药品监督管理部门和卫生行政部门,以及上一级药品不良反应监测机构。

省级药品不良反应监测机构应当在收到下一级药品不良反应监测机构提交的严重药品不良反应评价意见之日起7个工作日内完成评价工作。对死亡病例,事件发生地和药品生产企业所在地的省级药品不良反应监测机构均应当及时根据调查报告进行分析、评价,必要时进行现场调查,并将评价结果报省级药品监督管理部门和卫生行政部门,以及国家药品不良反应监测中心。

国家药品不良反应监测中心应当及时对死亡病例进行分析、评价,并将评价结果报国家食品药品监督管理局和卫生部。

个人发现新的或者严重的药品不良反应,可以向主治医师报告,也可以向药品生产、经营企业或者当地的药品不良反应监测机构报告,必要时提供相关的病历资料。

(二) 药品群体不良反应的报告程序

药品群体不良事件,是指同一药品在使用过程中,在相对集中的时间、区域内,对一定数量人群的身体健康或者生命安全造成损害或者威胁,需要予以紧急处置的事件。药品生产、经营企业和医疗机构获知或者发现药品群体不良事件后,应当立即通过电话或者传真等方式报所在地的县级药品监督管理部门、卫生行政部门和药品不良反应监测机构,必要时可以越级报告;同时填写《药品群体不良事件基本信息表》,对每一病例还应当及时填写《药品不良反应/事件报告表》,通过国家药品不良反应监测信息网络报告。

设区的市级、县级药品监督管理部门获知药品群体不良事件后,应当立即与同级卫生行政部门联合组织开展现场调查,并及时将调查结果逐级报至省级药品监督管理部门和卫生行政部门。省级药品监督管理部门与同级卫生行政部门联合对设区的市级、县级的调查进行督促、指导,对药品群体不良事件进行分析、评价,对本行政区域内发生的影响较大的药品群体不良事件,还应当组织现场调查,评价和调查结果应当及时报国家食品药品监督管理局和卫生部。

(三) 境外发生的严重药品不良反应

进口药品和国产药品在境外发生的严重药品不良反应(包括自发报告系统收集的、上市后临床研究发现的、文献报道的),药品生产企业应当填写《境外发生的药品不良反应/事件报告表》,自获知之日起30日内报送国家药品不良反应监测中心。国家药品不良反应监测中心要求提供原始报表及相关信息的,药品生产企业应当在5日内提交。国家药品不良反应监测中心应当对收到的药品不良反应报告进行分析、评价,每半年向国家食品药品监督管理局和卫生部报告,发现提示药品可能存在安全隐患的信息应当及时报告。

第三节 药品严重不良反应的处理

一、药品严重不良反应的概念

根据《药品不良反应报告和监测管理办法》的规定,药品严重不良反应是指因服用药品引起以下损害情形之一的反应:

(1) 引起死亡;

(2) 致癌、致畸、致出生缺陷;

(3) 对生命有危险并能够导致人体永久的或显著的伤残;

(4) 对器官功能产生永久损伤;

(5) 导致住院或住院时间延长。

二、发生严重不良反应药品的处理

对已经确认发生严重不良反应的药品,国务院或者省、自治区、直辖市人民政府药品监督管理部门可以采取停止生产、销售、使用的紧急控制措施。

"已经确认发生严重不良反应的药品"是指国务院或者省、自治区、直辖市人民政府药品监督管理部门根据医疗卫生机构、药品生产、经营企业的报告或者其他机构、个人的报告中发生的严重病例,经调查核实,确认作出的药品严重不良反应的事实结论的药品。国务院或者省、自治区、直辖市人民政府药品监督管理部门,对已经确认发生严重不良反应的药品,采取的紧急控制措施种类只包括"停止生产、销售、使用"该药品。其他任何机关和个人都无权对已经确认发生严重不良反应的药品采取紧急控制措施。对已经确认发生严重不良反应的药品采取紧急控制措施,并不是最终的处理决定。

根据《药品管理法》的规定,对已确认发生严重不良反应的药品,国务院或者省、自治区、直辖市人民政府的药品监督管理部门可以采取停止生产、销售、使用的紧急控制措施,并应当在5日内组织鉴定,自鉴定结论作出之日起15日内依法作出行政处理决定。

三、法律责任

(一) 行政责任

1. 药品生产企业的法律责任

药品生产企业有下列情形之一的,由所在地药品监督管理部门给予警告,责令限期改正,可以并处5000元以上3万元以下的罚款:

(1) 未按照规定建立药品不良反应报告和监测管理制度,或者无专门机构、专职人员负责本单位药品不良反应报告和监测工作的;

(2) 未建立和保存药品不良反应监测档案的;

(3) 未按照要求开展药品不良反应或者群体不良事件报告、调查、评价和处理的;

(4) 未按照要求提交定期安全性更新报告的;

(5) 未按照要求开展重点监测的;

(6) 不配合严重药品不良反应或者群体不良事件相关调查工作的;

(7) 其他违反《药品不良反应报告和监测管理办法》规定的。

药品生产企业有前述第(4)项、第(5)项情形之一的,按照《药品注册管理办法》的规定对相应药品不予再注册。

2. 药品经营企业的法律责任

药品经营企业有下列情形之一的,由所在地药品监督管理部门给予警告,责令限期改正;逾期不改的,处3万元以下的罚款：

(1) 无专职或者兼职人员负责本单位药品不良反应监测工作的;

(2) 未按照要求开展药品不良反应或者群体不良事件报告、调查、评价和处理的;

(3) 不配合严重药品不良反应或者群体不良事件相关调查工作的。

3. 医疗机构的法律责任

医疗机构有下列情形之一的,由所在地卫生行政部门给予警告,责令限期改正;逾期不改的,处3万元以下的罚款。情节严重并造成严重后果的,由所在地卫生行政部门对相关责任人给予行政处分：

(1) 无专职或者兼职人员负责本单位药品不良反应监测工作的;

(2) 未按照要求开展药品不良反应或者群体不良事件报告、调查、评价和处理的;

(3) 不配合严重药品不良反应和群体不良事件相关调查工作的。

4. 监管机构的法律责任

各级药品监督管理部门、卫生行政部门和药品不良反应监测机构及其有关工作人员在药品不良反应报告和监测管理工作中违反《药品注册管理办法》，造成严重后果的，依照有关规定给予行政处分。

(二) 民事责任

药品生产、经营企业和医疗机构违反相关规定，给药品使用者造成损害的，依法承担赔偿责任。

第七章 中药品种保护法律制度

为了提高中药品种的质量,保护中药生产企业的合法权益,促进中药事业的发展,国务院于1992年颁布了《中药品种保护条例》。《中药品种保护条例》明确指出:"国家鼓励研制开发临床有效的中药品种,对质量稳定、疗效确切的中药品种实行分级保护。"

第一节 中药品种保护制度概述

一、中药品种保护的定义

中药品种保护,是指国家鼓励研发临床有效的中药品种,对质量稳定、疗效确切的中药品种实行分级保护制度。

二、中药品种保护的目的和意义

中药是我国人民长期同疾病作斗争的经验总结,是祖国医药宝库的重要组成部分,至今仍然是我国人民防止疾病的重要药品。据统计,我国有质量稳定、疗效确切的传统品种4000余种,自1985年国家统一审批新药到1996年底,经卫生部审批的中药新药有630种。但是,对中药品种缺少必要的保护措施,一些新、名、优产品,独特出口产品常常被仿制、移植,严重地损害了发明者和企业的权益,挫伤了他们研制开发新药的积极性,毁坏了名优产品的社会形象,贻误了患者的病情。针对此种情况,《药品管理法》第36

条规定："国家实行中药品种分级保护制度。"为了提高中药品种的质量，保护中药生产企业的合法权益，促进中药事业的发展，国务院于1992年10月颁布了《中药品种保护条例》，1993年1月1日起施行。

《中药品种保护条例》的颁布、实施，标志我国对中药研制生产，管理工作走上法制化轨道；对保护中药名优产品，保护中药研制生产的知识产权，提高中药质量和信誉，推动中药制药企业的科技进步，开发临床安全有效的新药和促进中药走向国际医药市场均有重要意义。

三、《中药品种保护条例》的适用范围

《中药品种保护条例》适用于中国境内生产制造的中药品种，包括中成药、天然药物的提取物及其制剂和中药人工制品。

申请专利的中药品种，依照《专利法》的规定办理，不适用《中药品种保护条例》，原因在于中药品种保护是一种行政保护，受中药品种保护的药品生产权不能转让，因此中药品种保护权不具有知识产权的性质。中药品种保护证书持有者的权利不能自由进入商品流通领域进行买卖和转让。《中药品种保护条例》第19条规定："对临床用药紧缺的中药保护品种，根据国家中药生产经营主管部门提出的仿制建议，经国务院卫生行政部门批准，由仿制企业所在地的省、自治区、直辖市卫生行政部门对生产同一中药保护品种的企业发放批准文号。该企业应当付给持有《中药保护品种证书》并转让该中药品种的处方组成、工艺制法的企业合理的使用费，其数额由双方商定；双方不能达成协议的，由国务院卫生行政部门裁决。"药品专利的强制许可由人民法院决定，而中药保护品种仿制纠纷最终由国务院药品监督管理部门裁决，二者的性质明显不同。

四、中药品种保护的监督管理部门

国家药品监督管理部门负责全国中药品种保护的监督管理工作,国家中医药管理部门协同管理全国中药品种的保护工作。国家药品监督管理部门组织国家中药品种保护审评委员会,它是审批中药保护品种的专业技术审查和咨询机构,下设办公室,在国家药品监督管理局领导下负责日常管理和协调工作。

第二节 中药保护品种范围和保护期限

一、中药保护品种范围

中药保护品种的范围必须是列入国家药品标准的品种。《中药品种保护条例》第 5 条还规定:"依照本条例受保护的中药品种,必须是列入国家药品标准的品种。经国务院卫生行政部门认定,列为省、自治区、直辖市药品标准的品种,也可以申请保护。"

二、中药保护品种等级划分与条件

国家鼓励研制开发临床有效的中药品种,对质量稳定,疗效确切的中药品种实行分级保护制度,目的是为提高中药品种的质量,保护中药生产企业的合法权益,促进中药事业发展。受保护的中药品种分为一级和二级。

(一) 一级保护品种条件

符合下列条件之一的中药品种,可申请一级保护:

1. 对特定疾病有特殊疗效的中药品种

对特定疾病有特殊疗效,是指对某一疾病在治疗效果上能取得重大突破性进展。例如,对常见病、多发病等疾病有特殊疗效,对既往无有效治疗方法的疾病能取得明显疗效,或者对改善重大疑难疾病、危急重症或罕见疾病的终点结局(病死率、致残率等)取得重大进展。

2. 相当于国家一级保护野生药材物种的人工制成品

相当于国家一级保护野生药材物种的人工制成品,是指列为国家一级保护物种药材的人工制成品,或目前虽属于二级保护物种,但其野生资源已处于濒危状态物种药材的人工制成品。

3. 用于预防和治疗特殊疾病的中药品种

用于预防和治疗特殊疾病中的特殊疾病,是指严重危害人民群众身体健康和正常社会生活经济秩序的重大疑难疾病、危急重症、烈性传染病和罕见病。例如,恶性肿瘤、终末期肾病、脑卒中、急性心肌梗塞、艾滋病、传染性非典型肺炎、人禽流感、苯酮尿症、地中海贫血等疾病。用于预防和治疗重大疑难疾病、危急重症、烈性传染病的中药品种,其疗效应明显优于现有治疗方法。

(二) 二级保护品种条件

符合下列条件之一的中药品种,可申请二级保护:

1. 符合上述一级保护的品种或已解除一级保护的品种。

2. 对特定疾病有显著疗效的中药品种

对特定疾病有显著疗效,是指能突出中医辨证用药理法特色,具有显著临床应用优势,或对主治的疾病、证候或症状的疗效优于同类品种。

3. 从天然药物中提取的有效物质及特殊制剂

从天然药物中提取的有效物质及特殊制剂,是指从中药、天然药物中提取的有效成分、有效部位制成的制剂,且具有临床应用优势。

三、申请中药品种保护的程序

根据《中药品种保护条例》的规定申请办理中药品种保护的程序为：

1. 中药生产企业向所在地省级药品监督管理部门提出申请，经初审签署意见后，报国家药品监督管理部门。在特殊情况下，中药生产企业也可直接向国家药品监督管理部门提出申请。

2. 国家药品监督管理部门委托国家中药品种保护审评委员会进行审评。国家中药品种保护评审委员会应当自接到申请书报告之日起6个月内作出评审结论。

3. 国家药品监督管理部门根据审评结论，决定对申请的中药品种是否给予保护。经批准保护的中药品种，由国家药品监督管理局发给《中药保护品种证书》，并在指定的专业报刊上予以公告。

四、中药保护品种的保护措施

（一）中药一级保护品种的保护措施

中药一级保护品种的处方组成、工艺制法在保护期内由获得《中药保护品种证书》的生产企业和有关的药品监督管理部门，单位和个人负责保密，不得公开。负保密责任的有关部门，企业和单位应按国家有关规定，建立必要的保密制度。向国外转让中药一级保护品种的处方组成，工艺制法，应当按照国家有关保密的规定办理。中药一级保护品种因特殊情况需延长保护期的，由生产企业在该品种保护期满前6个月，依照中药品种保护规定的程序申报。延长的保护期限由国务院卫生行政部门根据国家中药品种保护审评委员会的审评结果确定。但是，每次延长的保护期限不得超过第一次批准的保护期限。

（二）中药二级保护品种的保护措施

在保护期满后可延长保护期限，时间为 7 年，由生产企业在保护期满前 6 个月，依据《中药品种保护条例》的规定申报。

（三）已批准保护的中药品种

国务院卫生行政部门批准保护的中药品种如果批准前是由多家企业生产的，其中未申请《中药保护品种证书》的企业，应当自公告发布之日起 6 个月内向国务院卫生行政管理部门申报，并按规定提交完整的资料，经指定的药品检验机构对申报品种进行质量检验，达到国家药品标准的，经国家药品监督管理部门审批后，补发批准文件和《中药保护品种证书》。未达国家药品标准的，国家药品监督管理部门依照药品管理的法律、行政法规的规定，撤销该中药品种的批准文号。

生产中药保护品种的企业及有关主管部门应当重视生产条件的改进，提高品种的质量。除临床用药紧张的中药保护品种另有规定外，被批准保护的中药品种在保护期内仅限于已获得《中药保护品种证书》的企业生产。中药保护品种在保护期内向国外申请注册时，须经国家药品监督管理部门批准同意，否则不得办理。

五、中药保护品种的保护期限

中药一级保护品种，经批准可获得分别为 30 年、20 年、10 年保护期。中药一级保护品种因特殊情况需要延长保护期限的，由生产企业在该品种保护期满前 6 个月，依照《中药品种保护条例》规定的程序申报。延长的保护期限由国务院卫生行政部门根据国家中药品种保护审评委员会的审评结果确定。但是，每次延长的保护期限不得超过第一次批准的保护期限。

中药二级保护品种的保护期限为 7 年。中药二级保护品种在保护期满后可以延长7年。申请延长保护期的中药二级保护品种,应当在保护期满前6个月,由生产企业依照《中药品种保护条例》规定的程序申报。

六、法律责任

(一) 行政责任

1. 违反《中药品种保护条例》的规定,将一级保护品种的处方组成、工艺制法泄密者,对其责任人员,由所在单位或者上级机关给予行政处分。

2. 对违反《中药品种保护条例》,擅自仿制和生产中药保护品种的,由县级以上药品监督管理部门以生产假药依法论处。伪造《中药保护品种证书》及有关证明文件进行生产、销售的,由县级以上药品监督管理部门没收其全部有关药品及违法所得,并可以处以有关药品正品价格3倍以下罚款。

(二) 刑事责任

《中药品种保护条例》规定,违反《中药品种保护条例》有关规定,构成犯罪的,依法追究刑事责任。

《刑法》第141条规定,生产、销售假药的,处3年以下有期徒刑或者拘役,并处罚金;对人体健康造成严重危害或者有其他严重情节的,处3年以上10年以下有期徒刑,并处罚金;致人死亡或者有其他特别严重情节的,处10年以上有期徒刑、无期徒刑或者死刑,并处罚金或者没收财产。

《刑法》第398条规定,国家机关工作人员违反保守国家秘密法的规定,故意或者过失泄露国家秘密,情节严重的,处3年以下有期徒刑或者拘役;情节特别严重的,处3年以上7年以下有期徒刑。非国家机关工作人员犯前款罪的,依照前款的规定酌情处罚。

第八章　医疗器械法律制度

第一节　医疗器械法律制度概述

一、医疗器械的概念

医疗器械,是指直接或者间接用于人体的仪器、设备、器具、体外诊断试剂及校准物、材料以及其他类似或者相关的物品,包括所需要的计算机软件。

医疗器械不仅是预防、诊断疾病、施行手术及研究病原必不可少的工具,有的还直接用于治疗,对保护人体健康具有重要作用。医疗器械用于人体体表及体内的作用不是用药理学、免疫学或者代谢的手段获得,但是可能有这些手段参与并起一定的辅助作用。其使用旨在达到下列预期目的:

(1) 疾病的诊断、预防、监护、治疗或者缓解;

(2) 损伤的诊断、监护、治疗、缓解或者功能补偿;

(3) 生理结构或者生理过程的检验、替代、调节或者支持;

(4) 生命的支持或者维持;

(5) 妊娠控制;

(6) 通过对来自人体的样本进行检查,为医疗或者诊断目的提供信息。

二、医疗器械监管立法

随着现代科学技术的发展,具有高新技术的医疗器械工业发展迅速,在医疗卫生事业中发挥着越来越重要的作用。由此同时,对医疗器械的监管也日益受到重视。1976年,美国国会通过了《食品、药品和化妆品法》修正案,该法确立了对医疗器械施行分类管理,明确由政府行政部门——食品药物管理局下属的器械和放射中心负责医疗器械的监管,这是世界上第一个国家立法规范医疗器械监督管理。1990年,美国颁布了《医疗器械安全法》。日本在1989年颁布了《医疗用具质量体系》,并于1994年修改药事法,进一步完善了医疗器械管理办法。欧共体(现发展为欧盟)从1988年就开始讨论欧共体医疗器械管理法规问题,已制定了一整套管理办法。欧共体各成员国在此基础上陆续制定了各自的监管法规。

2000年1月4日,国务院发布了《医疗器械监督管理条例》,于2000年4月1日起施行。这是我国第一个关于医疗器械监督管理的行政法规,适用于中华人民共和国境内从事医疗器械研制、生产、经营、使用监督管理的单位和个人,标志着我国医疗器械的监督管理进入依法行政新阶段。此后,国家食品药品监督管理局相继发布了《医疗器械注册管理办法》《医疗器械分类规则》《医疗器械新产品审批规定》《医疗器械生产企业监督管理办法》《医疗器械标准管理办法》等部门规章,医疗器械监管立法逐步完善。2014年3月7日,国务院颁布修订后的《医疗器械监督管理条例》,自2014年6月1日起施行。

三、医疗器械的分类

《医疗器械监督管理条例》规定，国家对医疗器械实行分类管理。国家依据医疗器械的风险程度，考虑医疗器械的预期目的、结构特征、使用方法等因素，将医疗器械分为三类，实行分类管理：第一类是风险程度低，实行常规管理可以保证其安全、有效的医疗器械；第二类是具有中度风险，需要严格控制管理以保证其安全、有效的医疗器械；第三类是具有较高风险，需要采取特别措施严格控制管理以保证其安全、有效的医疗器械。

国务院食品药品监督管理部门负责制定医疗器械的分类规则和分类目录，并根据医疗器械生产、经营、使用情况，及时对医疗器械的风险变化进行分析、评价，对分类目录进行调整。

第二节 医疗器械的管理

一、医疗器械产品备案与注册管理

国家对医疗器械实行产品生产备案与注册制度。第一类医疗器械实行产品备案管理，第二类、第三类医疗器械实行产品注册管理。第一类医疗器械产品备案和申请第二类、第三类医疗器械产品注册，应当提交下列资料：

（1）产品风险分析资料；

（2）产品技术要求；

（3）产品检验报告；

（4）临床评价资料；

（5）产品说明书及标签样稿；

(6) 与产品研制、生产有关的质量管理体系文件;

(7) 证明产品安全、有效所需的其他资料。

第一类医疗器械的备案,由备案人向所在地设区的市级人民政府食品药品监督管理部门提交备案资料。向我国境内出口第一类医疗器械的境外生产企业,由其在我国境内设立的代表机构或者指定我国境内的企业法人作为代理人,向国务院食品药品监督管理部门提交备案资料和备案人所在国(地区)主管部门准许该医疗器械上市销售的证明文件。

第二类医疗器械的注册由省、自治区、直辖市(食品)药品监督管理部门审查批准。第三类医疗器械由国家食品药品监督管理局审查批准。向我国境内出口第二类、第三类医疗器械的境外生产企业,应当由其在我国境内设立的代表机构或者指定我国境内的企业法人作为代理人,向国务院食品药品监督管理部门提交注册申请资料和注册申请人所在国(地区)主管部门准许该医疗器械上市销售的证明文件。

第一类医疗器械产品备案,不需要进行临床试验;申请第二类、第三类医疗器械产品注册,应当进行临床试验。

受理注册申请的食品药品监督管理部门应当自受理之日起3个工作日内将注册申请资料转交技术审评机构。技术审评机构应当在完成技术审评后向食品药品监督管理部门提交审评意见。受理注册申请的食品药品监督管理部门应当自收到审评意见之日起20个工作日内作出决定。对符合安全、有效要求的,准予注册并发给医疗器械注册证;对不符合要求的,不予注册并书面说明理由。

医疗器械产品注册书有效期为5年。有效期届满需要延续注册的,应当在有效期届满6个月前向原注册部门提出延续注册的申请。已注册的第二类、第三类医疗器械产品,其设计、原材料、生产工艺、适用范围、使用方法等发生实质性变化,有可能影响该医疗器械安全、有效的,注册人应当向原注册部门申请办理变更注册手续;发生非实质性变化,不影响该医疗器械安全、有效的,应当将变化情况向原注册部门备案。

二、医疗器械的临床试验

医疗器械临床试验,是指获得医疗器械临床试验资格的医疗机构对申请注册的医疗器械在正常使用条件下的安全性和有效性按照规定进行试用或验证的过程。

临床试用和验证是保证医疗器械对人体安全、有效的重要环节。根据《医疗器械临床试用规定》,医疗器械临床试用的范围包括:市场上尚未出现过,安全性、有效性有待确认的医疗器械。临床验证的范围包括:同类产品已上市,其安全性、有效性需要进一步确认的医疗器械。

《医疗机构监督管理条例》规定,第一类医疗器械产品备案,不需要进行临床试验。申请第二类、第三类医疗器械产品注册,应当进行临床试验;但有下列情形之一的,可以免于进行临床试验:

(1)工作机理明确、设计定型,生产工艺成熟,已上市的同品种医疗器械临床应用多年且无严重不良事件记录,不改变常规用途的;

(2)通过非临床评价能够证明该医疗器械安全、有效的;

(3)通过对同品种医疗器械临床试验或者临床使用获得的数据进行分析评价,能够证明该医疗器械安全、有效的。

开展医疗器械临床试验,应当按照医疗器械临床试验质量管理规范的要求,在有资质的临床试验机构进行,并向临床试验提出者所在地省、自治区、直辖市人民政府食品药品监督管理部门备案。

接受临床试验备案的食品药品监督管理部门应当将备案情况通报临床试验机构所在地的同级食品药品监督管理部门和卫生计生主管部门。第三类医疗器械进行临床试验对人体具有较高风险的,应当经国务院食品药品监督管理部门批准。

医疗器械临床试验应当遵守《世界医学大会赫尔辛基宣言》的道德准则,公正、尊重人格,力求使实验者最大程度受益和尽可能避免伤害。

三、医疗器械的进口

进口的医疗器械应当是依照《医疗机构监督管理条例》规定已注册或者已备案的医疗器械。进口的医疗器械应当有中文说明书、中文标签。说明书、标签应当符合《医疗机构监督管理条例》规定以及相关强制性标准的要求,并在说明书中载明医疗器械的原产地以及代理人的名称、地址、联系方式。没有中文说明书、中文标签或者说明书、标签不符合本条规定的,不得进口。进口医疗器械应当依法由出入境检验检疫机构实施检验;检验不合格的,不得进口。

四、医疗器械的标准

医疗器械产品应当符合医疗器械强制性国家标准;尚无强制性国家标准的,应当符合医疗器械强制性行业标准。医疗器械应当有说明书、标签。说明书、标签的内容应当与经注册或者备案的相关内容一致。医疗器械的说明书、标签应当标明下列事项:

(1) 通用名称、型号、规格;

(2) 生产企业的名称和住所、生产地址及联系方式;

(3) 产品技术要求的编号;

（4）生产日期和使用期限或者失效日期；

（5）产品性能、主要结构、适用范围；

（6）禁忌症、注意事项以及其他需要警示或者提示的内容；

（7）安装和使用说明或者图示；

（8）维护和保养方法，特殊储存条件、方法；

（9）产品技术要求规定应当标明的其他内容。

第二类、第三类医疗器械还应当标明医疗器械注册证编号和医疗器械注册人的名称、地址及联系方式。由消费者个人自行使用的医疗器械还应当具有安全使用的特别说明。

五、医疗器械再评价及召回制度

1. 为了保障医疗器械对人体的安全性、有效性，国家对医疗器械实施再评价及召回制度。

医疗器械再评价，是指对获准上市的医疗器械的安全性、有效性进行重新评价，并实施相应措施的过程。下列情形之一的，省级以上人民政府食品药品监督管理部门应当对已注册的医疗器械组织开展再评价：

（1）根据科学研究的发展，对医疗器械的安全、有效有认识上的改变的；

（2）医疗器械不良事件监测、评估结果表明医疗器械可能存在缺陷的；

（3）国务院食品药品监督管理部门规定的其他需要进行再评价的情形。

再评价结果表明已注册的医疗器械不能保证安全、有效的，由原发证部门注销医疗器械注册证，并向社会公布。被注销医疗器械注册证的医疗器械不得生产、进口、经营、使用。

2. 国家实施医疗器械召回制度。

医疗器械生产企业发现其生产的医疗器械不符合强制性标准、经注册或者备案的产品技术要求或者存在其他缺陷的,应当立即停止生产,通知相关生产经营企业、使用单位和消费者停止经营和使用,召回已经上市销售的医疗器械,采取补救、销毁等措施,记录相关情况,发布相关信息,并将医疗器械召回和处理情况向食品药品监督管理部门和卫生计生主管部门报告。

医疗器械经营企业发现其经营的医疗器械存在以上情形的,应当立即停止经营,通知相关生产经营企业、使用单位、消费者,并记录停止经营和通知情况。医疗器械生产企业认为属于依照规定需要召回的医疗器械,应当立即召回。医疗器械生产经营企业未依照规定实施召回或者停止经营的,食品药品监督管理部门可以责令其召回或者停止经营。

第三节 医疗器械生产、经营和使用管理

一、医疗器械生产企业管理

(一) 医疗器械生产企业的设立条件

根据《医疗器械监督管理条例》的规定,开办医疗器械生产企业,应当具备以下条件:

(1) 有与生产的医疗器械相适应的生产场地、环境条件、生产设备以及专业技术人员;

(2) 有对生产的医疗器械进行质量检验的机构或者专职检验人员以及检验设备;

(3) 有保证医疗器械质量的管理制度;

(4) 有与生产的医疗器械相适应的售后服务能力;
(5) 产品研制、生产工艺文件规定的要求。

(二) 医疗器械生产企业许可证的取得

从事第一类医疗器械生产的企业,应当向省、自治区、直辖市人民政府药品监督管理部门备案。从事第二类、第三类医疗器械生产的,生产企业应当向所在地省、自治区、直辖市人民政府食品药品监督管理部门申请生产许可,受理生产许可申请的食品药品监督管理部门应当自受理之日起 30 个工作日内对申请资料进行审核,按照国务院食品药品监督管理部门制定的医疗器械生产质量管理规范的要求进行核查。对符合规定条件的,准予许可并发给医疗器械生产许可证;对不符合规定条件的,不予许可并书面说明理由。

(三) 医疗器械生产管理

1. 医疗器械生产质量管理规范应当对医疗器械的设计开发、生产设备条件、原材料采购、生产过程控制、企业的机构设置和人员配备等影响医疗器械安全、有效的事项作出明确规定。

2. 医疗器械生产企业应当按照医疗器械生产质量管理规范的要求,建立健全与所生产医疗器械相适应的质量管理体系并保证其有效运行;严格按照经注册或者备案的产品技术要求组织生产,保证出厂的医疗器械符合强制性标准以及经注册或者备案的产品技术要求。医疗器械生产企业应当定期对质量管理体系的运行情况进行自查,并向所在地省、自治区、直辖市人民政府食品药品监督管理部门提交自查报告。

3. 医疗器械生产企业的生产条件发生变化,不再符合医疗器械质量管理体系要求的,医疗器械生产企业应当立即采取整改措施;可能影响医疗器械安全、有效的,应当立即停止生产活动,并向所在地县级人民政府食品药品监督管理部门报告。

4. 医疗器械应当使用通用名称。通用名称应当符合国务院食品药品监督管理部门制定的医疗器械命名规则。

5. 医疗器械生产企业可以将医疗器械产品委托给其他企业生产。受托方应当是符合规定、具备相应生产条件的医疗器械生产企业。委托生产医疗器械，由委托方对所委托生产的医疗器械质量负责。具有高风险的植入性医疗器械不得委托生产。

二、医疗器械经营企业管理

(一) 医疗器械经营企业的条件

从事医疗器械经营活动，应当有与经营规模和经营范围相适应的经营场所和贮存条件，以及与经营的医疗器械相适应的质量管理制度和质量管理机构或者人员。

(二) 医疗器械经营企业许可证的取得

从事第一类医疗器械经营的，不需要药品监督管理部门备案或许可。从事第二类医疗器械经营的，由经营企业向所在地设区的市级人民政府食品药品监督管理部门备案。从事第三类医疗器械经营的，经营企业应当向所在地设区的市级人民政府食品药品监督管理部门申请经营许可并提供证明资料。受理经营许可申请的食品药品监督管理部门应当自受理之日起30个工作日内进行审查，必要时组织核查。对符合规定条件的，准予许可并发给医疗器械经营许可证；对不符合规定条件的，不予许可并书面说明理由。《医疗器械经营企业许可证》有效期5年，有效期届满需要延续的，依照有关行政许可的法律规定办理延续手续。

(三) 医疗器械经营管理

1. 未取得《医疗器械经营企业许可证》，不得经营第三类医疗器械。

2. 医疗器械经营企业、使用单位购进医疗器械,应当查验供货者的资质和医疗器械的合格证明文件,建立进货查验记录制度。从事第二类、第三类医疗器械批发业务以及第三类医疗器械零售业务的经营企业,还应当建立销售记录制度。

3. 运输、贮存医疗器械,应当符合医疗器械说明书和标签标示的要求;对温度、湿度等环境条件有特殊要求的,应当采取相应措施,保证医疗器械的安全、有效。

三、医疗器械使用管理

医疗机构不得使用未经注册、无合格证明、过期、失效或者淘汰的医疗器械。

医疗机构对一次性使用的医疗器械不得重复使用;使用过的,应当按照国家有关规定销毁,并作记录。

医疗器械使用单位对需要定期检查、检验、校准、保养、维护的医疗器械,应当按照产品说明书的要求进行检查、检验、校准、保养、维护并予以记录,及时进行分析、评估,确保医疗器械处于良好状态,保障使用质量;对使用期限长的大型医疗器械,应当逐台建立使用档案,记录其使用、维护、转让、实际使用时间等事项。记录保存期限不得少于医疗器械规定使用期限终止后5年。

发现使用的医疗器械存在安全隐患的,医疗器械使用单位应当立即停止使用,并通知生产企业或者其他负责产品质量的机构进行检修;经检修仍不能达到使用安全标准的医疗器械,不得继续使用。

四、医疗器械广告管理

医疗器械广告应当真实合法,不得含有虚假、夸大、误导性的内容。医疗器械广告应当经医疗器械生产企业或者进口医疗器械代理人所在地省、自治区、直辖市人民政府食品药品监督管理部门审查批准,并取得医疗器械广告批准文件。

广告发布者发布医疗器械广告,应当事先核查广告的批准文件及其真实性;不得发布未取得批准文件、批准文件的真实性未经核实或者广告内容与批准文件不一致的医疗器械广告。

第四节　医疗器械的监督管理

一、医疗器械监督管理机构及其职权

食品药品监督管理部门应当对医疗器械的注册、备案、生产、经营、使用活动加强监督检查,并对下列事项进行重点监督检查:

(1) 医疗器械生产企业是否按照经注册或者备案的产品技术要求组织生产;

(2) 医疗器械生产企业的质量管理体系是否保持有效运行;

(3) 医疗器械生产经营企业的生产经营条件是否持续符合法定要求。

食品药品监督管理部门在监督检查中享有下列职权:

(1) 进入现场实施检查、抽取样品;

(2) 查阅、复制、查封、扣押有关合同、票据、账簿以及其他有关资料;

(3) 查封、扣押不符合法定要求的医疗器械,违法使用的零配

件、原材料以及用于违法生产医疗器械的工具、设备；

(4) 查封违反《医疗器械监督管理条例》规定从事医疗器械生产经营活动的场所。

食品药品监督管理部门进行监督检查,应当出示执法证件,保守被检查单位的商业秘密。有关单位和个人应当对食品药品监督管理部门的监督检查予以配合,不得隐瞒有关情况。对人体造成伤害或者有证据证明可能危害人体健康的医疗器械,食品药品监督管理部门可以采取暂停生产、进口、经营、使用的紧急控制措施。

二、医疗器械监督管理信息平台

国务院食品药品监督管理部门建立统一的医疗器械监督管理信息平台。食品药品监督管理部门应当通过信息平台依法及时公布医疗器械许可、备案、抽查检验、违法行为查处情况等日常监督管理信息。但是,不得泄露当事人的商业秘密。

食品药品监督管理部门对医疗器械注册人和备案人、生产经营企业、使用单位建立信用档案,对有不良信用记录的增加监督检查频次。

第五节 法 律 责 任

一、行政责任

1. 有下列情形之一的,由县级以上人民政府食品药品监督管理部门没收违法所得、违法生产经营的医疗器械和用于违法生产经营的工具、设备、原材料等物品;违法生产经营的医疗器械货值金额不足1万元的,并处5万元以上10万元以下罚款;货值金额1

万元以上的,并处货值金额 10 倍以上 20 倍以下罚款;情节严重的,5 年内不受理相关责任人及企业提出的医疗器械许可申请:

(1) 生产、经营未取得医疗器械注册证的第二类、第三类医疗器械的;

(2) 未经许可从事第二类、第三类医疗器械生产活动的;

(3) 未经许可从事第三类医疗器械经营活动的。

有上述第(1)项情形、情节严重的,由原发证部门吊销医疗器械生产许可证或者医疗器械经营许可证。

2. 提供虚假资料或者采取其他欺骗手段取得医疗器械注册证、医疗器械生产许可证、医疗器械经营许可证、广告批准文件等许可证件的,由原发证部门撤销已经取得的许可证件,并处 5 万元以上 10 万元以下罚款,5 年内不受理相关责任人及企业提出的医疗器械许可申请。伪造、变造、买卖、出租、出借相关医疗器械许可证件的,由原发证部门予以收缴或者吊销,没收违法所得;违法所得不足 1 万元的,处 1 万元以上 3 万元以下罚款;违法所得 1 万元以上的,处违法所得 3 倍以上 5 倍以下罚款;构成违反治安管理行为的,由公安机关依法予以治安管理处罚。

3. 未依照《医疗器械监督管理条例》规定备案的,由县级以上人民政府食品药品监督管理部门责令限期改正;逾期不改正的,向社会公告未备案单位和产品名称,可以处 1 万元以下罚款。备案时提供虚假资料的,由县级以上人民政府食品药品监督管理部门向社会公告备案单位和产品名称;情节严重的,直接责任人员 5 年内不得从事医疗器械生产经营活动。

4. 有下列情形之一的,由县级以上人民政府食品药品监督管理部门责令改正,没收违法生产、经营或者使用的医疗器械;违法生产、经营或者使用的医疗器械货值金额不足 1 万元的,并处 2 万元以上5万元以下罚款;货值金额1万元以上的,并处货值金额5倍以上10倍以下罚款;情节严重的,责令停产停业,直至由原发证部门吊销医疗器械注册证、医疗器械生产许可证、医疗器械经营许可证:

(1)生产、经营、使用不符合强制性标准或者不符合经注册或者备案的产品技术要求的医疗器械的;

(2)医疗器械生产企业未按照经注册或者备案的产品技术要求组织生产,或者未依照《医疗器械监督管理条例》的规定建立质量管理体系并保持有效运行的;

(3)经营、使用无合格证明文件、过期、失效、淘汰的医疗器械,或者使用未依法注册的医疗器械的;

(4)食品药品监督管理部门责令其依照《医疗器械监督管理条例》的规定实施召回或者停止经营后,仍拒不召回或者停止经营医疗器械的;

(5)委托不具备《医疗器械监督管理条例》规定条件的企业生产医疗器械,或者未对受托方的生产行为进行管理的。

5. 有下列情形之一的,由县级以上人民政府食品药品监督管理部门责令改正,处1万元以上3万元以下罚款;情节严重的,责令停产停业,直至由原发证部门吊销医疗器械生产许可证、医疗器械经营许可证:

(1)医疗器械生产企业的生产条件发生变化、不再符合医疗器械质量管理体系要求,未依照《医疗器械监督管理条例》的规定整改、停止生产、报告的;

(2)生产、经营说明书、标签不符合《医疗器械监督管理条例》规定的医疗器械的;

(3)未按照医疗器械说明书和标签标示要求运输、贮存医疗器械的；

（4）转让过期、失效、淘汰或者检验不合格的在用医疗器械的。

6. 有下列情形之一的，由县级以上人民政府食品药品监督管理部门和卫生计生主管部门依据各自职责责令改正，给予警告；拒不改正的，处 5000 元以上 2 万元以下罚款；情节严重的，责令停产停业，直至由原发证部门吊销医疗器械生产许可证、医疗器械经营许可证：

（1）医疗器械生产企业未按照要求提交质量管理体系自查报告的；

（2）医疗器械经营企业、使用单位未依照《医疗器械监督管理条例》的规定建立并执行医疗器械进货查验记录制度的；

（3）从事第二类、第三类医疗器械批发业务以及第三类医疗器械零售业务的经营企业未依照《医疗器械监督管理条例》的规定建立并执行销售记录制度的；

（4）对重复使用的医疗器械，医疗器械使用单位未按照消毒和管理的规定进行处理的；

（5）医疗器械使用单位重复使用一次性使用的医疗器械，或者未按照规定销毁使用过的一次性使用的医疗器械的；

（6）对需要定期检查、检验、校准、保养、维护的医疗器械，医疗器械使用单位未按照产品说明书要求检查、检验、校准、保养、维护并予以记录，及时进行分析、评估，确保医疗器械处于良好状态的；

（7）医疗器械使用单位未妥善保存购入第三类医疗器械的原始资料，或者未按照规定将大型医疗器械以及植入和介入类医疗器械的信息记载到病历等相关记录中的；

（8）医疗器械使用单位发现使用的医疗器械存在安全隐患未

立即停止使用、通知检修,或者继续使用经检修仍不能达到使用安全标准的医疗器械的;

(9)医疗器械生产经营企业、使用单位未依照《医疗器械监督管理条例》的规定开展医疗器械不良事件监测,未按照要求报告不良事件,或者对医疗器械不良事件监测技术机构、食品药品监督管理部门开展的不良事件调查不予配合的。

7.违反《医疗器械监督管理条例》的规定开展医疗器械临床试验的,由县级以上人民政府食品药品监督管理部门责令改正或者立即停止临床试验,可以处5万元以下罚款;造成严重后果的,依法对直接负责的主管人员和其他直接责任人员给予降级、撤职或者开除的处分;有医疗器械临床试验机构资质的,由授予其资质的主管部门撤销医疗器械临床试验机构资质,5年内不受理其资质认定申请。

医疗器械临床试验机构出具虚假报告的,由授予其资质的主管部门撤销医疗器械临床试验机构资质,10年内不受理其资质认定申请;由县级以上人民政府食品药品监督管理部门处5万元以上10万元以下罚款;有违法所得的,没收违法所得;对直接负责的主管人员和其他直接责任人员,依法给予撤职或者开除的处分。

8.医疗器械检验机构出具虚假检验报告的,由授予其资质的主管部门撤销检验资质,10年内不受理其资质认定申请;处5万元以上10万元以下罚款;有违法所得的,没收违法所得;对直接负责的主管人员和其他直接责任人员,依法给予撤职或者开除的处分;受到开除处分的,自处分决定作出之日起10年内不得从事医疗器械检验工作。

9.违反《医疗器械监督管理条例》的规定,发布未取得批准文件的医疗器械广告,未事先核实批准文件的真实性即发布医疗器械广告,或者发布广告内容与批准文件不一致的医疗器械广告的,由工商行政管理部门依照有关广告管理的法律、行政法规的规定给予处罚。

篡改经批准的医疗器械广告内容的,由原发证部门撤销该医疗器械的广告批准文件,2 年内不受理其广告审批申请。

发布虚假医疗器械广告的,由省级以上人民政府食品药品监督管理部门决定暂停销售该医疗器械,并向社会公布;仍然销售该医疗器械的,由县级以上人民政府食品药品监督管理部门没收违法销售的医疗器械,并处 2 万元以上 5 万元以下罚款。

10. 医疗器械技术审评机构、医疗器械不良事件监测技术机构未依照《医疗器械监督管理条例》的规定履行职责,致使审评、监测工作出现重大失误的,由县级以上人民政府食品药品监督管理部门责令改正,通报批评,给予警告;造成严重后果的,对直接负责的主管人员和其他直接责任人员,依法给予降级、撤职或者开除的处分。

11. 食品药品监督管理部门及其工作人员应当严格依照《医疗器械监督管理条例》规定的处罚种类和幅度,根据违法行为的性质和具体情节行使行政处罚权,具体办法由国务院食品药品监督管理部门制定。

12. 违反《医疗器械监督管理条例》的规定,县级以上人民政府食品药品监督管理部门或者其他有关部门不履行医疗器械监督管理职责或者滥用职权、玩忽职守、徇私舞弊的,由监察机关或者任免机关对直接负责的主管人员和其他直接责任人员依法给予警告、记过或者记大过的处分;造成严重后果的,给予降级、撤职或者开除的处分。

二、刑事责任

《医疗器械监督管理条例》规定,违反有关规定,构成犯罪的,依法追究刑事责任。

《刑法》第145条规定,生产不符合保障人体健康的国家标准、行业标准的医疗器械、医用卫生材料,或者销售明知是不符合保障人体健康的国家标准、行业标准的医疗器械、医用卫生材料,足以严重危害人体健康的,处3年以下有期徒刑,并处销售金额50%以上2倍以下罚金;对人体健康造成严重危害的,处3年以上10年以下有期徒刑,并处销售金额50%以上2倍以下罚金;后果特别严重的,处10年以上有期徒刑或者无期徒刑,并处销售金额50%以上2倍以下罚金或者没收财产。

《刑法》第397条规定,国家机关工作人员滥用职权或者玩忽职守,致使公共财产、国家和人民利益遭受重大损失的,处3年以下有期徒刑或者拘役;情节特别严重的,处3年以上7年以下有期徒刑。本法另有规定的,依照规定。

国家机关工作人员徇私舞弊,犯前款罪的,处5年以下有期徒刑或者拘役;情节特别严重的,处5年以上10年以下有期徒刑。本法另有规定的,依照规定。

第九章 中医药法律制度

第一节 中医药法律制度概述

一、中医药的概念

中医药一般包括传统中医药和民族医药及其新成果。中医药是我国在长期医疗实践中形成的独特的医药理论体系及其以自然药物为主的诊疗实践。

中医药是中华民族在与疾病长期斗争的过程中积累的宝贵财富,其有效的实践和丰富的知识中蕴含着深厚的科学内涵,是中华民族优秀传统文化的重要组成部分。在世界传统医学中,唯有中医药学有着完整的理论体系和丰富的实践经验纵裂,并产生着广泛的国际影响。中医药是中国传统文化的重要组成部分,理应受到国家法律的保护,但是,由于中医药独特的理论体系,不能简单用西医的管理制度,中医药管理的法律制度必须要遵循中医药的特点和规律,以保证中医药的健康发展。

二、中医药立法

中医药法是调整发展、保护中医药和利用中医药防病治病活动中产生的各种社会关系的法律规范的总称。

我国历代封建王朝的法典都有中医药的法律规定。新中国成立以后,国家高度重视中医药的发展。为了发展卫生事业,保护人体健康,制定了一系列卫生法律、法规、规章。这些规定,既适用于西医的管理,也适用于中医的管理。

改革开放以来,随着我国法制建设的不断深入,中医药的法制建设也步入快速发展轨道。《宪法》第 21 条第 1 款明确规定:"国家发展医疗卫生事业,发展现代医药和我国传统医药,鼓励和支持农村集体经济组织、国家企业事业组织和街道组织举办各种医疗卫生设施,开展群众性的卫生活动,保护人民健康。"这是在国家根本大法中确立了中医药的法律地位,为中医药的发展和制度建设提供了根本的法律依据。

此后,我国制定了一系列有关中医药的法律法规。我国中医药法律体系既包括国家制定的一般的卫生法律规范,如《职业医师法》《传染病防治法》《献血法》《医疗机构管理条例》《医疗事故处理条例》《护士条例》《突发公共卫生事件应急处理条例》等,也包括专门制定的中医药法律、法规,如为了继承和发展中医药学,保障和促进中医药事业的发展,保护人体健康,国务院于 2003 年 4 月 7 日发布了《中华人民共和国中医药条例》等。

目前,我国有关中医药的法律法规有 30 余部,我国中医药的发展步入了法制化、规范化的轨道。在继承发扬中医药优势特色的基础上,充分利用现代科技,推动中医药现代化和国际化,以满足时代发展和民众也日益增长的医疗保健需求,是历史赋予我们的责任。

三、发展中医药事业的原则

(一)中西医并重的原则

《中医药条例》第 3 条规定:"国家保护、扶持、发展中医药事业,施行中西医并重的方针,鼓励中西医相互学习,相互补充,共同提高,推动中医、西医两种医学体系的有机结合,全面发展我国中医药事业。"

中医药独具特色和优势,是中华民族优秀的传统文化,是我国卫生事业的组成部分。因此,我国的卫生事业要坚持传统医药与现代医药并重的方针,保护、扶持、发展中医药事业,加强对中医药事业的领导,逐步增加投入,为中医药发展创造良好的物质条件。中西医要加强团结,互相学习,取长补短,共同提高,促进中西医结合,共同传承、保护和促进人民健康的任务。

(二) 继承与创新相结合的原则

《中医药条例》第4条规定:"发展中医药事业应当遵循继承与创新相结合的原则,保持和发扬中医药特色和优势,积极利用现代科技,促进中医药理论和实践的发展,推进中医药现代化。"

继承是中医药事业发展的基础。继承中医药学,要坚持"继承不泥古,发扬不离宗"的原则,通过发掘和整理,善于总结前人经验与成果,把有价值的精华继承下来。

创新是中医药事业发展的动力。创新是一个民族进步的象征,是国家兴旺发达的不竭动力。作为独特的医学科学体系,中医药的创新首先是知识创新,通过科学研究,获得新发现,探索新规律,创立新学说,积累新知识,使创新成为推动中医药理论和实践不断进步的推动力。

正确处理传承和创新的关系,既要认真继承中医药的特色和优势,又要勇于创新,积极利用现代科技,促进中医药理论和实践的发展。要在系统继承中医药的学术思想和宝贵经验,保持中医药优势特色的基础上,切实加强自主创新,挖掘中医药的科学内涵,丰富和完善其理论和技术体系,实现中医药现代化。

四、发展中医药事业的保障措施

(一) 纳入国民经济和社会发展计划

《中医药条例》从国家法律、法规层面明确各级人民政府应当将中医药事业纳入国民经济和社会发展计划。国家将中医药事业纳入国民经济和社会发展计划,使中医药事业与经济、社会协调发展。县级以上地方人民政府在制定区域卫生规划时,应当根据本地区社会、经济发展状况和居民医疗需求,统筹安排中医医疗机构的设置和布局,开展城乡中医服务网络。国家鼓励境内、境外组织和个人通过捐资、投资等方式扶持中医药事业的发展。

《中医药条例》在总则中规定"县级以上各级人民政府应当将中医药事业纳入国民经济和社会发展计划",明确了发展中医药事业是各级政府部门的重要职责,以国务院行政法规的形式,为中医药事业发展提供了法制保障。

(二) 加大投入

县级以上地方人民政府应当根据中医药事业发展的需要以及本地区国民经济和社会发展状况,逐步增加对中医药事业的投入,扶持中医药事业的发展。协调用好农业、林业、生态、扶贫等资金同时引导企业增加研发的投入,积极吸引社会投资和国际合作资金,形成支持中医药创新发展的多元化、多渠道的投入体系。

任何单位和个人不得将中医药事业经费挪作他用。

(三) 统筹安排中医医疗机构的设置和布局

县级以上地方人民政府在制定区域卫生规划时,应根据本地区社会、经济发展状况和居民医疗需要,统筹安排中医医疗机构的设置和布局,完善城乡中医服务网络。非营利性中医医疗机构,依照国家有关规定享受财政补贴、税收减免等优惠政策。县级以上的地方人民政府劳动保障部门确定的城镇职工基本医疗保险定点医疗机构,应当包括符合条件的中医医疗机构。获得定点资格的中医医疗机构,应当按照规定向参保人员提供基本医疗服务。

(四) 中医药法制建设和知识产权保护

国家积极推进中医药立法进程,完善相关法律、法规。加强中医药知识产权保护和利用,完善中医药专利审查标准和中药品种保护制度,研究制订中医药传统知识保护名录,逐步建立中医药传统知识专门保护制度。加强中药道地药材原产地保护工作,将道地药材优势转化为知识产权优势。

(五) 文献与资源的保护

中医药文献的保护研究,是中医药事业的重要内容。对此,法律规定县级以上各级人民政府应当采取措施加强对中医药文献的收集、整理、研究和保护工作。有关单位和中医医疗机构应当加强重要中医药文献资料的管理、保护和利用。

国家保护野生中药材资源,扶持濒危动植物中药材人工代用品的研究和开发利用。县级以上地方人民政府应当加强中药材的合理开发和利用,鼓励建立中药材种植、培育基地,促进短缺中药材的开发、生产。

(六) 评审或者鉴定活动体现中医药特色

与中医药有关的评审和鉴定活动,应当体现中医药特色,遵循中医药自身的发展规律。

中医药专业技术职务任职资格的评审,中医医疗、教育、科研机构的评审、评估,中医药科研课题的立项和成果鉴定,应当成立专门的中医药评审、鉴定组织或者由中医药专家参加评审、鉴定。

(七) 奖励在继承和发展中医药事业中作出显著贡献的单位和个人

我国地域辽阔,由于政治、经济、文化发展的不平衡,边远、老少、贫困地区人民健康水平较低,生活工作条件极为艰苦。新中国成立以来,一大批中医药工作者赴边远地区,支援当地的建设,他们克服种种困难,兢兢业业,为边远地区社会和经济发展,人民健康的保障和中医药事业发展作出了贡献。有的几十年如一日,长期工作在中医药卫生一线,受到当地群众的拥戴,涌现出一些优秀的医务工作者。对于在继承和发展中医药事业中作出显著贡献的单位和在边远地区从事中医药工作作出突出成绩的单位和个人,县级以上地方人民政府应当给予奖励。

五、中医药管理部门

国务院中医药管理部门负责全国中医药管理工作。国务院有关部门在各自的职责范围内负责与中医药有关的工作。

"国务院中医药管理部门",按照现行的国务院机构设置是指国家中医药管理局。国家中医药管理局的主要职责是:

(1)依据国家卫生、药品的有关政策和法律法规,研究拟定中医、中药中药结合、中西医结合以及民族医药的方针、政策和发展战略;组织起草有关法律、法规并监督执行。

(2)根据各类卫生技术准则和中医药自身特点,拟定中医医疗、保健、中药、护理等有关人员的技术职务评定标准和医疗、保健、护理等人员执业资格标准并监督实施;参加制订国家基本药物目录和执业中药师资格标准。

(3)规划、指导和协调中医医疗、科研、教学机构的结构布局及其运行机制的改革;拟定各类中医医疗、保健等机构管理规范和技术标准并监督执行。

(4)对中医医疗、预防、保健、康复、护理及临床用药等进行监督和业务指导;依据有关规定在中医行业推行医药人员执业资格制度。

（5）研究和指导中西医结合工作，拟定有关管理规范和技术标准；监督直辖市管理中西医结合的医疗、研究机构。

（6）研究和指导藏医、蒙医、维医等各民族医疗医药工作；组织各民族医疗医药的理论、医术、药物的发掘、整理、总结和提高；拟定和逐步完善相关的制度规范和技术标准；监督和协调管理各民族医疗、医药机构。

（7）拟定和组织实施中医药科学研究、技术开发规划，加强重点实验室建设；管理国家重大中医药科研项目，组织重大中医药科技成果的奖励、推广和保密工作。

（8）在国家教育方针指导下，组织拟定和实施中医药教育发展规划，加强中医药人才培养，注重中医药师承教育；对中医药教育质量进行监督和业务指导并在教育及实践中提高人才素质和专业水平。

（9）组织拟定中医药人员职业道德规范，倡导并监督医德医风建设，加强敬业爱岗宣传，提高中医行业人员思想道德素质和医疗保健服务质量。

（10）指导与协调中医药对外及香港、澳门特别行政区、台湾地区的学术交流、人才培养和技术合作，推进中医药科学的国际传播。

（11）按规定权限负责局机关及直属单位的有关办公事务、人事管理和党群工作；联系相关中医药社会团体。

（12）承办国务院及卫生部交办的其他事项。

县级以上地方人民政府负责中医药管理的部门负责本行政区域内的中医药管理工作。县级以上地方人民政府有关部门在各自的职责范围内负责与中医药有关的工作。"有关部门"主要是指县级以上各级人民政府的发展规划、财政、人事、教育、科技、药监、外事、公安、工商、监察等部门,应按照"各自的职责范围,负责与中医药有关的工作",共同保障中医药事业的发展。

第二节 中医医疗机构

一、中医医疗机构设置与审批

中医医疗机构,是指依法取得医疗机构执业许可证的中医、中西医结合的医院、门诊部和诊所。依法设立的社区卫生服务中心(站)、乡镇卫生院等城乡基层卫生服务机构,应当能够提供中医医疗服务。开办中医医疗机构,应当符合国务院卫生行政部门制定的中医医疗机构设置标准和当地区域卫生规划,并按照《医疗机构管理条例》的规定办理审批手续,取得医疗机构执业许可证后,方可从事中医医疗活动。

区域卫生规划以满足区域内全体居民的基本卫生服务需求,保护与增进健康为目的,对机构、床位、人员、设备等卫生资源进行统筹规划,合理配置。其目标是构建与国民经济和社会发展水平相适应,有效、经济、公平的卫生服务体系和管理体制,改善和提高卫生综合服务能力和资源利用效率。

(一)中医医疗机构的设置条件

申请开业的中医医疗机构必须具备以下基本条件:

(1)中医医院(含各类型中医医院):至少设病床30张;医师5人,其中主治中医师1人以上,中医师不少于2人;护师、护士不少于5人;有相应的药剂、放射、检验等医技人员和诊断、治疗等仪器设备。不足30张病床及相应条件者,不得成立医院。

(2) 中医门诊部:至少有医师3人,其中中医师至少2人;护师(士)1—2人;并有相应的医技人员和房屋设备。

　　(3) 中医诊所:有2名以上中医师及相应的房屋设备。

　　(4) 中医诊室:有1名以上中医师及相应的房屋设备。

　(二) 中医医疗机构的开业审批

　　中医医疗机构开业,必须进行登记。执业登记均应向当地县(区)级以上中医药、卫生行政部门书面申请,获得批准领取《医疗机构执业许可证》后,方可执业。任何单位和个人,未取得医疗机构执业许可,不得开展传统医药诊疗活动。申请开业时,应提交《中医医疗机构管理办法(试行)》规定的有关材料。中医诊所、诊室,由当地县(区)级卫生行政部门审批;中医医院、中医院校及中医研究机构的附属医院、中医专科医院、中医康复医院、中医门诊部,其他以各种名称面向社会而主要从事中医医疗业务的单位,由地(市)级或其以上的中医药、卫生行政部门审批。开办中外合资、中外合作中医医疗机构,应当按照国家、省、自治区和直辖市的有关规定,经省一级中医行政管理部门审查同意,按国家有关规定批准。其他任何组织或个人都无权批准中医医疗机构开业,也不准擅自借用其他机构名称从事中医医疗活动。

二、中医医疗服务活动

　　中医医院是以中医中药为主,体现中医特点的医疗单位。医疗工作必须以"四诊八纲""理法方药""辨证论治"为指导,在诊断、治疗、急救、护理、营养等方面,必须本着"能中不西、先中后西、中西结合"的原则,充分发挥中医特长。

　　《中医药条例》规定,中医医疗机构从事医疗服务活动,应当充分发挥中医药特色和优势,遵循中医药自身发展规律,运用传统理论和方法,结合现代科学技术手段,发挥中医药在防治疾病、保健、康复中的作用,为群众提供价格合理、质量优良的中医药服务。

三、中医医疗广告

发布中医医疗广告,医疗机构应当按照规定向所在地省、自治区、直辖市人民政府负责中医药管理的部门申请并报送有关材料。省、向治区、直辖市人民政府负责中医药管理的部门应当自收到有关材料之日起10个工作日内进行审查,并作出是否核发中医医疗广告批准文号的决定。对符合规定要求的,发给中医医疗广告批准文号。

发布的中医医疗广告,其内容应当与审查批准发布的内容一致。篡改经过批准的中医医疗广告内容的,由原审批部门撤销广告文号,1年内不受理该中医医疗机构的广告审批申请,并通知广告监督管理机关依法查处。未取得中医医疗广告批准文号的,不得发布中医医疗广告。

第三节 中医从业人员

一、中医从业人员医师资格和执业注册

中医从业人员包括医生、护士、药师等,国家对中医从业人员实行执业准入制度。中医从业人员,应当依照有关卫生管理的法律、行政法规、部门规章的规定通过资格考试,并经注册取得执业证书后,方可从事中医服务活动。有关中医医师、护士、中药师的职业资格、考试办法、职业注册等规定,依据《中华人民共和国执业医师法》《中华人民共和国护士管理办法》《执业药师资格制度暂行规定》等法律、法规、规章的相关规定执行。

以师承方式学习中医学的人员以及确有专长的人员,应当按照国务院卫生行政部门的规定,通过执业医师或者执业助理医师资格考核考试,并经注册取得医师执业证书后,方可从事中医医疗活动。

二、中医从业人员执业活动

凡经注册取得医师执业证书后,从事中医医疗活动的中医从业人员,除应遵守《执业医师法》规定的执业医师的执业规则外,还应当遵守相应的中医诊断治疗原则、医疗技术标准和技术操作规范。全科医师和乡村医生应当具备中医药基本知识以及运用中医诊疗知识、技术,处理常见病和多发病的基本技能。

第四节 中医药教育与科研

一、中医药教育

(一) 发展中医药教育事业

国家采取措施发展中医药教育事业。各类中医药教育机构应当加强中医药基础理论教学,重视中医药基础理论与中医药临床实践相结合,推进素质教育。设立各类中医药教育机构,应当符合国家规定的设置标准,并建立符合国家规定标准的临床教学基地。

(二) 中医药专家学术经验和技术专长的继承

国家鼓励开展中医药专家学术经验和技术专长继承工作,培养高层次的中医临床人才和中药技术人才。

《中医药条例》规定,承担中医药专家学术经验和技术专长继承工作的指导老师应当具备下列条件：

（1）具有较高学术水平和丰富的实践经验、技术专长和良好的职业品德；

（2）从事中医药专业工作30年以上并担任高级专业技术职务10年以上。

中医药专家学术经验和技术专长继承工作的继承人应当具备下列条件：

（1）具有大学本科以上学历和良好的职业品德；

（2）受聘于医疗卫生机构或者医学教育、科研机构从事中医药工作，并担任中级以上专业技术职务。

国家要求开展中医药古籍普查登记，建立综合信息数据库和珍贵名籍名录，加强整理、出版、研究和利用。依托现有中医药机构建立一批当代名老中医药专家学术研究室，系统研究其学术思想、临床经验和技术专长。整理研究传统中药制药技术和经验，形成技术规范。

（三）完善继续教育制度

为了建立健全中医药人员继续教育制度，国家成立了中医药继续教育委员会。省、自治区、直辖市人民政府负责中医药管理的部门应当依据国家规定，完善本地区中医药人员继续教育制度，制定中医药人员培训规划。县级以上地方人民政府负责中医药管理的部门应当按照中医药人员培训规划的要求，对城乡基层卫生服务人员进行中医药基本知识和基本技能的培训。医疗机构应当为中医药技术人员接受继续教育创造条件。

二、中医药科研

国家发展中医药科学技术，将其纳入科学技术发展规划，加强重点中医药科研机构建设。县级以上地方人民政府应当充分利用中医药资源,重视中医药科学研究和技术开发,采取措施开发、推广、应用中医药技术成果,促进中医药科学技术发展。

中医药科学研究应当注重运用传统方法和现代方法开展中医药基础理论研究和临床研究,运用中医药理论和现代科学技术开展对常见病、多发病和疑难病的防治研究。

中医药科研机构、高等院校、医疗机构应当加强中医药科研的协作攻关和中医药科技成果的推广应用,培养中医药学科带头人和中青年技术骨干。

捐献对中医药科学技术发展有重大意义的中医诊疗方法和中医药文献、秘方、验方的,参照《国家科学技术奖励条例》的规定给予奖励。

三、中医药对外交流与合作

国家支持中医药的对外交流与合作,推进中医药的国际传播。中医药国际化的目标是要使中医药理论和实践得到国际社会的公认,使中医药服务和产品逐步进入国际医药和保健主流市场,中医独特的医疗保健康复模式及其价值逐渐被国际社会所理解和接受。为此,国家支持中医药的对外交流与合作,推进中医药的国际传播。

重大中医药科研成果的推广、转让、对外交流,中外合作研究中医药技术,应当经省级以上人民政府负责中医药管理的部门批准,防止重大中医药资源流失。属于国家科学技术秘密的中医药科研成果,确需转让、对外交流的,应当符合有关保守国家秘密的法律、行政法规和部门规章的规定。

第五节 民族医药

一、我国少数民族医药

我国民族众多,在数千年的文明发展中,各民族医药也随之发展,除了汉民族的中医药外,其他如苗、蒙、藏族等少数民族也发展出灿烂的医药文化。少数民族医药中主要有苗族医药、傣族医药、维族医药、藏族医药、彝族医药和蒙族医药。其中苗医和藏医已经形成产业,规模日益壮大,其他几种民族药通过国家和民间的保护也得到挽救和发展。

二、积极发展民族医药事业

民族医药,是指中国少数民族的传统医药。民族医药是我国传统医药和优秀民族文化的重要组成部分,是各族人民长期与疾病作斗争的经验总结和智慧结晶。

(一) 发展民族医药事业的指导思想

以邓小平理论和"三个代表"重要思想为指导,全面贯彻落实科学发展观和党的十七大精神,以发掘整理总结为基础,人才培养为重点,科学研究为先导,加强民族医药机构和服务网络建设,努力提高防治能力和学术水平,进一步促进民族医药事业发展,为人民健康服务,为促进民族团结,构建社会主义和谐社会作出应有的贡献。

(二) 发展民族医药事业的基本原则

坚持保持和发挥民族医药特色优势,遵循民族医药自身发展规律和特点;坚持政府主导,鼓励社会参与,多渠道发展民族医药;坚持以社会需求为导向,拓宽民族医药服务领域,提高服务能力和水平;坚持民族区域自治,统筹协调发展;坚持因地制宜,分类指导,稳步发展。

第六节 法律责任

一、行政责任

(一)中医药管理人员的责任

负责中医药管理的部门的工作人员在中医药管理工作中违反《中医药条例》的规定,利用职务上的便利收受他人财物或者获取其他利益,滥用职权,玩忽职守,或者发现违法行为不予查处,造成严重后果,尚不够刑事处罚的,依法给予降级或者撤职的行政处分。

(二)中医医疗机构的法律责任

中医医疗机构违反《中医药条例》的规定,有下列情形之一的,由县级以上地方人民政府负责中医药管理的部门责令限期改正;逾期不改正的,责令停业整顿,直至由原审批机关吊销其医疗机构执业许可证、取消其城镇职工基本医疗保险定点医疗机构资格,并对负有责任的主管人员和其他直接责任人员依法给予纪律处分:

(1)不符合中医医疗机构设置标准的;

(2)获得城镇职工基本医疗保险定点医疗机构资格,未按照规定向参保人员提供基本医疗服务的。

未经批准擅自开办中医医疗机构或者未按照规定通过执业医师或者执业助理医师资格考试取得执业许可,从事中医医疗活动的,依照《中华人民共和国执业医师法》和《医疗机构管理条例》的有关规定给予处罚。

篡改经批准的中医医疗广告内容的,由原审批部门撤销广告批准文号,1年内不受理该中医医疗机构的广告审批申请。负责中医药管理的部门撤销中医医疗广告批准文号后,应当自作出行政处理决定之日起5个工作日内通知广告监督管理机关。广告监督管理机关应当自收到负责中医药管理的部门通知之日起15个工作日内,依照《中华人民共和国广告法》的有关规定查处。

(二)中医药教育机构的法律责任

中医药教育机构违反《中医药条例》的规定,有下列情形之一的,由县级以上地方人民政府负责中医药管理的部门责令限期改正;逾期不改正的,由原审批机关予以撤销:

(1)不符合规定的设置标准的;

(2)没有建立符合规定标准的临床教学基地的。

(四)其他法律责任

违反《中医药条例》的规定,造成重大中医药资源流失和国家科学技术秘密泄露,尚不够刑事处罚的,由县级以上地方人民政府负责中医药管理的部门责令改正,对负有责任的主管人员和其他直接责任人员依法给予纪律处分。

违反《中医药条例》的规定,损毁或者破坏中医药文献的,由县级以上地方人民政府负责中医药管理的部门责令改正,对负有责任的主管人员和其他直接责任人员依法给予纪律处分。

二、刑事责任

《中医药条例》规定,违反《中医药条例》,情节严重,构成犯罪的,依法追究刑事责任。

《刑法》第324条规定,故意损毁国家保护的珍贵文物或者被确定为全国重点文物保护单位、省级文物保护单位的文物的,处 3 年以下有期徒刑或者拘役,并处或者单处罚金;情节严重的,处 3 年以上 10 年以下有期徒刑,并处罚金。

《刑法》第 397 条规定,国家机关工作人员滥用职权或者玩忽职守,致使公共财产、国家和人民利益遭受重大损失的,处 3 年以下有期徒刑或者拘役;情节特别严重的,处 3 年以上 7 年以下有期徒刑。本法另有规定的,依照规定。

国家机关工作人员徇私舞弊,犯前款罪的,处 5 年以下有期徒刑或者拘役;情节特别严重的,处 5 年以上 10 年以下有期徒刑。本法另有规定的,依照规定。

《刑法》第 398 条规定,国家机关工作人员违反保守国家秘密法的规定,故意或者过失泄露国家秘密,情节严重的,处 3 年以下有期徒刑或者拘役;情节特别严重的,处 3 年以上 7 年以下有期徒刑。

非国家机关工作人员犯前款罪的,依照前款的规定酌情处罚。

参 考 文 献

1. 丁朝刚:《卫生法学案例分析》,西南师范大学出版社2008年版。
2. 姜明安:《行政法与行政诉讼法》,北京大学出版社2011年版。
3. 林文学:《医疗纠纷解决机制研究》,法律出版社2008年版。
4. 刘远:《危害公共卫生罪》,中国人民公安大学出版社2003年版。
5. 柳经纬、李茂年:《医患关系法论》,中信出版社2002年版。
6. 吕占秀、周先志、张伟平:《现代传染病医院管理学》,人民军医出版社2010年版。
7. 蒲川、王安富:《医事法学》,西南师范大学出版社2008年版。
8. 孙富川、王明旭:《医学伦理学》,人民卫生出版社2013年版。
9. 邵蓉:《中国药事法理论与实务》,中国医药科技出版社2010年版。
10. 杜仕林:《卫生法学》,中山大学出版社2012年版。
11. 石超明:《卫生法学》,武汉大学出版社2010年版。
12. 田侃:《卫生法规》,中国中医药出版社2010年版。
13. 翁开源、蔡维生:《卫生法学》,科学出版社2008年版。
14. 吴崇其、张静:《卫生法学》,法律出版社2010年版。
15. 杨立新:《〈中华人民共和国侵权责任法〉条文解释与司法适用》,人民法院出版社2010年版。
16. 俞东征:《传染病的预防与控制》,化学工业出版社2004年版。
17. 张静、王萍:《卫生法学》,西南师范大学出版社2008年版。
18. 赵西巨:《医事法研究》,法律出版社2008年版。
19. 许士凯:《安乐死启示录》,上海科技教育出版社1992年版。
20. 〔日〕植木哲:《医疗法律学》,冷罗生等译,法律出版社2006年版。
21. 李舜伟、张国瑾:《国外脑死亡研究近况》,载《中华医学杂志》2003年第

20 期。

22. 邱仁宗:《脑死亡的伦理问题》,载《华中科技大学学报》(社会科学版)2004 年第 2 期。

23. 郭自力:《死亡标准的法律与伦理问题》,载《政法论坛》2001 年第 3 期。

24. 陈忠华:《论脑死亡立法的生物医学基础、社会学意义及推动程序》,载《医学伦理学》2002 年第 5 期。

25. 韩大元:《论安乐死立法的宪法界限》,载《清华法学》2011 年第 5 期。